느긋하게 웃으면서
짜증내지 않고 살아가는 법

괴짜 심리학자의 스트레스 관리 기술

느긋하게 웃으면서
짜증내지 않고 살아가는 법

브라이언 킹 지음 | 윤춘송 옮김

프롬북스
frombooks

당신은 행복합니까?

나는 당신이 행복하길 바란다. 진심으로 그렇다. 당신을 내 편으로 만들려고 하는 말이 아니다. 언제나 다른 사람의 행복은 내게 무척 중요하다.

코미디언들은 종종 "그럼 제 이야기를 해볼까요?"라며 무대를 시작한다. 그러니 우선 내 이야기부터 시작해보겠다. 책 표지에 나왔듯이 나는 브라이언 킹 박사다. 원래는 무대에 오를 때만 정식으로 이름을 밝힌다. 나는 꽤 편한 남자라 대개는 브라이언으로 통한다. 게다가 평소에 킹 박사라고 불리면 마음이 편했던 적이 없다. 누군가 이미 차지한 이름이기 때문이다.[1]

심리학 박사학위가 있는 나는 거의 10년 동안 행복과 유머의 좋은 점, 그리고 스트레스를 어떻게 관리할지에 대한 강연을 해왔다. 이 주제들은 서로 깊이 얽혀 있다. 스트레스 관리가 행복의 열쇠이고, 유머는 나머지 두 요소 모두에 도움을 주기 때문이다. 나는 사람들에게 스트레스를 극복하고 더 행복한 삶을 사는 방법을 가르치는 데 인생의 많은 부분을 바쳤다. 또 오직 사람들을 행복하게 만드는 것이 유일한 목적인 '스탠드업 코미디'를 공연한다. 코미디언들이 공연을 망칠 때가 많지만, 최소한 나의 진짜 의도는 그렇다!

나는 연구결과에 근거를 둔 정보를 유머러스하게 전달하는 능력이 있는 것 같다. 강사로 성공적인 커리어를 쌓은 것도 그 덕분이다. 이제 저자로서 책을 통해 능력을 발휘해보려 한다. 2016년에 나는 책 한 권을 출판했다. 『웃음 치료The Laughing Cure』라는 책인데 유머와 웃음이 주는 감정적 이익에 관한 내용을 담았다. 다행히 많은 긍정적 리뷰를 받았고, 많은 이들이 더 행복해지는 데 도움을 받았다는 이야기를 전해왔다.

내 인생을 돌아보면 좀 더 잘할 수 있지 않았을까, 후회하는 부분도 물론 있다. 하지만 언제나 나는 다른 이들의 행복에 관심이 많았다. 고등학교 시절에는 친구 상담 프로그램에 참여했다. 학생들이 고민이 있을 때 권위적인 어른보다는 다른 학생과 상담하는 걸 더 편하게 생각한다는 아이디어에 근거한 프로그램이었다.[2] 대학 시절에는 학생 멘토를 조직하고 훈련하는 단체에서 활동했다. 또한 몇몇 자선기관에서 자원봉사 활동을 하면서 감정적으로 상처받은 아이들이 있는 가정에서 일했다. 대중 강연가가 됐을 때 나는 평생 관심을 가졌던 일을 추구해보기로 했다.

그래 맞다, 나는 당신의 행복에 관심이 많다.

누군가가 이 책을 고른다면 행복감을 느끼는 데 문제 있는 사람일 확률이 높다. 어쩌면 그는 불안, 우울감과 씨름하거나 어떤 끔찍한 환경에 처해 있을지도 모른다. 어쨌든 불안과 우울감이 가장 흔한 정신질환이기는 하다.[3] 자신을 짓누르는 문제가 무엇이든지 이를 한 방에 해결해주는 마법의 열쇠를 이 책이 담고 있기를 바랄지도 모른다. 만약 그렇다면 기대를 꺾고 싶지는 않지만, 어떤 책도 모든 해답을 담고 있지는 않다고 생각한다.

당연히 책이 전문가의 도움을 대체할 수는 없지만 내가 전하는 어떤 정답을 찾을지도 모른다.

한 가지는 분명하게 밝히겠다. 누구도 항상 행복할 수는 없다. 사실상 언제나 행복한 상태는 정신질환을 알리는 징후다.[4] 건강한 사람은 감정이 출렁인다. 기분이 좋을 때도, 나쁠 때도 있다. 평소의 감정 상태를 보여주는 일반적인 수준의 정동(주관적 경험, 인지적 요소 그리고 생리적 요소를 포함하는 복합적인 심리생리학적 상태-옮긴이)을 갖는다. 만약 우리의 모든 감정 고조와 저하를 평균하면 균형을 이룰 것이다.[5] 인간의 다른 특성과 마찬가지로 우리는 감정의 진폭이 사람마다 다르다는 것을 안다. 우리 중 일부는 태생적으로 무척 행복하다. 전체적으로 높은 수준의 정동을 경험한다. 또 우리 중 일부는 불행히도 우울한 시간을 다른 이들보다 더 많이 경험한다. 하지만 대부분은 중간 어딘가에 위치한다. 내 아버지의 말투를 빌리자면 "뭘 더 바라겠냐" 하는 수준의 행복이다.

강연에서 나를 소개할 때, 무척 행복하게 산다고 말하면서 시작한다. 진짜 나는 그렇다. 지금까지 만났던 모든 사람 중에 가장 행복한 것은 아니지만 분명 평균 이상이다. 나는 어려운 상황도 마음 편히 받아들일 줄 안다. 앞서 출간한 책의 표지 문구를 위해 내 동생인 존은 다음과 같은 추천사를 썼다. "브라이언은 내가 기억하는 다섯 살 때부터 스트레스를 받지 않았다. 어린 나이에 스트레스를 관리하며 자신만의 기준에 맞춰 사는 법을 터득한 것처럼 보였다." 일반적인 기준에서 나는 꽤 스트레스 없는 삶을 살았다. 그리고 그 결과로서 우울감보다는 행복감을 더 많이 경험했다. 그렇다고 내 몫의 불행한 사건들을 겪지 않았다는 말은 아니다. 확실히 내게도 그런 일들은 일어났다. 불행한 사건은 언제든지 벌어진다. 하지만 삶의 궁극적인 차이를 만드는 것은 그런 상황들에 어떻게 대처하는가에 달렸다.

긍정심리학 분야가 발달하면서 사람을 행복하게 하는 것이 무엇인지, 왜 누군가는 스트레스에 훨씬 더 잘 대처하는지에 대한 많은 연구가 이루어졌다. 그 과정에서 특성 성향과 행동이 도움이 된다는 사실이 밝혀지고 있다. 그리고 나는 어찌어찌 행복을 이루는 훌륭한 방법론을 몸에 지닌 성인이 되었다. 달리 표현하자면 나는 실제 내가 살아가는 방법을 강연한다. 이런 이유로 나는 할 수 있을 때마다 개인적 사례를 이용하는 경향이 있다(그리고 때로는 급조하는 때도 있다. 어쨌든 나는 코미디언이니까). 심리학 학위 역시 도움을 준다. 하지만 내가 비밀 같지 않은 비밀을 하나 알려주겠다. 많은 심리학자 역시 우울감에 고통을 겪는다.

당신은 지금 내가 왜 내 이야기를 하는지 궁금할 것이다. 나는 이 책을 통해 심리학을 수련하면서 얻은 이해를 바탕으로 조언할 생각이지만 내 개인 경험 또한 이용할 것이다. 게다가 나는 자신에게 어떤 메시지를 전달하려는 사람이 누구인지 아는 것도 중요하다고 생각한다. 말하자면 항상 출처를 신뢰할 수 있는지 점검해야 한다. 사람들이 페이스북에서 가짜뉴스를 공유하기 전에 이 규칙만 지킨다면……, 하기야 인간의 본성이 쉽게 휩쓸리기는 한다.

나에 관해 한 가지만 더 이야기하고 넘어가자. 어느 날, 행복을 주제로 한 강연이 끝난 후 청중 한 명이 내게 다가와 물었다. "그래서 당신은 행복하군요……. 그런데 결혼은 했습니까?"

사람들이 내가 지금 행복하고 스트레스로부터 자유로운 이유가 내가 미혼이고 아이가 없기 때문이라고 암시한 적이 한두 번이 아니었다. 내가 누군가에게 매여 있지 않고 자신만 책임지면 된다는 사실이 싫지 않은 것은 맞지만, 결혼한 사람이 미혼자보다 더 행복하며[6], 자녀가 있는 사람이 그렇지 않은 사람보다 역시 더 행복하다[7]는 연구결과도 산더미처럼 쌓여 있다(이는 다수를 상대로 연구한 일반적 결과라는 것을 기억하자). 연구자들은 또 행복의 주요한 동력 중 하나가 목적의식을 갖는 것이라고 주장한다.[8] 예를 들어, 여행은 건강한 목적을 갖는 것을 도울 수 있고, 실제로도 그렇다. 하지만 진정으로 효과가 있는 것이 무엇인지 아는가? 누군가의 좋은 배우자가 되는 것이다. 또는 좋은 부모가 되거나.

내 인생은 지난번 책을 출간한 이후 극적으로 바뀌었다. 원고를 쓰는 동안 지금의 배우자인 사라와 나는 데이트를 시작했다. 그녀는 여름 동안 콜로라도에서 일하고 있었고 나는 여전히 로스앤젤레스에서 유명해지기 위해 노력하는 중이었다. 먼 거리에도 불구하고 우리는 서로 강한 유대감을 느껴 다음 단계로 관계가 진전됐다. 우리는 소지품 대부분을 팔고 집을 떠나 함께 방랑자처럼 세계를 여행했다. 사랑에 빠졌을 때 모두가 그러는 것처럼 말이다. 1년 반 뒤에는 사랑스러운 딸 알리사가 태어나 우리와 함께했다. 한동안 여행을 계속한 뒤 우리는 콜로라도로 돌아오기로 했고 그래서 내가 이 책을 쓸 수 있었다. 반려자와 자녀(세상에, 가족이잖아!)가 있는 내 삶은 과거와 비교하면 알아볼 수 없을 정도로 달라졌다.

마흔다섯의 나이에 나는 아빠가 됐다. 이 글을 읽는 독자가 무슨 생각을 할지 나는 안다. "아이가 아기를 가졌구나! 이 남자는 자녀를 갖기에 너무 철이 없어!" 맞다. 사실이다. 나는 현재 아빠지만, 솔직히 사라가 거의 모든 일을 한다. 나는 마흔다섯 살이고 첫 번째 임신을 경험했다. 아니, 그녀의 임신이다. 나는 씨앗을 뿌렸을 뿐이다.

나는 나이를 먹긴 했지만 그 정도로 철이 든 건 아니다. 텍사스에서 어느 날, 사라와 나는 약속된 강연을 마무리하고 알리사를 안은 채 강연장을 떠나는 청중에게 인사를 하던 중이었다. 사라를 옆에 두고 나는 어느 나이 든 여인에게 내 딸과 함께 여행을 다닐 수 있어서 정말 행복하다는 말을 건넸다. 그녀가 이렇게 말을 받았다. "맞아요, 손녀와 함께하는 것도 무척 행복할 거예요."

이제 나는 적응해야 한다. 부모가 되는 것은 지금껏 경험해보지 못한 스트레스를 선물한다. 알리사는 태어난 이후 첫 6개월 동안 나를 줄곧 미워했다. 아무리 노력해도 나는 아이가 만족할 만큼 수유를 할 수 없었기 때문이다. 알리사는 집에 나와 단둘이 있을 때면 끊임없이 칭얼댔다. 나는 때때로 난데없이 질러대는 비명을 들으며 아이의 미래를 근심하곤 했다. 아마 대부분의 부모도 내 마음과 같을 것이다. 종종 그녀의 미래를 지원해줘야 한다는 걱정이 나를 괴롭혔고, 내가 제대로 하고 있는지에 대한 의심이 생겼다. 이제 그녀는 18개월이 되었고 지금 당장은 나를 컴퓨터에서 끌어내려는 중이다. 부모 역할은 대개 스트레스를 견디는 일이다.

하지만 손이 많이 가는 젖먹이를 보살피며 7만 자에 달하는 책을 쓰는 사람이 많지는 않을 것이다.

정말 끈질기게 아이는 산책하러 가자고 졸라대고 있다. 알리사, 아빠는 글을 써야 한단다. 지금 글발이 오르고 이……, 그럼 이 부분만 다 쓰고……, 좋아, 그럼 이제 한번 나가보자.

실제로 아이는 나를 컴퓨터 앞에서 끌어냈다. 우리는 집 앞길을 따라 내려가 공원으로 향했다. 내가 그곳에서 가장 나이 든 아빠는 아니었다. 그러고 보니 아빠로서 처음 피넛버터 젤리 샌드위치를 만들었다. 어쨌든 아이가 한 살 반밖에 되지 않아서 나도 함께 먹어야 했다.

그 짧았던 외출을 굳이 구구절절 여기에 설명하려는 건 아니다. 나는 컴퓨터를 끄고 홀로 산책한 후 일을 다시 시작할 수도 있었지만, 아이와 함께 시간을 보낸 이유는 그 속에서 새로운 영감을 받을 수 있었기 때문이다. 새로운 스트레스의 원인이기도 하지만 내 딸은 사라와 내게 엄청난 행복의 근원이기도 하다. 살아오는 동안 내내 사람들은 자녀가 인생을 완전히 바꾼다는 말을 계속해서 했다. 나는 이렇게 대답하곤 했다. "알아요. 저도 반려견을 키우거든요."

나는 아무것도 몰랐다. 후손을 갖는 것이 얼마나 기쁜지는 실제 경험해보지 않고 알 길이 없다. 딸의 눈동자를 들여다볼 때마다 내 심장은 녹아내린다. 울 때 말고는 알리사가 하는 모든 행동이 내게 기쁨을 준다. 방금도 나를 일으켜 세워 신발을 신기고 문밖으로 향했다. 사라와 내 손을 잡고 이끄는 것은 최근 생긴 알리사의 행동이다. 공원에서는 처음 보는 장난감을 시험해보고 자신보다 약간 나이가 많은 아이들과 함께 놀면서 처음 보는 친구를 만들었다. 점심으로 샌드위치 몇 조각을 먹은 후에 내 팔에서 깊은 잠에 빠져들었다. 그래서 나는 아이 옆에서 자판을 두드리며 이 글을 쓰고 있다. 나는 알리사가 자라면서 이런저런 것들을 배우고 깨우치는 것을 지켜보는 게 좋다. 아, 그리고 아이가 울 때면 나는 능력이 닿는 한 무엇이든 해서 문제를 해결해주고 싶다. 그리고 언젠가 아이가 이 글을 읽을 수도 있다는 걸 알기 때문에 미리 이 말을 해두고 싶다. 내가 갈았던 기저귀 한 장 한 장이 모두 내게는 정말 소중한 경험이자 영광이었다(혹시 네가 내 기저귀를 갈 일이 생긴다면 꼭 이 말을 기억해두렴). 나는 내 삶이 이렇게 바뀔지 전혀 예상하지 못했다. 아이가 생기기 전에는 누군가 다른 인간이 빤 롤리팝을 내 입에 집어넣을 줄 누가 알았겠는가.

　사라와 나는 엄청난 스트레스에 짓눌려 고생하는 부모를 꽤 많이 안다. 우리는 알리사보다 나이가 많은 아이를 가진 부모들에게서 지금 이 시기가 얼마나 고생스러웠는지에 관한 이야기를 듣는다. 그걸 아는가? 몇몇 드문 상황을 제외하고 우리는 그렇게 힘들었던 적이 없었다. 그리고 대체적으로는 환상적인 경험이었다. 내게 어떤 영향을 미칠지는 어떻게 관리하는지에 달렸다는 점에서 부모가 된다는 것은 인생의 다른 사건들과 마찬가지다. 알리사와 함께하기 전에도 우리 부부는 둘 다 대체로 긍정적이었고 어려운 문제에도 잘 대처했다. 그러니 우리 삶의 지금 단계에도 그런 특성을 발휘하는 것이 당연하다. 한 가지는 확실하다. 앞으로 내 청중이 아이가 없어서 내가 그렇게 행복할 거라고 주장할 일은 없을 것이다.

당신이 『웃음 치료』를 읽었다면(혹시 읽지 않았다면 독서목록에 포함해보라고 제안해도 괜찮을까? 모든 수익금은 귀여운 소녀를 잘 키우는 데 사용될 것이다), 웃음의 혜택 중 하나를 기억할 것이다. 유머감각은 우리가 행복해질 수 있게 도움을 준다. 미국 심리학의 아버지인 윌리엄 제임스가 자주 인용하듯이, "행복해서 웃는 것이 아니라 웃기 때문에 행복한 것이다." 행복은 위대한 감정이다. 그리고 가장 선호되는 감정이기도 하다. 하지만 많은 사람이 스트레스로 인해 행복을 누리는 데 어려움을 겪는다. 스트레스를 잘 다룰 수만 있다면 행복을 훨씬 더 잘 성취할 수 있다. 감사하게도 웃음과 유머는 스트레스를 줄이는 데에도 도움을 준다.[9] 코미디언으로서 그리고 웃음의 가치를 소중히 여기는 사람으로서, 세미나를 할 때 즐겨 언급하는 가장 좋아하는 주제다.

이 책에서는 스드레스 관리와 회복단력성에 관해 더욱 집중해서 다루기로 했다. 나는 사람들에게 행복에 대한 영감을 주는 것을 좋아한다. 훌륭한 스트레스 관리는 단순히 우리를 행복하게 만들어주는 것만이 아니라 우리 삶에 정말 많은 도움을 준다. 스트레스는, 정신적·육체적 고통의 원인으로서, 반드시 관리해야 할 필요가 있는 대상이다.[10] 만약 사람들이 더욱 효과적으로 스트레스를 관리할 수 있다면 고통이나 불행한 감정의 많은 부분을 줄이거나 심지어 완전히 없앨 수 있을 것이다. 나는 이 책을 자기계발서라고 생각하지 않는다. 오히려 스트레스를 다루는 방법을 알려주는, 재미있고 실용적인 지침서였으면 한다. 이 책에서는 스트레스가 우리 삶에 왜 그렇게 많은 영향을 미치는지 독자들이 이해할 수 있도록 조금 더 자세히 설명하겠다.

또 강연자로서 받았던 공통된 많은 질문에 대해 답하고 이전 책에서 제시했던 스트레스 관리에 대한 정보를 더 깊이 있게 다룰 것이다. 앞에서도 언급했듯이 이 책뿐만 아니라 다른 어떤 책도 전문적인 치료를 대체할 수는 없다. 만약 진정 고통을 느끼고 있다면 이 점을 명심하고 전문가의 도움을 받아라. 스트레스는 우울증, 불안, 강박장애OCD, 약물사용장애, 그리고 당연히 외상후스트레스장애PTSD를 포함한 정신질환과 장애[11]의 한 요인이다. 만약 이런 어려움이나 관련된 문제로 고통을 겪고 있다면 부디 전문가를 만나 상담해라. 하지만 이 책의 내용을 읽는다면 스트레스를 관리하는 기술을 늘릴 수 있고 때때로 배운 기술을 발휘해 작은 도움을 얻을 수 있을 것이다. 이미 행복한 사람들에게도 혜택이 있다. 누군들 좀 더 행복해지고 싶지 않겠는가. 행복은 한도가 소진되는 대상이 아니다.

· 명심해라. 이 책은 전문가의 치료를 대신할 수 없다.
· 이 책은 오직 재미와 정보, 조언을 주기 위해 쓰였다.

나는 일반적인 청중을 마음에 두고 이 책을 썼다. 더 많은 정보를 원하는 이들을 위한 참고서가 되었으면 한다. 내 스타일이 낯설더라도 여기까지 읽었다면 이 책이 학술서나 전문서를 지향하는 것이 아니라는 점을 확실히 깨달았을 것이다. 약간의 전문서적을 인용했지만 엄격한 과학적 분석과는 거리가 멀다. 그저 호기심 많은 독자에게 더 깊이 있는 지식을 위한 출발점이 되었으면 하는 바람이다. 그리고 혹시 내가 <오프라 윈프리 쇼>에 출연한다면12 내 이야기 중 일부는 듣는 사람의 재미를 위해 과장된 점도 있다는 사실을 기억해라. 하지만 내가 제시하는 정보는 진실이다. 나는 심리학 관련 학위도 있지만, 코미디언이기도 하다. 명심해야 할 점은 만약 행복해지려고 스트레스를 받고 있다면 분명 방향이 잘못됐다는 것이다!

차 례

알리사를 위하여

앞으로 살아가면서 만나게 될 모든 나쁜 일들로부터 너를 지켜줄 수는 없지만, 네 삶을 방해하는 것이 무엇이든 그에 대처하는 방법을 분명히 알려줄게.

1장

곰과 교통체증

———

앞에서 "스트레스"라는 단어를 꽤 많이 반복했다. 그러면 정확히 스트레스란 무엇일까? 우리는 모두 스트레스를 느낀다. 그리고 모두 자신만의 경험으로 이를 이해한다. 어떤 이들은 지금 이 순간에도 스트레스를 느끼고 있을지도 모른다. 하지만 각자의 경험을 떠나서, 스트레스의 기본 요소를 이해하는 것이 중요하다. 내가 발견했던 가장 간단한 설명은 '스트레스는 위협에 대한 뇌의 반응'이라는 것이다. 바로 그것이다. 그것이 전부다.

'위협'이라는 단어에 주목하자. 스트레스라는 반응을 이해하는 핵심 열쇠다. 모든 스트레스는 위협에 대한 반응이다. 마감을 지키려거나, 비용을 지급하려거나, 교통체증을 피하려거나, 또는 외계인의 침공과 맞서 싸우려거나, 어떤 시도를 하는지와 상관없다.

스트레스를 받을 때 실제로는 위협을 받는다고 의식적으로 생각하지 않을 수도 있고 실제 위협이 존재하지 않을 수도 있지만, 우리 뇌는 위협을 받거나 어떤 종류의 위험에 처해 있는 것처럼 반응한다. 우리 뇌는 차이를 구별하지 못한다.

나는 사람들이 스트레스의 원인을 이해할 수 있도록 돕기 위해 교통체증을 예로 들곤 한다. 우리는 모두 교통체증을 겪어본 적이 있다. 아마도 거의 모두 그 상황에서 스트레스를 느낄 것이다. 그래서 충분히 공유할 수 있는 경험이다. 한때 나는 로스앤젤레스에 살았었다. 대단한 교통체증을 빼면 무엇 하나 내세울 것 없는 도시다. 교통체증 속에서 정말 스트레스를 받았을 때를 생각해보라. 아침 출근길일 수도 있다. 어떤 그림을 떠올리든지 그 순간에는 스트레스의 원인이 교통체증이라고 당연히 생각했을 것이다. 하지만 영화 <매드맥스> 속의 지구 멸망 후 죽음의 레이스에 내몰린 것이 아니라면 그 생각은 잘못된 것일 수 있다.

교통체증은 당신을 향한 위협이 아니다. 길 위의 차들은 당신을 공격하거나 잡으러 나온 것이 아니다. 수백 명의 낯선 이들이 그날 아침 모여 "좋아, 오늘 주디를 직장에 지각시켜서 폭발하게 만들자고! 여기 계획이 있어. 우리 절반은 그녀 차 앞에서 서행하고 나머지 반은 뒤에 따라가면서 경적을 울리자. 자, 출동!" 이랬을 리는 만무하다. 나도 주디의 콧대를 꺾어주고 싶지만, 그런 일은 일어나지 않는다. 물론 주디 역시 상상 속의 인물이다.

그렇다면 왜 교통체증은 그렇게도 스트레스를 느끼게 할까? 우리 뇌는 믿음, 가치관, 기대와 같은 것들을 만들어내는데, 이런 요소는 우리가 세상을 인식하는 방법에 영향을 미친다. 당신은 어떤 곳에 특정 시간, 예를 들어 아침 아홉 시 안에 도착해야 한다고 믿을 수 있다. 아마 당신의 믿음은 다른 이의 기대에 따라 형성되었을 것이다. 왜냐하면 주디, 당신은 일터에 지각해 경고를 받은 적이 있다는 것을 알고 있기 때문이다. 하지만 우리 뇌가 교통체증을 생계에 대한 위협으로 받아들이게 만드는 것은 늦었다는 믿음이다. 또는 주디와는 달리, 약속 시간을 지키지 않는 것이 자신의 부정적인 평가에 영향을 미친다는 생각을 할지도 모른다. 또는 고속도로에 들어서면 예상한 속도로 달릴 수 있다는 믿음이 있는데 오늘 아침 맞닥뜨린 교통체증이 당신의 기대를 충족시키지 못한 것뿐일 수도 있다. 그냥 주디에게는 모든 것이 뒤죽박죽일 수도 있다. 이유가 무엇이든지 간에 나는 이 모든 시나리오에 존재하는 위협이 상상의 산물이라는 점을 지적하고 싶다. 교통체증은 현실이다. 하지만 그 상황을 스트레스로 받아들이게 하는 원인은 우리의 믿음, 가치관, 기대인 것이다.

반면에 때때로 우리는 실제 위험한 상황을 만나기도 한다. 내가 즐겨 사용하는 예는 커다란 곰을 마주칠 때이다. 내가 느끼는 스트레스의 진짜 원인이다. 확실히 하자면 나는 사나운 곰과 마주친 적이 없다. 그러니까 내 진짜 스트레스도 상상의 산물이다. 어쨌든 나는 날카로운 이빨을 드러낸 무시무시한 곰이 달려드는 상상을 하곤 한다. 만약 우리가 그런 상황에 처한다면 곰은 실제로 위협이 될 것이다. 나는 곰과 맨주먹으로 싸운다면 이길 수 있을 거로 생각하지 않는다. 만약 곰이 공격한다면 나는 피투성이가 된다고 예상하고 그런 상황에 빠지고 싶지 않다는 기대가 있다. 내 뇌는 그런 상황을 분명 위협으로 인식할 것이고 그건 바람직한 반응이다.

실제 곰에게 공격받은 경험을 가진 독자가 있다면 끔찍한 기억을 떠올리게 해서 미안하다. 하지만 이 책을 읽기 전에 그 경험과 적절히 타협해놓을 필요가 있다. 내가 대중 강연을 할 때, 곰은 이해를 돕기 위해 가장 많이 언급하는 동물이다. 다른 동물도 시도해봤지만 별로 효과가 좋지 않았다. 청중의 트라우마를 일깨우지 않기 위해 나는 호랑이에게 공격받는 상상을 해보라고 말해봤다. 하지만 내 강연을 듣는 청중이 호랑이에게 공격받는 위험을 현실처럼 상상할 수 있는 사람이 몇이나 있겠는가? 호랑이는 주변에서 볼 수 있는 동물이 아니다.[1] 그러던 어느 날, 켄터키 주 루이빌에서 한 남자가 강연 후 내게 다가와서 이렇게 말했다. "믿지 못하겠지만 나는 동물원에서 호랑이가 탈출한 현장에 있었던 경험이 있어요!"[2]

그래서 나는 모두가 좋아하는 상상 속의 동물인 유니콘을 이야기하기 시작했다. 이번에는 문제가 사람들이 자신과 관련된 상상을 하기 힘들어한다는 것이었다. 사람들은 유니콘을 털이 반짝이고 엉덩이에서 무지개를 쏘아대는 착하고, 자애롭고, 마법 같은 동물로 생각하는 경향이 있었다. 심지어 주디는 집에 유니콘 장난감 컬렉션을 가지고 있었다. 하여튼, 진짜 유니콘은 사람을 죽일 수도 있다! 머리에 뿔이 있잖아! 그 뿔로 도대체 뭘 할 거라고 생각하는 거야? 그건 찌르는 데 쓰는 무기라고! 여자애들이 링 던지기 놀이를 하라고 자라난 게 아니야! 그 뿔로 사람을 찌르고 발굽으로 온몸을 짓이긴 뒤 엉덩이에서 무지개를 뿜어내면서 조롱하겠지.

내가 왜 곰으로 돌아갔는지 그 이유를 이제는 이해할 수 있을 것이다.

궁극적으로 스트레스가 우리 삶에 미치는 충격을 관리하고 극복하려면 다음과 같은 기본을 깨달아야 한다. 우선 스트레스의 대부분은 명백한 실제 위협이 아니라 뇌가 받아들인 위협에서부터 비롯된다. 만약 의식적이든 무의식적이든 교통체증에 흥분한다면, 실제 일어나는 일이 아니라 일어날 수 있는 일에 반응하는 것이고 유니콘에 받칠까 봐 전전긍긍하는 것과 같다.

내가 제안하는 첫 번째 조언은 다음과 같다. 스트레스를 평가하는 법을 배워라. 곰과 교통체증의 차이점을 구분하는 법을 배워라. 스트레스를 받거나 감정이 동요되기 시작할 때 우리가 해야 할 첫 번째 일은 멈춰 서서 자신에게 물어보는 것이다. "지금 상황이 실제로 위협인가?" 만약 그렇다면, 휴스턴, 휴스턴 들리는가, 문제가 발생했……, 음 내 말은, 곰이다!

이건 정말 간단한 질문이다. 그리고 냉철한 사고가 필요하다. 흥분하거나 겁을 먹었을 때, 또는 어떤 감정이든 일단 흔들리면 침착함을 잘 유지할 수 없는 정신상태다. 하지만 스트레스를 평가하기 위해 잠시 시간을 들이면 진정하는 데 도움이 된다. 교통체증 속에서 슬슬 감정이 끓어오르는 상상을 다시 한번 해봐라. 감정이 이끄는 대로 반응하기 전에 그 상황이 실제 위협으로 다가오는지 자신에게 물어봐라. 그렇지 않다고 결론을 내릴 확률이 높고 서서히 감정이 가라앉을 것이다.

하지만 정말 위협적이라면? 실제로 곰에게 공격받고 있다면? 만약 '예'라고 답변했다면 이어지는 질문은 다음과 같아야 한다. "이 상황에서 내가 할 수 있는 일은 무엇이 있지?"

첫 번째 질문은 이성적으로 스트레스 반응을 조절할 수 있도록 도움을 주는 효과가 크다(이후로는 더 효과가 좋을 것이다. 내가 약속한다). 그리고 두 번째 질문은 우리 행동을 바꿀 수 있는 깨달음을 준다. 교통체증 시나리오에서 이를 자세히 살펴보자.

다음은 교통체증에 빠진 내 모습이다.

이런, 차가 막혀서 미치겠구나! 점점 화가 치솟고 있어! 하지만 기다려. 지금 교통체증이 정말 내게 위협적인가? 글쎄, 그렇지는 않은 것 같은데. 느리지만 서서히 앞으로 나아가고 있고 그 누구도 내게 공격적이지 않아. 그저 느릴 뿐이야. 차라리 속도가 날 때까지 마음을 편히 먹고 음악이나 듣지 뭐.

또는

맞아, 지금 상황은 내게 위협이야. 이러다가 제시간에 공항에 도착할 수 없어. 예약한 비행기를 놓칠 수도 있겠는걸!

두 번째 시나리오에서 스트레스를 받는 것은 충분히 이해할 수 있다. 이제 할 수 있는 일은 무엇일까? 현실적으로 아무것도 없다. 홍해를 가르듯이 차들 사이로 길을 여는 마법 같은 능력이 내게 있을 리 만무하다. 나는 모세가 아니다. 내 길에서 비키라고 그 누구도 설득할 수 없고 길을 바꿀 수도 없다. 그저 교통체증 속에 앉아 있어야 할 뿐이다.

위협적인 상황을 맞닥뜨리고 있다면, 그리고 뭔가 조처를 할 수 있다면 그렇게 해야만 한다. 하지만 만약 할 수 있는 일이 아무것도 없다면 스트레스를 그저 받아들이기만 해서는 무슨 의미가 있겠는가? 이제 제시간에 늦는 것은 확실할 뿐만 아니라 아무런 대책도 없다는 사실을 받아들여야 한다. 자동차 좌석에 앉아 자신의 스트레스를 관리해야 한다. 더는 스트레스를 키우지 않도록 시도해라.

좋다, 이제 곰에게 공격받는다고 해보자.

이런, 끔찍한 곰이 내게 달려오고 있어!

맞다, 하지만 지금 상황이 실제로 위협적인가?

이봐, 곰이잖아! 분명 내게 끔찍한 짓을 저지를 것만 같아!

이 상황에서 내가 할 수 있는 일이 있는가? 글쎄…… 그건 몇 가지 요소에 달려 있다. 내가 곰의 습성에 관해 무엇을 알고 있는지, 어떤 품종의 곰인지, 쓸모 있는 소지품이 있는지, 주변 환경은 어떤지, 그리고 지금 몸 상태는 어떤지 등과 같은 것들이다. 일단 그 대답이 긍정적이라고 해보자. 그렇다면 내가 곰의 습격에서 살아남을 수 있게 뭔가 행동을 취할 수 있을 것이다. 스트레스에서도 빠져나올 것이다.

곰 때문에 놀랐는가? 우리가 실제 위협에 맞닥뜨리고, 나아가 무언가 조치를 취할 수 있다면 스트레스 반응은 도움을 준다. 스트레스가 발생하면 우리 뇌와 몸은 맞닥뜨린 위협에 대응할 수 있게 일련의 생리학적 변화를 일으킨다. 시스템이 작동할 때 스트레스는 생존 기회나 비행기 시간을 놓치지 않거나 원고 마감시간을 지킬 수 있는 확률을 높인다. 어떤 위협이든지 간에 스트레스는 도움을 주려고 나타난다.

문제는 사나운 곰을 맞닥뜨리는 것과 같은 상황이 아닌데도 종종 스트레스가 나타난다는 것이다. 스트레스는 위협에 대한 반응이 아니라 위협으로 받아들이는 인식 때문에 나타난다는 사실을 기억해라. 만약 스트레스가 진짜 위협적인 상황에서만 발생한다면 스트레스 관련 질환을 지금처럼 흔하게 볼 수 있지는 않을 것이다. 물론 내가 이 책을 쓰고 있지도 않을 것이고.

곤경을 견뎌내며 현대 문화를 이룬, 앞선 세대의 사람들 덕분에 우리는 좀 더 수월하고 편안한 삶을 산다. 집을 나서면서 예상치 못한 적에게서 갑작스러운 공격받을 걱정을 할 필요가 없다. 다른 맹수들과 먹이를 놓고 경쟁할 필요도 없고 혹시나 곰에게서 공격을 받는다거나 그와 비슷한 상황은 정말 드물게 일어난다. 우리는 곰의 공격으로부터 탈출할 수 있게 도와주는 신체 반응 시스템을 가지고 있다. 대신, 교통체증과 같은 불편한 상황에서도 신음소리를 내며 고통스러워한다.

지금 우리는 꽤 가치 있는 주제를 다뤘다. 다름 아니라 스트레스 유발 요인을 평가해야 한다는 것이다. 자신과의 대화가 중요한 행동처럼 보이지 않을 수도 있지만 정말 큰 도움이 될 수 있다. 직접 내가 겪었던 사례를 들려주겠다.

한번은 스트레스에 관한 강연을 할 때였다. 휴식시간 전에 나는 방금 위에서 다뤘던 조언을 청중에게 강조했다. 내 강연은 주로 호텔 콘퍼런스 센터에서 열렸는데 대개는 휴식시간 동안 커피가 제공됐다. 나 역시 쉬는 시간을 이용해 개인 컵에 커피를 다시 채워 넣고자 줄을 섰다.

> · 스트레스를 받을 때는 자신에게 물어봐야 한다. 실
>   제 위협적인 상황이 발생했는가?
> · 실제 위협적인 상황이라면 대책을 마련하는 것이
>   가능한가?

앞쪽에 두세 명의 여성이 있었다. 내 바로 앞 여인의 차례가 돌아와 그녀가 커피 추출기의 분배구에 빈 컵을 내려놓을 때까지 모든 일은 순조로웠다. 그런데 짧지 않은 시간을 인내심을 가지고 기다렸지만 그녀가 스위치를 누른 뒤에도 추출기는 갑자기 아무런 반응을 보이지 않았다. 단 한 방울의 커피도 흘러나오지 않았다. 그녀 바로 앞의 여인이 마지막 한 방울까지 쥐어짜 간 것이 틀

림없었다.

나는 이 상황에 대해 그녀가 어떤 반응을 보일지 주목했다. 그녀는 얼굴을 붉히더니 몸을 떨기 시작했다. 외견상 분명 감정이 동요되어 보였다. 그러더니 그녀가 부드러운 목소리로 "나를 위협하는 건 없잖아" 말하고는 감정을 가라앉혔다. 재미있는 사실은 내가 바로 뒤에 서 있다는 사실을 그녀가 눈치채지 못하고 있었다는 것이다. 나는 그녀 어깨를 가볍게 두드린 뒤 말했다.

"마침내 진정 내 말을 이해한 사람이 있었네요!" 우리는 미소를 머금고 커피 추출기에 다시 원두가 채워지기를 기다렸다.

스트레스 받을 때 머릿속에서는 무슨 일이 일어날까?

앞서 나는 즐겨 사용하는 "곰과 교통체증" 사례를 들어 스트레스에 대해 설명했다. 여기서 작은 비밀 하나를 알려주겠다. 나는 이 책의 제목으로 "곰과 교통체증"을 고려했다. 분명 "스트레스에 대처하는 방법에 관한 재미있는 책"보다는 나은 제목이긴 하다. 하지만 결국 나는 그 제목에 반대했다. 이유는 동물이나 자신이 운전하는 차에 대해 배우기를 원하는 모든 독자에게 오해를 불러일으킬 소지가 있기 때문이었다.

앞에서도 말했듯이 나는 이 사례들을 위협적인 상황을 나타내기 위해 사용했다. 하나는 실제 위협이 닥칠 수도 있는 예시(예를 들어 곰이 나타나는)이고 다른 하나는 앞서가는 차량의 운전자가 분명 휴대전화에 정신이 팔린 상태에서 끼어들기 깜빡이를 켜지 않은 채 차선을 오가는 것처럼 실제 위협이라기보다는 정신적인 반응으로 그렇게 느끼는 예시를 위해서다. "도대체 저 녀석은 어떻게 할 셈인가? 저러다가 마주 오는 차에 달려드는 것은 아닐까? 어떻게 저런 녀석이 운전면허시험을 통과했을까? 제기랄, 이러다가 나는 스트레스 관리 수업에 늦겠는데, 빌어먹을 자식."

실제 상황이 어떻든지 간에 뇌가 위협적이라고 받아들이면 우리 몸의 반응은 동일하다. 마치 공항 보안 시스템과 같이 한 번의 실패가 재앙을 불러일으킬 수도 있어서 우리 뇌는 모든 상황을 진지하게 받아들인다. 그래서 곰이 나타났든, 느리게 움직이는 차들로 가득 찬 고속도로에 갇혀 있든, 위태로워 보이는 출렁다리를 건너가든, 우리 뇌가 가장 먼저 해야 할 일은 그 상황이 우리를 죽일 것인지를 결정하는 것이다. 다음 행동을 취하기 전에 뇌가 내려야 하는 가장 우선순위의 결정이다. 우리 뇌에 이 과정이 얼마나 중요한지 더 설명할 필요는 없을 것이다.

다음 몇 단락을 위해 할 말이 조금 있다. 도입부에서 이야기했듯이 이 책은 이론서가 아니다. 그래서 모든 관련 내용을 세부적으로 깊이 다룰 생각은 없다. 그렇지만 뇌 구조와 신경계, 그리고 관련 신체 구조에 관해 약간의 설명은 할 생각이다. 벌써 페이지를 건너뛰는 독자들의 모습이 떠오르지만, 꼭 필요한 내용만 간추려 간단하게 설명하겠다. 더구나 약간의 신경과학 관련 지식을 갖춘다고 손해 볼 일은 없다. 우리는 모두 뇌가 있고 그것이 어떻게 작동하는지 알고 있어야 한다. 덧붙여 내 세부적인 전공 분야는 신경과학인 데다 종종 내 이름 'Brian'은 'Brain'으로 잘못 표기된다(심지어 성까지 마저 써놓으면 나는 'Brain King'이라는 멋진 이름을 갖게 된다). 이러니 내가 뇌에 대한 기본 강의를 빼놓을 수가 있겠는가. 걱정하지는 마시라. 그렇다고 이 책이 교과서도 아니고 금요일에 쪽지시험을 보지도 않을 테니까.

다시 돌아와서, 우리가 어떤 돌발적인 상황을 맞닥뜨렸을 때 뇌는 위협인지 아닌지를 가장 먼저 판단한다. 이 과정이 위협 평가이며 편도체라고 불리는 부분에서 수행한다. 편도체는 아몬드 모양의 대칭 구조로서 뇌의 깊숙한 곳에 있는 변연계의 일부이다. 감정, 학습, (특히 감정과 관련된) 기억 형성 및 기본적 의사결정에 관여한다. 편도체를 포함한 대부분 뇌 활동은 무의식의 영역이다. 즉 우리 삶에서 매우 중요한 역할을 하지만 우리는 그런 뇌 활동을 완전히 망각하고 있다.

우리가 맞닥뜨린 상황에 대한 정보는 감각기관을 통해 뇌로 전달되고 편도체는 잠재적 위험을 평가한다. 상황별 세부 사항, 과거 경험에 대한 기억, 그리고 본능은 이 상황이 나쁜 뉴스인지 아닌지를 재빨리 결정하는 데 영향을 미친다. 예를 들어 곰을 만났다고 하자. 눈앞의 곰은 정말 나쁜 상황인가? 아니면 나쁜 이야기 속에 등장하던 곰인가? 시에라네바다 산맥의 깊은 숲속에서 점심으로 가방 속에 넣어온 훈제 연어가 문제였다고 갑자기 깨달은 순간일 수도 있고, 덴버 동물원의 철창 너머 곰을 구경하는 중일 수도 있다. 분명히 어떤 맥락인지에 따라 우리의 위협 평가는 달라질 것이다. 곰에 대한 직접적인 기억이 영향을 미칠 수도 있지만 대부분 곰의 공격성에 관한 연구결과나 이야기와 같은 간접적 수단을 통해 얻은 지식일 가능성이 훨씬 더 크다.

기억과는 달리 본능은 학습되는 것이 아니라 유전되는 패키지의 일부다. 우리 본능이 반응하는 모든 요소를 밝혀냈다는 사람을 알지는 못하지만 둥그렇게 휘어진 맹수의 어금니나 으르렁 소리와 같이 즉각적으로 반응하게 만드는 공통된 특징은 있다고 믿는다. 본능이 자극되면 무언가 위협 요소가 존재한다고 믿는 것이 합리적이다. 지난 18개월 동안 내 딸이 자라나는 모습을 지켜본 것이 이런 사실을 확인하는 데 도움이 됐다. 내 동생 존이 데려온 (자신보다 덩치가 두 배나 되지만 무척 상냥한) 개를 처음 만났을 때 알리사는 곧바로 물러서며 무서워했다.[3] 나는 구체적 경험이 없다면 편도체의 경계 반응에도 실수가 있을 거라 생각했지만 절대 그렇지 않았다. 처음에는 두려워했지만 만남이 반복되자 차츰 익숙해졌고 지금은 또래 아이들처럼 개를 좋아한다(고양이와 함께 있을 때 더 편해 보이기는 한다). 사람들은 일반적으로 갑자기 곰과 마주친다면 본능적 반응을 보일 것이다. 대개는 공격적인 행동을 보이는 곰을 마주친 경험이나 대응 지식이 없기 때문이다. 물론 곰 조련사나 산악인, 등산 가이드 같은 전문가들은 제외다.

편도체는 뇌의 다른 부분과 비교할 때 관련 정보를 매우 빠르게 처리할 수 있다. 또 무의식적으로 의사결정에 관여한다고 앞에서 말했다. 물론 우리는 무언가를 의식적으로 결정할 때 사용하는 뇌 기능이 있다. 사실 독자가 이 문장을 읽는 지금도 사용하고 있다. 이마 부분에 있는 전전두엽 피질은 우리가 '생각'이라고 부르는 활동의 대부분이 이루어지는 곳이다. 무언가를 결정할 때 전전두엽 피질을 사용하면 일반적으로 적절한 결과가 나오지만 속도가 빠르지는 않다. 의식적 사고 과정은 각각의 선택에 따른 장단점, 과거의 경험, 또 미래의 결과, 사회적 규범, 심적 기대 그리고 이 문단이 이미 너무 길어져서 내가 생략하는 수많은 요소를 고려하느라 빠를 수가 없다.

의식적 의사결정은 느려도 너무 느리다. 목숨이 달린 위급한 상황을 맞닥뜨렸다고 상상해보라. "저게 곰인가? 어떤 종류의 곰인지 모르겠네. 저 곰은 위험할 수도 있지만 개 역시 사나운 개가 있고 얌전한 개가 있잖아. 당장 달려들 것도 같지만 그냥 호기심이 많은 곰일 수도 있어……." 그러다가 갑자기 곰이 달려든다. 지금 우리는 치명적인 위험을 확인하는 이야기를 하는 중이다. 그래서 더 빨리 올바른 결정을 내릴수록 살아남을 확률도 커진다.

편도체가 눈앞의 상황이 잠재적 위협이라고 판단하면 변연계의 또 다른 부분인 시상하부에 신호를 보낸다. 시상하부는 모든 생리적 변화를 책임지는 교감신경계를 차례로 활성화한다. 이 변화들은 다시 다루겠지만 우리 몸이 취해야 할 행동을 준비한다. 이 시스템은 매우 빠르게 작동하기 때문에 의식이 따라잡기 전에 변화가 완성된다. 다시 말해서 위협으로 보이는 상황을 맞닥뜨리면 무의식적으로 판단을 내리고 자신이 깨닫기도 전에 신체적 반응은 이미 시작된다.[4] 실제 위협을 받을 때는 정말 꼭 필요한 역할이다. 예를 들어 곰이 눈앞에 나타났다면 그 사실을 깨닫기도 전에 이미 신체는 반응하고 있을 것이다. 하지만 만약 긴급한 조처가 필요 없는 상황에 스트레스가 발생한다면 의식적 사고를 하기 전에 이미 몸이 반응할 수도 있다. 운전하는 동안 차가 갑자기 막힌다면 이를 인식하기 전에 감정이 동요되고 아마 행동에도 영향을 미칠 것이다.

편도체는 뇌의 중심에 있는 '측좌핵'이라 불리는 영역으로도 정보를 보낸다. 이 부분이 어디에 위치하는지에 주목하자. 측좌핵에 대한 아무런 지식이 없다고 하더라도 꽤 중요한 역할을 맡고 있으리라 추측할 수 있다. 예를 들어 영화 <스타워즈>에 나오는 스타 디스트로이어를 제외한다면, 중요할수록 더 많은 보호를 받는다. 제국의 고위 장교(우주 함선에서 가장 취약한 함교에 머무는)와는 달리 측좌핵은 두개골에 의해 보호될 뿐만 아니라 여러 층의 뇌 조직으로 격리되어 있다. 뇌의 핵심에 자리 잡은 구조는 생명을 지탱하는 데 매우 중요한 기능을 맡고 있다. 인간은 생각하지 않아도 살 수 있지만(이를 증명하는 것처럼 사는 이들의 몇몇 사례가 떠오른다), 측좌핵이 없다면 생명은 유지될 수 없다.

측좌핵이 우리의 행동을 만들어내는 것은 아니지만 끌어내는 데는 중요한 역할을 한다. 이런 반응이 보상 경험이나 재강화를 통한 교육과 관련이 있다는 사실을 배웠을지도 모른다. 맞는 말이지만, 간단히 말하자면(내가 좋아하는 표현 방식대로 하자면), 측좌핵은 우리가 내리는 각 선택의 상대적 가치를 평가한다. 어떤 선택의 가치이든 즐거움을 더해서 우리 삶을 개선하면 '긍정적 강화' 또는 '보상'이라고 부르고 불편하거나 고통스러운 무언가를 제거해서 개선하면 '부정적 강화' 또는 '구원'이라고 부른다. 예를 들어 초콜릿 케이크를 먹거나 위협에서 벗어나면 삶이 개선된다. 측좌핵이 중요하게 여기는 문제는 삶의 개선이 어떤 계기로 이루어지든 상관없이 상대적 가치의 평가에 달려 있다. 만약 케이크를 먹는 것이 팔굽혀펴기를 20번 하는 것보다 더 즉각적인 가치를 가져다준다면 우리 뇌가 어떤 선택을 할지 추측할 수 있다. 이에 대해서는 나중에 더 이야기하겠다.

우리가 일종의 위협적인 상황에 직면해 있다고 가정해보자. 음

글쎄……, 곰에게 공격당하고 있다면 어떨까? 그래, 내 상상력의 한계다. 우리 편도체는 이 상황이 위험하다고 판단했고 교감신경계에 경고 신호를 보낸다. 동시에 측좌핵에도 경고를 보내면 이런 질문이 생겨난다. '이제 어떻게 해야 하는가?' 그러면 몇 가지 선택을 추려낼 것이다. 아마도 한 가지 방법은 방어할 준비를 하는 것이고, 아니면 뒤돌아서 도망가는 것도 선택사항이 될 수 있다. 누워서 죽은 척하면서 곰이 온순하기를 바랄 수도 있다. 이 모든 선택은 보상이 아니라 구원으로 작동하는 기제다. 쉽게 믿기 힘들다는 걸 안다. 하지만 초콜릿 케이크로는 해결할 수 없는 문제들이 있다.

달리고, 싸울 준비를 하고, 죽은 척하는 것은 그리 복잡한 행동이 아니다. 그래서 이런 선택들이 고려된다. 측좌핵은 우리가 오랜 기간 연습한 행동들을 식별해서 복잡한 생각 없이 곧바로 움직이도록 훈련받았다. 의식적인 행동은 우리의 대처를 느리게 할 수 있다는 사실을 기억해라. 그래서 선택 범위는 잘 훈련된 행동으로 제한된다. 이를 충족하는 세 가지 선택은 투쟁, 도주, 얼어붙기이다. 각각의 선택은 과거의 경험에 근거하여 관련된 가치를 가지고 있고 가장 큰 상대적 가치를 가진 행동을 측좌핵은 선택할 것이다. 자신이 정말 싸움꾼인가? 그렇다면 돌이나 막대기를 들고 전투를 준비해라! 정말 달리기를 잘하는가? 그렇다면 부지런히 다리를 움직여라! 나처럼 둘 모두에 소질이 없나? 나는 마지막 싸움이나 달리기의 기억조차 희미하다. 아이스크림 트럭을 따라 잡기 위해 달렸던 기억이 분명 마지막일 것이다. 차라리 태아 자세를 한 채 자신이 곰에게 맛없는 먹이로 인식되기를 바라라! 우리 중 일부는 정말 자신의 몸을 맛없는 상태로 만들지도 모른다. 무슨 말인지 알 것이다.[5]

지금쯤이면 내가 사용하는 단순화된 가상의 사례를 이해해야 한다. 하지만 만약을 위해 한마디해두자면, 내 말을 문자 그대로 받아들이지는 마라. 나는 많은 직업이 있지만 곰 전문가는 그 속에 포함되어 있지 않다. 오줌으로 맹수를 물리치거나 40마하[6]의 속도로 달리는 동물에게서 도망치려 하기 전에 공부를 해라. 곰과 마주쳤을 때 어떻게 해야 할지에 대한 자료는 많으니 잡아먹히더라도 날 비난하지는 마라.

다른 예를 들어보자. 고속도로를 따라 운전하고 있는데 갑자기 교통체증에 옴짝달싹 못 한다고 상상해보자. 뇌가 정체된 속도를 감지하는 즉시 편도체는 이를 위협으로 인식하고 측좌핵에 신호를 보낸다. 측좌핵은 즉시 취할 수 있는 선택 방안을 차례로 평가한다. 싸울 수도 있고, 도망칠 수도 있고, 아니면 숨죽인 채 가만히 있을 수도 있다. 분명히 즉각 취할 수 있는 단순한 행동들이다. 이런 선택들이 구체적으로 어떻게 나타날까? 교통체증에서 싸우는 것은 경적을 마구 울린다거나 다른 운전자에게 소리를 지르거나, 또는 가운뎃손가락을 치켜드는 여러 가지 행위가 될 수 있다. 반면에 교통체증에서 도망치는 것은 쉬운 일이 아니다. 아마도 다음 출구에서 고속도로를 빠져나간다거나 갓길을 이용해서 달리는 정도일 것이다. 어떤 이유에서든 우리 뇌가 싸우는 것이 더 가치 있다는 판단을 했다고 가정해보자. 짜증을 섞어 경적을 울리고 손가락으로 쌍욕을 날리는 등의 모든 행위를 아무런 이성적 고려 없이 하게 된다는 사실을 강조하고 싶다.

나는 이 행동이 무의식적인 동기에서 비롯됐다고 믿고 싶은 마음도 있다. 만약 그렇지 않다면 인간에 대한 신뢰를 많이 잃을 것 같다. 이런 행동이 교통체증에 대처하는 유용한 전략이라고 누군가 이성적으로 추론하는 사고 과정을 나는 상상하기 어렵다. 경적이 울리는 소리를 듣고 갑자기, '이봐, 이 사람을 지나가게 해야겠어. 회사에 늦을까 봐 비켜달라는 소리처럼 들리네!'라며 길을 비켜주는 사람이 몇이나 될까? 이런 행동은 싸움 반응이다. 우리 뇌의 무의식적 사고는 완벽하게 자연스러운 반응으로 여길 수 있다.

마지막으로 전두엽이 남았다. 스트레스와 관련된 뇌 구조의 모든 것을 다 설명한다는 뜻은 아니지만 내가 이야기할 마지막 부분이다. 그리고 이미 언급한 내용이기도 하다(기억하고 있을 것이다. 그렇지?) 다시 말하지만 전전두엽 피질은 우리 이마와 안구 뒤에 있는 뇌의 일부분이다. 주로 계획, 의사결정, 문제해결, 집중, 그리고 단기기억을 맡고 있다. 기본적으로 우리가 '생각'이라고 부르는 모든 기능이다. 의식적인 사고를 담당하는 유일한 부분이기 때문에 나는 이성의 고향이라고 부르고 싶다. 또한 이 부분은 자발적으로 통제할 수 있는 뇌의 유일한 영역이다. 그곳에 어떤 종류의 생각을 머무르게 할지 우리는 결정할 수 있다.

전전두엽 피질은 우리가 앞서 이야기한 반응적 행동을 무시할 수 있는 능력을 지녔다. 예를 들어 측좌핵으로 인해 앞차의 운전자에게 쓸데없이 경적을 울리는 자신을 발견했다면 스스로 이렇게 생각할 수 있다. '내가 왜 이러는 걸까? 분명 아무런 소용없는 짓이다. 그만둬야겠다.' 그리고 경적을 울리는 짓을 멈춘다. 심지어 이렇게 자문할 수도 있다. '지금이 실제 나에게 위협적인 상황인가? 내가 할 수 있는 일이 뭐지?' 앞에서도 추천한 방법이지만 이렇게 하면 마음을 진정하는 데 도움이 될 것이다. 이런 내면의 대화가 필요 없을 수도 있다. 하지만 분명히 짚고 넘어가겠다. 우리의 전전두엽 피질은 뇌의 다른 부분이 내린 결정을 완전히 뒤집을 수 있고, 이를 위해 필요한 것은 자신의 생각뿐이다. 교통체증과 맞닥뜨렸을 때, 전전두엽 피질이 올바른 활동을 하고 있다면 실제로는 편도체가 이를 위협으로 인식하는 것부터 막을 것이다.

불행하게도 많은 사람이 내가 설명한 방식으로 의식을 사용하지 않는다. 어떤 사람들은 전혀 사용하지 않는 것처럼 보이기도 한다. 무의식적 행동을 수정하기 위해 생각을 이용하는 대신 그 상황에 빠져 스트레스가 시키는 대로 마구 행동한다. 교통체증에 빠진 상황을 혐오하면서 앞차는 간격이 충분해 보이는 데도 왜 멈춰서 있냐며 경적을 울려대고, "도대체 차가 왜 막히는 거야"라고 투덜거리며 답답해한다. 이 사람들은 주디가 직장에 늦었다는 걸 모르는 걸까? 주디는 이런 짜증나는 상황을 싫어한단 말이야!!

· 우리는 생각할 기회를 얻기도 전에 스트레스에 반응하기 시작한다.
· 그렇지만, 우리에게는 이런 무의식적 반응을 극복할 수 있는 능력이 있다.

　올바른 방식의 전전두엽 활동, 즉 합리적으로 사고하는 법을 배우고, 뇌의 다른 부분에서 내린 선택을 의식적으로 다시 조정하는 능력을 키우는 것이 스트레스 없는 삶을 사는 열쇠다.
　이미 거듭 말했지만, 만약 자신이 감정을 느끼는 방식이 마음에 들지 않는다면, 마음을 바꿔라……. 어, 그러니까 생각을 바꾸라는 말이다.

걱정하는 것은 최악이다

이제 우리는 뇌가 위협으로 인식한 상황에 대한 단순한 반응이 스트레스라는 사실을 이해했기 때문에 좀 더 흥미로운 이야기를 해보겠다. 대부분 스트레스는 우리 뇌가 만들어내는 환상이라는 사실이다. 말하자면 실질적인 위협이 없는데도 자신의 신념이나 가치관, 또는 기대가 어떤 형태의 도전을 받을 때 우리는 스트레스를 느낀다. 간단히 말해서 내 생각과 다를 때다. 그렇다, 대부분 스트레스는 상상의 산물이다. 악취를 풍기는 유니콘 따위 같은 것이다.

걱정은 이런 범주에 포함되는 사고의 흐름이자 가장 최악의 효과를 발휘한다. 걱정은 단지 내부적으로 생산해낸 스트레스일 뿐 그 이상의 어떤 것도 아니다. 무언가 곤란한 생각 때문에 자신을 괴롭히는 짓이다. 정신적이긴 하지만 걱정도 하나의 행동이다. 우리는 종종 스트레스를 유발하는 요인에 대해 걱정하지만 오히려 걱정 그 자체가 추가적인 스트레스의 원인이 되기도 한다.

다시 한번 교통체증 사례를 들어보자. 어느 날 아침 평소보다 조금 늦게 일어나 출근길에 오르기 위해 차에 올라탔다고 상상해보라. 고속도로에 들어서면서 자신이 평소보다 늦었다는 사실을 떠올리고 차가 얼마나 막힐지를 생각한다. 속으로 이런 말을 되뇔 수도 있다. '이런, 얼마가 걸릴지 모르겠는걸. 이러다가 해고당할지도 몰라.' 방금 일어난 일을 따져보자. 정상적으로 운전하고 있으면서도 아직 일어나지도 않았고, 일어나지 않을지도 모르는 일을 예상하면서 자신의 스트레스 수준을 높였다. 그저 머릿속의 생각 때문에 불필요한 스트레스를 만들어냈다.

나는 걱정이라는 감정의 폐해에 대해 자주 이야기한다. 우리가 잘 인식 못 할 수도 있지만 정말 나쁜 습관이기 때문이다. 살아가면서 너무 많이 걱정이라는 감정에 시달리면 불안장애나 우울증 같은 정신질환으로 발전할 수 있다. 하지만 이는 우리가 바꿀 수 있는 행위이며 그렇게 할 수만 있다면 자신을 위해서 더할 나위 없는 이익이 될 것이다.

그런데도 우리는 모두 걱정한다. 항상 그렇지는 않지만 가끔 부정적인 예상으로 감정을 소모하고 스트레스에 힘들어하는 순간을 겪는다. 이 책의 첫 부분에서 말했듯이 나는 정말 행복한 남자이지만 가끔 걱정이 앞선다. 주로 내 딸에 관해서다. 예를 들어 알리사의 미래를 어떻게 준비할지, 행복하고 건강한 여성으로 성장할 수 있도록 잘 지원해줄 수 있을지 걱정이 된다. 혹시 곰에게 공격당하지는 않을까? 확실히 실체가 없는 걱정을 할 때도 있다. 그런데도 걱정은 일상적인 감정이며 도가 지나칠 때도 문제를 눈치채지 못하기도 한다. 하지만 세상 모든 일에 대해 지나치게 걱정하는 사람들이 있다. 마치 취미처럼 말이다.

내 대학 룸메이트 중 한 명이 그랬다. 그는 매사를 걱정했다. 나는 결국 박사학위를 따긴 했지만 모범생 타입은 아니었다. 이유는 기억나지 않지만 나는 고등학교를 3학년 때 중퇴했고 대학에 가기 어려운 상태였다(사실 대부분 중퇴자는……, 그러니 학교를 그만두는 결정은 신중해라). 우리 가족 중에는 대학에 가본 사람이 없었고 나 역시 대학을 열심히 준비하는 아이들과는 잘 어울리지 않았기 때문에 뭘 어떻게 해야 하는지 전혀 몰랐다.

제임스는 고등학교 때 처음 만난 친구였고 사실 우리는 동시에 고졸 검정시험을 통과했다. 대학 첫해에 제임스와 나는 함께 공부하자고 의기투합했다. 우리는 1학년 때 될 수 있는 한 많은 강의를 듣기로 했다. 무슨 과목이었는지는 기억이 나지 않지만 월, 수, 금에 듣는 강의가 하나 있었다. 금요일마다 시험이 있었던 것은 생각난다.

제임스와 나는 그때 역시 모범생은 아니었지만(고등학교를 자퇴하게 만든 나쁜 버릇은 대학에 입학한 뒤에도 쉽게 사라지지 않았다), 서로에게서 동기부여를 받았다. 시간이 좀 흐른 뒤 우리 둘 사이의 주요 차이점 하나를 깨달았는데 시험을 보는 방식이었다. 나는 문제를 최대한 빠르게 풀고 신나는 주말을 준비한 반면 제임스는 문제 하나하나마다 최선을 다해 씨름하고 시험시간이 끝나는 종이 울린 뒤에야 시험지를 제출하는 부류의 학생이었다. 우리는 가끔 아파트 근처 모퉁이의 바에서 만나곤 했다. 어느 날인가 그가 뭔가를 몹시 걱정하는 표정을 짓고 있었다. "괜찮아?" 내가 물었다.

"시험을 망쳤을까 봐 정말 걱정돼"라고 그가 대답했다.

"글쎄, 그랬을 수도 있겠지." 내가 말했다. "하지만 지금 걱정해 봤자 아무 소용없잖아. 지금은 잊어버리고 금요일 밤을 즐기는 게 좋아."

이상하게도 그는 그러지 못했다. 사실 그는 계속해서 자신이 틀렸다고 생각하는 시험 문제와 수업 내용에 대해 중얼거렸다. 결국 그는 일찍 숙소로 돌아갔다. 다음 날 아침 눈을 떠보니 그는 이미 깨어 있었고 거실에는 책과 노트가 어지럽게 늘어져 있었다. "친구, 이 문제 기억나? 아무래도 내가 잘못 이해한 것 같아." 분명히 말하지만 그가 시험 전에 이렇게 노력했다면 걱정 속에 주말을 보내는 일은 없었을 것이다.

하지만 그는 걱정을 멈추지 않았고 주말 전체를 걱정으로 보냈다. 월요일이 되면 우리는 시험 성적을 확인할 수 있고 기분 좋게 놀라거나 걱정이 현실이 될 것이다. 어느 쪽이든 주말 내내 계속된 그의 걱정이 시험 결과에 어떤 영향을 미칠 수는 없다. 그는 신나게 놀 수 있었던 주말을 말 그대로 쓸데없이 흘려보냈다. 결국 그는 대학을 자퇴했다. 이유는 성적이 나빠서가 아니라 스트레스를 감당하지 못했기 때문이었다.

지나친 걱정은 이런 것이다. 나쁜 일을 막는 데 아무런 도움이 되지 않는다. 현실의 결과에 영향을 미치지도 않고, 안 좋은 일들이 덜 일어나게 만드는 것도 아니며, 단지 우리 삶을 불행하게 만들 뿐이다.

조언을 하나 더하자면, 걱정이 지나쳐서 스트레스가 덮쳐오기 시작할 때는 자신에게 이렇게 물어볼 필요가 있다. "내가 이 상황을 개선하기 위해 할 수 있는 일이 있는가?" 만약 대답이 "그렇다"라면 바로 조처를 하든가 계획을 세워라. 무언가 대책을 세울 수 있는데 어떤 이유로든 수수방관했다면 스트레스를 받아도 자신의 탓일 수밖에 없다. 한번은 한 여성이 상담을 요청했다. 가장 친한 친구가 자신에 대한 소문을 퍼트리고 뒷얘기를 자꾸 해서 정말 스트레스를 받는다고 말했다. 나는 "세상에⋯⋯ 그런 사람을 가장 친한 친구라고 불렀나요?" 나 같으면 그런 사람을 친구라고 부르지도 않을 것이다. 그런데 '최고로 친한'이라는 표현을 쓰다니. 하지만 각자에게는 모두 자신만의 사정이 있기 마련이다. 그녀는 서로 알고 지낸 지가 오래돼서 그런 표현을 썼다고 말했다. 얼마나 오래됐냐고 물어봤더니 그녀는 "대략 10년 정도"라고 대답했다. 그래서 그 친구가 그런 행동을 한 지는 언제부터냐고 물었더니 "10년 전부터"라는 대답이 돌아왔다. 이는 10년 전에 벌써 해결할 수 있었던 문제라는 것이 내게는 꽤 분명하게 보였다.

그 여자는 친구와의 관계를 끊어낼 수 있었지만 하지 않았다. 하지만 만약 스트레스를 느끼는 상황에 대해 우리가 할 수 있는 일이 아무것도 없다면? 그럴 때는 자신에게 "어떻게 할 수도 없는데 걱정해봤자 무슨 소용이지?"라고 물어보면 도움이 될 수 있다.

정말 말뿐인 질문이지만 자꾸 되묻다 보면 스트레스를 주는 문제에 대한 생각이 줄어든다.

대학 친구는 이미 제출해버린 답안지에 대한 걱정이 얼마나 쓸모없는지를 스스로에게 인식시키는 데 실패했다.

최근에 부모가 된 나는 과거에는 하지 않던 새로운 종류의 걱정을 한다. 앞에서도 말했듯이 내 딸이 어떤 미래를 살아갈지 종종 걱정하긴 하지만 이성적인 부분으로 제한하려고 노력한다. 어쨌든 언제나 행복했으면 하는 마음이다. 이런 마음은 관심이라고 표현하고 싶은데 걱정과는 다르다. 모두 마음을 뺏긴다는 측면은 같지만 걱정은 불필요한 불안이 내재되어 있다. 나는 딸이 무사하기를 바라지만 곰의 공격을 받을까 봐 걱정하지는 않는다.

언젠가 항상 자녀들에 대해 스트레스를 느끼는 친구에게 위에서 요약한 내용의 질문을 한 적이 있다. 먼저 걱정의 구체적인 내용이 무엇인지를 물었다. 그는 "아이들이 대학에 다니느라 떨어져 살고 있는데, 공부는 하지 않고 늘 파티만 하는 것이 신경 쓰여. 그러다가 혹시 낙제라도 할까 봐 걱정돼."

확실히 관심을 쏟을 만한 문제이긴 했다. 그에게 그렇게 생각하는 이유를 물었다. "아이들이 페이스북에 올리는 사진들을 유심히 살펴보는데, 언제나 파티에서 술 마시는 모습밖에 없어." 좀 어이가 없었다. 음…… 왜냐면 페이스북이란 원래 그런 사진을 올리는 곳이니까. 친구들과 즐기며 파티하는 사진을 올리는 곳이 바로 페이스북이다. 누구도 책을 읽는 모습이나 열심히 공부하는 모습을 페이스북에 올리지는 않는다. 파자마를 입고 머리가 헝클어진 채 기숙사 책상에 앉아 있는 모습의 사진에 자막을 달아 SNS에 사진을 올리는 사람은 없다. "이봐, 친구들. 내가 시험공부 하는 모습이야!" 소셜미디어는 파티하는 사진을 올리는 곳이다. 뭐 고양이라든가.

"그래, 나도 알아. 하지만 그래도 걱정을 멈출 수 없어. 내 아이들이니까. 너도 네 아이 걱정을 해야 해." 그가 말했다. 그래? 나는 잠시 생각한 뒤 다시 물었다. "그래서 네가 뭐 할 수 있는 일이라도 있어?" "글쎄, 그렇지는 않아. 다른 도시에 살고 있거든." 좋아, 나는 다시 잠깐 생각하는 표정을 지은 뒤에 물었다. "뭔가 할 수 있는 일이 없다면, 그렇게 걱정해봤자 무슨 소용이 있어?"

"그래도 내 아이들이니까……."

대화는 마침내 그가 "그래, 그래! 인정할게. 내가 걱정하는 걸 즐기나 보지 뭐"라고 말할 때까지 빙빙 돌았다.

신사 숙녀 여러분, 드디어 우리가 돌파구를 마련했다. 이렇게 인정하는 경우를 거의 찾아볼 수 없었지만, 그는 마침내 진실을 말했다. 정말 일부 사람들은 걱정을 즐긴다. 아이들이나 시험, 또는 출근길 교통체증이 아니더라도 걱정할 거리는 어디서든 찾을 수 있다. 자신의 삶 주변에서 찾을 수 없다면 뉴스를 켜거나 페이스북 피드를 훑어보면서 걱정하기 시작한다.

소셜미디어는 나 역시 즐긴다. 하지만 많은 사람에게 걱정거리를 제공하는 마르지 않는 샘 역할을 하는 것도 사실이다. 물론 혼자서도 걱정할 일들을 용케 잘 찾아내는 사람이 많지만 적어도 나는 친구들의 휴가 사진을 보려고 알림 메시지를 굳이 스크롤하지는 않을 것이다. 내게 흥미로운 점은 소셜미디어는 우리가 만들어내는 무엇이 된다는 것이다. 즉 내가 신경 쓰는 것들 위주로 콘텐츠가 구성된다.[7] 그런데도 이런 '모든 드라마' 때문에 더는 소셜미디어를 보지 않는다는 사람들의 이야기도 들려온다. 이는 안타까운 일인데 도움이 되는 긍정적 메시지 또한 많기 때문이다. 우리는 진흙에서 진주를 골라내는 기술을 익혀야 한다.[8]

· 상황을 바꿀 방법이 없다면 아무리 걱정을 하더라도 무슨 소용이 있는가?

때로는 사람들이 내게 이렇게 묻는다. 모든 걱정이 스트레스 유발 요인일 뿐이고 적절한 걱정이란 없는 거냐고. 나는 이 질문이 단어의 정확한 의미를 알지 못하고 하는 이야기라고 생각한다. 현실적인 주의력과 걱정은 같은 것이 아니다. "차가 좀 막힐 수도 있어"와 "제기랄! 차가 막혀서 완전히 늦을 것 같은데"는 큰 차이가 있는 반응이다. 하나는 불편한 상황에 잘 대비할 수 있도록 도울 것이고 다른 하나는 스트레스를 줄 뿐이다. 요세미티 국립공원을 걷다 보면 곰을 마주칠 수 있다는 사실을 이해하는 것과 이에 대한 걱정으로 내내 긴장 상태에 빠져 있는 것은 다르다. 더 심각한 일은 그런 걱정 때문에 아예 요세미티 국립공원을 찾아갈 생각도 하지 않는 것이다. 요세미티는 지구상에서 가장 놀라운 곳 중 하나이다. 곰에 대한 걱정으로 그런 경험을 하지 못한다는 것은 내게는 상상도 못 할 일이다. 어쨌든 여건이 된다면 꼭 가봐라! 숨이 멎을 정도로 아름답다. 친구 기숙사 방에 안셀 애덤스(미국의 사진작가로서 풍경 사진의 제일인자이며 'F64 그룹'에 참가하여 스트레이트 사진에 의한 근대 사진의 성립에 공헌하였다—옮긴이)의 포스터가 걸려 있다면 짐작이라도 할 수 있을 것이다. 나는 1년에 한 번 이상은 꼭 요세미티를 찾아간다.[9]

　나는 종종 사람들에게 걱정하는 이유를 말해달라고 부탁한다. 하지만 원하는 답을 거의 얻지 못한다. 위에서 예를 든 친구와의 대화에서도 걱정의 원인이 멀리 떨어져 있는 대학생 아들이 파티를 너무 많이 한다는 것이었다. 다른 사람들처럼 그 역시 왜 걱정하는지가 아니라 무엇을 걱정하는지를 말했다. 만약 지금 걱정거리가 있다면 걱정하는 이유는 무엇인가? 이렇게 스스로에게 질문을 던져 무의미한 행위를 왜 반복하는지를 알면 스트레스를 극복하는 데 큰 도움이 된다.

이미 잘 알고 있겠지만 나는 걱정을 잘 하지 않는다. 그래서 개인적인 경험으로 걱정을 일으키는 충동에 관해 설명하기 어렵다. 하지만 그 누구도 의식적으로 '지금부터 걱정하자'라고 결심하지 않는다는 것은 명백하다. "이봐, 지금 내가 몹시 걱정하고 싶어 하는 걸 잘 알지? 어디 보자, 뭘 걱정해야 하지? 그래 우선 아이들을 걱정할 거야!"라고 말하는 사람은 없다. 걱정은 의식적, 즉 전전두엽 피질에 의한 행위가 아니다. 무의식의 영역을 담당하는 측좌핵의 기본 선택인 것이다.

이미 알고 있다시피 측좌핵이 내린 결정은 현재 주어진 선택의 상대적 이익을 비교한 결과다. 우리 뇌가 내린 결정이기 때문에 걱정은 다른 경쟁 선택보다 더 큰 잠재적 가치를 지녔다는 의미다. 또한 걱정은 분명 뇌에 어떤 명백한 가치가 있을 것이다. 그렇다면 걱정의 이점은 무엇일까?

뇌의 선택에 따른 이점은 일종의 보상을 제공하거나 구원을 제공한다는 것을 기억할 것이다. 그렇다면 걱정의 이점 역시 두 가지 중 하나여야 한다. 일단 보상이나 긍정적 강화는 아닐 것이다. 누구도 걱정에서 즐거움을 얻지는 않기 때문이다. "어젯밤 걱정하느라 시간 가는 줄 모르고 즐겼어!" 또는 "집에서 편안히 걱정하고 싶으니 얼른 퇴근해야지", 더구나 "이번 주말에는 걱정할 것이 너무 많아. 정말 멋질 거야. 너도 함께 와서 즐기자" 같은 말을 하는 사람은 없다. 나 역시 걱정파티 같은 곳에 초대받은 경험은 없기 때문에 분명 걱정은 즐거운 행위가 아니라고 확신한다. 만약 걱정이 뇌에 보상을 주는 것이 아니라면 구원이어야 한다. 하지만 도대체 무엇으로부터 구원한다는 말일까?

이는 대부분 일반인이 대답하기 어려운 질문이다. 내가 가진 심리학 박사학위가 이럴 때 쓸모가 있다. 밝혀진 바에 따르면 걱정은 '비활성'이라고 불리는 매우 불편한 상태에서 뇌를 구원한다. 뇌는 서로 연결된 '뉴런'이라는 개별 세포로 구성된 거대한 전기회로다. 뉴런은 전기가 통하는 특수 세포로 연결망을 통해 전기자극을 정기적으로 주고받는다. 서로를 자극하는 뉴런 세포의 네트워크는 머릿속에 들어 있는 모든 생각을 나타낼 수 있다. 예를 들어 "트월킹"이라는 신세대 단어의 의미에서부터 처음 트월킹을 배웠을 때의 기억, 멋지게 엉덩이를 흔들어대는 기술까지 모든 것이 이 네트워크에 저장된다.

뉴런이 어떤 자극을 받아 특정한 전기신호 패턴이 완성되면 뇌는 자극을 준 상황이나 지식이 주인공의 삶과 여전히 관련이 있다고 받아들인다. 그러나 자극이 줄어들면 주인공의 삶과 관련성이 희미해진다고 여기거나 아예 뉴런의 연결 패턴이 사라질 수도 있다. 따라서 연결이 비활성화된 네트워크는 소멸할 위험에 처한다. 규칙적인 활동이 이루어지지 않으면 우리 뇌의 일부분은 위험해지는 것이다. "사용하지 않으면 사라진다"라는 말을 들어봤을 것이다. 지식이든 기술이든 반복해서 사용하지 않으면 점점 사라지게 마련이다. 대학에서 배운 내용의 대부분을 잊어버리는 것도 같은 이유다. 뇌는 비활성을 좋아하지 않는다.

이제 우리는 비활성이 뇌에 불편한 상태라는 것을 이해할 수 있다. 우리는 그런 상태를 군이 불편하다고까지는 생각하지 않을 수도 있지만 지루하다는 꼬리표 정도는 붙일 수 있을 것이다. 대개 외부세계는 뇌에 충분한 자극을 주지만 만약 그렇지 못하다면 뇌는 스스로 자신을 자극해야 한다. 걱정은 뇌가 비활성에서 깨어나는 한 가지 방법이다. 그렇다. 뇌의 지루함을 덜어준다. 나는 이것이 대부분 걱정의 발생 이유라고 생각한다.

생각해보자. 만약 자신이 걱정을 많이 하는 사람이라면 언제 걱정하는가? 아마도 뇌가 무언가 다른 일로 바쁠 때는 걱정하지 않을 것이다. 어떤 일에 집중하거나 깊은 생각에 골똘히 잠겨 있을 때, 또는 재미있는 일에 흠뻑 빠져 있을 때는 걱정하지 않는다. 그럴 때보다는 시간적 여유가 있거나 뇌가 다른 일을 하지 않을 때 걱정한다. 우리는 지루함에서 구원받기 위해 걱정한다. 지루할 때 사람들이 이런저런 변화를 꾀하는 것을 보면 그리 놀라운 사실도 아니다. 사람들은 지루할 때 먹고 마신다. 누군가는 손과 뇌에 무언가 할 일을 주기 위해 담배를 피운다. 다른 누군가는 싸우거나 화를 내고, 마구 소란을 벌이기도 한다. 그리고 누군가는 걱정한다. 달리 표현하자면 우리는 뇌에 할 일을 주기 위해 걱정을 한다. 아이들 문제든, 국가 경제든, 아니면 뉴스에서 들려오는 소식이든 상관이 없다. 자신의 뇌에 어떤 활동이 필요하고 걱정이 훈련되어 있다면 어디에서든 걱정거리를 찾아낼 것이다.

자, 이제 그럼 걱정하는 이유를 이해했다면(바라건대), 무얼 어떻게 할 것인가? 가장 간단하게 말하자면, 어떤 행위를 바꾸기 위해서는 그 행위를 하는 이유를 알아야 하고 또 적절한 대안을 찾아내야 한다. 걱정은 뇌에 할 일을 줘서 비활성이라는 불편한 상태에서 벗어나게 해주는 행위이기 때문에 걱정을 덜하고 싶다면 뇌가 할 다른 일을 찾아야 한다. 하지만 그렇다면 걱정을 대체할 만한 적절한 대안으로 무엇이 좋을까? 말 그대로 어떤 짓이든 상관없다!

무언가 걱정거리가 머릿속에 들어차기 시작할 때면, 뇌가 달콤한 활성화를 원한다는 것을 이해하고 무언가를 하면 된다. 책을 읽어라. 산책하라. 설거지를 하거나 거실을 청소해라. 재미있는 TV쇼를 시청하거나 누군가와 대화를 해라(걱정거리를 화제로 꺼내놓지만 마라). 어떤 짓이든 상관없다. 말 그대로 어떤 행동이든지! 걱정을 극복하기 위해서는 생각이 올라탄 기차의 방향을 바꿔야한다. 뇌의 채널을 다른 곳으로 돌린다고 상상해라.

대체로 간단한 주의 전환만으로도 우리에게 필요한 충분한 효과를 볼 수 있다. 주의 전환은 실제 치료 과정에서도 흔하게 쓰이는 요법이다. 심리치료사인 사라는 환자가 걱정거리에 관한 생각이 너무 많아 치료에 집중하기 어려워할 때 긍정적인 주제로 대화의 방향을 돌리는 방법을 사용한다. 먼저 손자녀들에 대해서나 좋아하는 음악 같은 화제로 이야기를 시작하면 환자들이 잠시라도 걱정을 잊는 데 도움이 된다. 그녀는 내 딸에게도 똑같은 방법을 사용한다. 알리사가 화가 몹시 나 있을 때 사라는 아이의 주의를 돌려 진정시키는 데 정말 능숙하다.

· 뇌를 활성화시키는 법을 배워두면 지나친 걱정에서 벗어나는 데 도움이 된다.

생각의 방향을 바꾸는 것이 그렇게 어렵지는 않게 느껴질 수도 있다. 사실 그렇기는 하다. 하지만 문제의 원인을 숙지하는 것이 필요하다. 많은 사람에게 어려운 문제는 한번 걱정이 시작되면 꼬리를 물고 이어지면서 정신적으로 시달린다는 점이다. 하지만 우리가 왜 그런 연쇄적인 행위에 빠지는지를 잘 이해한다면 의식적으로 그 흐름을 방해할 수 있다. 나는 마음이 스트레스에 지배당하기 시작하면 드라이브에 나선다. 운전하다 보면 진정이 되고 정신도 또렷해진다. 모두 자신에게 맞는 무언가를 찾아두는 것이 좋다. 생각의 채널을 돌릴 수만 있다면 어떤 짓이든 좋다.

걱정을 멈추기란 쉽지 않다. 그래도 다른 선택을 할 수 있다는 것은 다행이다. 많은 대체 행위들이 있다. 뇌가 원하는 활성화를 충족시켜줄 걱정의 대체 행위는 무궁무진하다. 그러나 불행히도 우리의 욕구가 원하는 행위에는 걱정과는 달리 적절한 대체 행위가 존재하지 않는다. 이 경우에 그 욕구를 충족시키지 못하는 삶을 살아야 해서 굉장히 힘들다. 예를 들어 내 뇌는 아이스크림을 먹는 행위를 좋아한다. 용기 바닥까지 핥아먹게 만든다. 이제 하나만 물어보자. 아이스크림 먹는 행위를 대체할 수 있는 적절한 다른 선택은 무엇일까? 모두 고개를 흔들 것이다. 아이스크림과 비교할 수 있는 맛은 없다! 아이스크림을 먹을 때 내 뇌가 느끼는 기쁨은 어떤 다른 음식으로도 대체할 수 없다(요거트 맛이 비슷하다는 따위의 말은 꺼내지도 마라!). 내 뇌가 아이스크림을 원할 때 이를 충족시킬 방법은 오직 아이스크림뿐이다.[10] 그렇다면 어떻게 해야 할까? 건강에 좋은 케일을 먹는 습관을 들이라고? 케일맛 아이스크림조차도 역겨울 것 같다. 만약 아이스크림에 대한 사랑을 극복하려면 대체 행위를 찾을 것이 아니라 아이스크림을 먹지 않고 사는 법을 배워야만 한다. 그리고 그건 결코 쉬운 도전이 아니다. 내가 겪는 유당불내증조차도 내 뇌가 느끼는 아이스크림에 대한 유혹을 희석시키지 못하기 때문이다. 극복하기에 결코 쉬운 행위는 아니겠지만 걱정에는 적어도 많은 대체 행위가 있다.

뇌가 할 일이 필요하다고 해서 모든 사람이 걱정을 하는 것은 아니라는 사실에도 주목해야 한다. 지루할 때 긍정적으로 반응하는 사람들도 있다. 어떤 사람들은 운동을 하고, 나를 포함한 어떤 사람들은 공상에 잠기거나 창의적인 일을 한다. 나는 무료해지면 농담을 떠올리곤 한다. 그리고 사라가 곁에 있다면 이를 그녀에게 시험해보고 만약 웃음이 터져 나온다면 내 농담 리스트에 저장한다. 내가 시나 노래가사를 쓴다는 사실을 아는 사람들도 있지만 아무리 해도 그럴듯한 작품은 나오지 않는다(사라가 증언해줄 것이다). 이런 행위들이 내 뇌가 지루해할 때 하는 일들이다.

스트레스 받을 때 몸에서는 무슨 일이 일어날까?

나는 사라를 플로리다 게인즈빌에서 처음 만났다. 당시 스트레스나 행복 같은 것들을 주제로 세미나를 하면서 주 전체를 여행하고 있었는데, 그때 만난 수백 명 중 하나가 사라이다. 직업은 심리치료사였고 자신의 고객들을 돌보는 데 무언가 통찰을 얻을 수 있는지를 알아보기 위해 세미나에 참석했다. 몇 년 후 우리에게는 예쁜 딸이 태어났다. 나는 그녀가 이미 본전을 뽑았다고 생각한다.

사라는 아름답고, 지적이며, 친절할 뿐만 아니라 재미있기까지 하다. (당연한 이야기다. 그렇지 않다면 어떻게 나처럼 멋진 남자를 상으로 받았겠는가?) 그녀는 매우 행복하고, 건강하며 대단한 회복탄력성을 지니고 있다. 하지만 때로는 그런 사람 역시 아무리 애를 써도 어쩔 수 없이 힘든 시기를 겪는다. 그녀는 우리가 만나기 몇 년 전에 건강검진을 받으러 병원에 갔을 때의 이야기를 들려주곤 한다. 혈액 수치나 몸무게 등 모든 검사 결과가 정상 범위 안이었다. 검사 서류상으로는 완벽하게 건강한 상태였다. 하지만 그녀는 관절과 한쪽 어깨에 지속적인 통증을 느끼고 있었다. 편두통 역시 부정기적으로 그녀를 괴롭혔다.

의사는 모든 사항을 면밀히 점검했다. 사라의 생활방식과 특히 가정생활, 직장, 또는 아침 출근길이 어떤지 등을 물었다. 의사는 사라가 살아가는 생활 속에 이런 문제를 일으키는 원인이 분명히 숨어 있을 거라고 의심했다. 아마 무언가가 스트레스를 느끼게 만들어서 통증으로 이어지고 있었을 것이다. 의사가 "곰곰이 생각해보면 정확하게 무엇이 문제인지 알 수 있을 거예요"라고 말하자 사라는 즉시 스트레스의 원인을 알아냈다.

몇 달 전, 사라는 집에서 한 시간 이상 걸리는 직장에서 계약직으로 일하기 시작했다. 어떤 날은 차가 막혀 출근하는 데 세 시간이 걸리기도 했다. 그녀의 상사는 매사를 하나하나 따지는 깐깐한 성격이었는데 사라의 업무를 끊임없이 확인하면서 마치 그녀가 일을 제대로 하지 않고 있다는 느낌을 받게 했다. 또 업무 성과를 올렸을 때도 칭찬하는 경우는 없었다. 한번은 적극적인 심폐소생술로 환자의 생명을 구했는데도 어느 누구 하나 등 한 번 두드려주지 않을 정도였다.

스트레스가 자신의 건강에 영향을 주고 있다는 사실을 깨달은 사라는 즉시 사직서를 제출했다. 남은 기간, 살아남기 위해 그녀는 호흡 운동과 자신감을 키워준다는 파워포즈power poses를 연습하기 시작했고 점심때는 건물 밖으로 나와서 산책을 하기도 했다. 퇴근 후에는 취미로 배우던 탱고 연습 시간을 예전보다 훨씬 늘렸다. 그녀는 정원을 가꾸거나 야외 벤치에서 글을 쓰며 더 많은 시간을 보냈다. 마침내 마지막 출근이 끝나자 그녀는 집 바로 곁에 있는(말 그대로 집에서 2분 거리) 곳에 일자리를 구했고 자신의 사업도 시작했다. 그녀의 통증은 말끔히 사라졌다.

나 역시 사라와 비슷한 일을 겪은 적이 있었다. 언제부터인지 정확히 기억나지 않지만, 왼쪽 눈이 실룩거리기 시작했다. 갑자기 그러기 시작하더니 점점 더 악화됐다. 사라의 통증처럼 그 증상은 내 인생에서 특히 힘들었던 시기에 나타났다. 출근하기 정말 싫은 직장에서 일했고 내 수입으로 감당하기 힘든 아파트에 살던 때였다. 나는 눈 경련에 대해 불평하지도 않았고 의사를 찾아가지도 않았다. 병원 가는 것을 싫어하기 때문이 아니라 머릿속을 가득 채운 다른 문제들 때문에 그럴 여유가 없었다고 말하는 것이 맞는 표현이다. 또한 사라와 비슷하게 삶의 변화가 일어나자 경련은 사라졌다. 사라와 달리 나는 해고를 당해 구원받았다. 형태는 달랐지만 스트레스를 주던 직장에서 벗어나니 몸이 긍정적으로 반응한 것이다.

스트레스에 장기간 노출되면 신체적 건강과 전반적인 삶의 만족도에 부정적 영향을 미칠 수 있다. 또한 스트레스는 사람마다 다른 영향을 미친다. 사라는 몸에 통증을 느끼고 편두통을 앓았다. 나는 눈꺼풀에 근육 경련이 일었다. (아마도 다른 증상도 있었겠지만 너무 스트레스를 받아 알아채지 못했을 것이다.) 그런데 왜 이런 현상이 발생할까? 앞서 설명했듯이 스트레스는 실제 위협인지와 관계없이 뇌가 위협이라고 받아들이면 발생한다. 왜 위협에 대한 반응이 신체적 고통이나 문제를 일으키는 걸까?

우선 스트레스가 신체에 미치는 영향에 관해 이야기해보자. 우리는 편도체가 위협을 인식하면 시상하부로 신호를 보내 교감신경계를 활성화시킨다는 사실을 배웠다. (세상에, 하나의 문장에 해부학 용어가 너무 많이 등장해서 미안하다. 이 책이 해부학 교과서처럼 보이면 안 되는데……. 사라가 많은 사람이 이 정도 내용은 들어봤을 거라고 나를 설득했다. 그래서 나는 이 부분을 생략하지 않기로 했다.) 이는 척수를 다양한 신체기관과 연결하는 신경 네트워크이며, 일단 활성화되면 생리학적인 변화가 발생한다. 눈동자가 팽창하고 심박수는 증가한다. 스트레스는 호흡을 가쁘게 만들거나 소화작용을 멈추게 할 수 있고 남성의 발기를 억제할 수도 있다. 우리를 땀범벅으로, 속을 더부룩하게 또는 몸을 불편하게 만든다.

교감신경계는 부신을 통해 아드레날린을 생산하도록 촉발한다. 번지점프 같은 익스트림 스포츠 애호가들이 찾는 달콤한 호르몬이다. 기본적으로 고프로를 가진 사람은 누구나 좋아할 것이다. 아드레날린은 우리 몸에 힘을 솟구치게 하고 활력을 준다. 근육의 혈류량과 혈당을 늘려 동료들과 마구 하이파이브를 남발하게 만든다. 스트레스를 받을 때 역시 아드레날린은 생성되지만 우리는 일반적으로 스트레스 호르몬으로 여기지는 않는다. 그 명예로운 영광은 코르티솔에게 돌아간다.

시상하부가 편도체로부터 스트레스 신호를 받으면 방금 설명한 것처럼 교감신경계가 활성화되고 ACTH라는 호르몬이 혈관을 타고 온몸으로 퍼져나간다.[11] 이 호르몬은 동맥을 통해 부신으로 내려가서 뭔가 불길한 일이 발생할 거 같다며 코르티솔을 생산하라고 명령한다. 코르티솔은 아드레날린처럼 혈당을 증가시키고 우리 몸에 많은 영향을 준다. 아드레날린과 코르티솔은 빨라진 심장박동 덕분에 몸속 장기로 빠르게 전달된다.

교감신경계가 매개하든 아니면 순환 호르몬이 매개하든, 우리 몸에서 일어나는 이 모든 변화는 도움을 주려는 작용이다. 에너지를 증가시켜 몸을 더 효율적으로 만든다. 곰에게 공격당한다면 꽤 도움이 될 것이다. 이때 우리 몸은 특정 행위를 취할 준비를 한다.

그것은 바로 투쟁, 도주, 얼어붙기이다. 어떤 방법으로든 자신을 방어하면서 공격하거나, 도망쳐 탈출하거나, 어떤 경우에는 꼼짝하지 않을 것이다.

일반적으로는 "투쟁 도주 반응"으로 알려져 있지만, 실제로도 그렇게 이해하면 아마 충분할 테지만, 나는 "얼어붙기 반응"을 추가하고 싶다. 왜냐하면 꽤 흔하게 발생하는 현상이기 때문이다. 어마어마한 스트레스에 짓눌렸을 때 자신이 얼마나 자주 비활동적이 되는지를 떠올려보라. 회사에서 거의 불가능한 시한 안에 끝내야 하는 어마어마하게 힘든 일을 떠맡았다면, 바로 현장에 뛰어들어 미친 듯이 일을 시작하는(투쟁) 대신, 또 상사에게 달려가 기한을 연장하거나 인력을 지원해달라고 요청하는(도주) 대신, 그저 대책 없이 멍한 상태로 책상에 앉아 있을 때가 있다. 바로 내 경험 담이다. 내 눈꺼풀이 제멋대로 떨리게 만들었던 회사를 기억하는가?

곰이 공격하는 사례를 떠올리면 얼어붙기 반응을 이해하기 쉽다. 두려움에 압도되면 실제 꼼짝하지 못하고 얼어붙는 사람이 많을 것이다. 디즈니 영화의 캐릭터인 블랙팬서 역시 엄청난 초능력과 뛰어난 기술을 보유하고서도 얼어붙어버렸다![12] 마블의 영화들이 아니더라도 내 대학원 시절에 겪었던 얼어붙기와 관련된 흥미로운 이야기가 있다.

가족에게서 차를 선물 받은 친구가 있었다. 문제는 그 차가 수

동변속 기어였다는 것이다. 그녀는 스틱 차량을 운전할 줄 몰랐다. 얼마나 멋진 선물인가! "자, 네가 운전할 줄 모르는 차를 선물할게!" 그녀 친구 중에서도 수동 기어를 다룰 줄 아는 사람은 나뿐이었고 그래서 선생으로 나서야 했다. 주차장에서 클러치 페달은 어떤 원리인지, 언제 밟아야 하는지, 기어를 어떻게 변속하는지를 설명했다. 그녀는 시동을 꺼트리기도 했지만 시간이 좀 지나자 어떻게든 요령을 터득했다. 3단까지 기어 변환에 성공하자 나는 거리로 나설 수 있겠느냐고 물었다. 그녀는 불안한 표정으로 고개를 끄덕이며 주차장을 나섰다. 몇 블록을 지날 때까지는 모든 것이 괜찮아 보였다. 앞쪽 사거리에 빨간불이 보였고 그녀는 속도를 서서히 줄였다. 얼굴이 상기되며 긴장하는 모습이 보였지만 심각해 보이지는 않았다.

우리는 맨 앞에서 신호가 바뀌기를 기다리고 있었다. 녹색불이 들어오며 사거리 한복판으로 진입하는데 갑자기 시동이 꺼졌다. 클러치 페달에서 발을 너무 성급하게 내려놓은 것 같았다. 앞쪽에서는 차들이 달려오고 뒤쪽에서는 경적 소리가 날카롭게 터졌다. 그녀는 핸들을 쥐고 있던 손으로 얼굴을 감싸쥐더니 비명을 질렀다. "못 하겠어!"

갑자기 나 역시 스트레스를 받았다. 내 투쟁 반응이 발동했고 조수석에서 시동을 켜고 다리를 콘솔박스 너머로 넘겨 페달을 밟고 손을 뻗어 핸들을 잡았다. 가까스로 사거리를 벗어나 갓길에 차를 세웠다. 다친 사람은 없었고 시간이 조금 지나자 우리는 진정이 됐다. 우리는 이 상황에 대해 서로를 마주보며 웃음을 터트렸다. 큰 사고가 날 뻔했던 방금 상황에 대해서 말이다.

당시에는 정말 이해하기 힘들었지만 한참 시간이 흐른 뒤에 그녀의 얼굴을 감싸쥔 행동이(얼어붙기가) 과도한 스트레스에 대해 흔하게 일어나는 반응이라는 사실을 알 수 있었다. 우리 뇌가 과거 경험에 비추어 가장 잠재적 가치가 큰 행위를 선택한다는 사실을 기억하는가? 만약 투쟁이나 도주 행위가 아무런 효과가 없어 보인다면 우리 뇌는 얼어붙기를 선택한다고 나는 믿는다. 곰이 공격하는 사례에서 보자면 싸워 이겨내거나 성공적으로 도망치는 것은 일반인에게 기대하기 어렵다. 효과적으로 선택할 수 있는 행위가 없다면 많은 사람은 얼어붙기를 선택한다. 비슷하게 사거리 한가운데로 진입한 차량의 운전석에서 내 친구는 선택을 해야 했다. 투쟁이든 도주든 두 가지 모두 운전 기술이 필요했다. 하지만 그녀의 뇌는 자동차 운전 기술에 자신감이 없었기 때문에 두 가지 선택 모두 가치가 없다고 판단했고…… 결국 그녀는 얼어붙기를 택한 것이다.

할 일이 태산같이 쌓여 있는데 침대를 빠져나오지 못한 적이 있는가? 내가 그랬다. 얼어붙기는 우리 신체에 에너지를 증가시키는 선택은 아니다. 그래서 스트레스가 몸에 어떤 영향을 미치는지를 알아보기 위해서는 투쟁 도주 반응에 집중하는 것이 맞긴 하다. 하지만 무척 흥미로운 것은 사실이다.

이제 스트레스 반응이 왜 사라의 육체를 고통에 빠트리고 내 눈에 경련을 일으켰는지 다시 생각해보자. 투쟁 도주 반응에 관해 우리가 주의해야 할 점 하나는 두 가지 행위 모두 단기적 문제에 대한 단기적 해결책이라는 사실이다. 자연에서의 위험은 대개 일시적이고 올바르게 대처한다면 금세 사라져야 한다. 곰에게서 습격받을 때 좋은 점이 뭔지 아는가? 오래가지 않는다는 것이다. 어느 쪽으로 결론이 나든 곰의 공격은 순식간에 지나갈 것이다.

일시적으로 혈당이나 심박수를 증가시켜 생존 가능성을 높일 수 있다면 당연히 좋은 일이다. 실제 그런 순간에는 스트레스가 우리에게 유리하게 작용한다. 하지만 높은 수준의 혈당을 일정 시간 이상 지속한다면 건강에 좋지 않은 영향을 미치리라는 것은 충분히 짐작할 수 있다. 마찬가지로 심박수가 오랜 시간 빠르게 유지된다면 부작용이 뒤따른다. 불행히도 우리가 겪는 스트레스의 대부분 원인은 실제 위협이 아니다. 하지만 실제든 아니든 뇌가 인정한 위협은 쉽게 사라지지 않는 경향이 있다. 나는 사라가 힘든 고용 계약에 얼마나 매여 있었는지 모른다. 단 6개월의 단기 계약이었다 하더라도 그녀에게는 자신의 뇌가 위협이라고 받아들인 상황 속에서 신경을 곤두세운 채 보낸 기간이다. 아침마다 교통체증 속에서 6개월을 앉아 있었고 불필요하게 높은 수준의 아드레날린과 코르티솔 호르몬의 영향 속에 보낸 6개월이었다. 스트레스에 장기간 노출되면 대가를 치러야만 하고 실제로 치르게 된다. 내 눈꺼풀에 경련을 일으킨 직장으로의 출근은 1년 동안 계속됐다.

스트레스에 장기간 노출되면 또 다른 단점이 있다. 스트레스를 늘리는 것들이 아니라 억제하는 것들 때문이다. 전체 진화의 역사를 살아온 수많은 세대를 살펴보면 스트레스 반응에서 지혜를 얻을 수 있다. 우리 몸은 물이든, 에너지를 위한 당분이든, 또는 단백질이나 신경전달물질, 호르몬이든 그 양이 한정되어 있다. 그래서 2차 세계대전 때 각국 정부가 전쟁 중인 군대에 제한된 양의 식량이나 연료, 무기와 같은 군수품을 효율적으로 배급해야 했던 것처럼 우리 몸 역시 제한된 자원을 어떻게 분배할지를 잘 고려해야 한다. 만약 우리 몸이 공격을 받는 상황이면 일단 목숨을 구하기 위해 모든 가능한 자원을 동원해야 한다. 이는 현재의 긴급상황과 관련 없는 시스템에는 지원을 끊는다는 의미다.

그렇다면 스트레스 상황에서 불필요한 시스템은 어떤 것일까? 곰에게 공격당하는 상황을 생각해본다면 몇 가지를 알 수 있다. 일단 면역체계는 필요하지 않을 것이다. 목숨이 왔다갔다하는데 감기에 걸린들 무슨 차이가 있겠는가? '이봐요 저 곰이 달려들고 있지만 기침이 자꾸 나오는데 아스피린을 먹어야 하는 거 아닌가요?'라는 대화를 나누지는 않는다. 또 분명 소화 기능도 뒷전으로 물러날 것이다. 뱃속에 음식이 있다면 나중에 소화시켜도 된다(아니면 한꺼번에 게워낼 수도 있다). 상처나 부상을 치료하기 위해 세포를 재생하는 것 또한 우선순위가 아니다. 장기적인 건강을 위해서는 물론 중요한 일이지만 지금 당장 살아남지 못한다면 장기라는 기간 자체가 주어지지 않는다. 신체의 성장도 중요하지 않고 성욕 또한 나중 문제다. 곰에게 공격당하고 있는데 번식을 위한 욕구는 절대 중요하지 않다. 그런데 곰에게 공격당하는 상상에 성욕이 솟구친다면……. 친구, 그건 몹시 불행한 페티시가 아닐까?[13]

· 스트레스에 장기간 노출되면 다양한 육체 질환에
   시달릴 수 있다.

문제의 원인 중 다른 하나는 우리 몸이 가진 스트레스 반응의 획일성이다. 스트레스의 원인은 다양하지만 몸의 반응 시스템은 단 하나다. 우리 뇌에는 숲속에서 곰이 공격하는 상황과 회사에서 상사가 괴롭히는 상황이 다르지 않다. 첫 번째 상황은 생명이 위험하고 살아남기 위해서 많은 에너지가 필요하지만 두 번째 상황은…… 그렇지 않다. 직장 상사가 나쁜 놈이기 때문에 면역체계를 차단하거나 성욕을 억제할 필요는 없다. 그런 과잉 반응은 절대 도움이 되지 않는다. 지금 우리가 열심히 해답을 찾아가는 이유이기도 하다.

스트레스는 고혈압이나 당뇨를 포함해 고통을 주는 모든 신체적 조건의 원인이 된다. 스트레스에 장기간 노출되면 질병에서 회복거나 상처를 치유하는 데 더 오래 걸릴 수 있는 이유이다. 또때로는 위경련을 일으키거나 속이 메스꺼운 이유이기도 하다. 사람에 따라 편두통, 신체 곳곳의 통증, 그리고 눈꺼풀 근육 경련을 경험할 수도 있다.

스트레스가 불러일으키는 부정적 감정들

앞에서도 말했지만 나는 이 책을 콜로라도에서 쓰고 있다. 지금은 10월 초순인데 어제부터 갑자기 추워지면서 본격적인 겨울 날씨가 됐다. 친구들의 말에 따르면 이곳에선 자연스러운 일이라지만 우리는 조금 당황했다. 겨울이 온다는 것은 알았지만 추위를 대비할 시간이 몇 주 정도는 남았을 거로 생각했기 때문이다. 그래서 사라와 나는 덴버의 쇼핑센터에 가서 몇 가지 물건을 샀다. 핼러윈이 다가오고 있어서 기상천외한 재미난 물건들이 화려하게 진열되어 있었다. 다양한 사탕을 파는 코너도 있었지만 우리는 재빨리 지나쳤다. 핼러윈에 문을 두드리는 귀여운 꼬마 친구들에게 우리는 비트코인을 나눠줄 생각이었다. 이 책이 출판될 무렵에도 이 농담이 효과를 발휘할 수 있을지 지켜볼 생각이다.[14]

나는 핼러윈을 좋아한다. 괴기스럽고 우스꽝스러운 분장을 하는 것도 즐기고 귀신의 집이나 미로 찾기, 마구 날뛰는 핼러윈 파티도 좋아한다. 정말로 한 해 동안 기다리고 기다리는 시간 중 하나다. 모든 휴일 중에서도 신나는 파티가 기다리는 신년이나 마르디 그라스, 식목일을……(나무 심는 날에 파티를 벌이는 이유는 뭘까?) 정말 좋아한다. 올해는 좀 더 가슴이 두근거릴 것 같다. 내 딸이 인생 처음으로 핼러윈 복장을 하고 집집마다 캔디를 받으러 다니는 행렬에 동참하기 때문이다. 그래서 쇼핑을 하는 동안 아이가 정말 사랑스러워 보일 만한 몇 가지 핼로윈 복장에서 눈을 떼지 못했다. 하지만 나보다는 훨씬 이성적인 사라는 쇼핑을 나온 원래 목적을 잊지 말라며 팔을 잡아끌었다. 정확히 무슨 말을 했는지 기억이 나진 않지만 나는 약간 짜증이 났다. 그러자 사라가 "배고파서 화가 났구나(You're hangry)"라고 말했다. 사실이긴 했다. 나는 점심을 거르고 쇼핑을 나왔고 뱃속 깊숙한 곳에서부터 고통스러운 허기를 느끼고 있었다.

화가 날 정도로 심한 허기를 느껴본 적이 있는가? 누구나 한 번쯤은 겪어봤을 것이다. 너무 흔한 경험이어서 순간 나는 단어의 철자가 이상하다는 생각도 하지 못했다. 우리는 끼니를 챙기지 못하거나 부족하게 먹었을 때 종종 화가 치밀 때가 있다. 허기는 우리 감정에 영향을 미치는 육체적 상태다. 허기와 스트레스는 밀접하게 관련되어 있다. 나는 허기가 여러 스트레스 유형 중 하나라고 제안하고 싶을 정도다. 신체의 관점에서 보면 허기는 확실히 지속 가능한 생존을 위협하는 요소다.

허기와 마찬가지로 스트레스가 우리 삶에 큰 영향을 미치는 이유 중 하나는 스트레스가 감정 상태에 직접적으로 영향을 미친다는 것이다. 내가 앞에서 윌리엄 제임스를 인용한 것을 기억할 것이다. 제임스는 미국 심리학의 아버지로 불린다. 그의 광범위한 연구는 오늘날까지도 여러 대학에서 교본으로 쓰인다. 적어도 내가 알기에는 그렇다. 나는 강연에서 그에 관한 이야기를 자주 한다. 사실 여기서도 반복할 것이다. 그의 연구 중 내게 가장 도움이 됐던 것은 제임스 랑게 정서 이론이다.[15]

간단하게 줄여서 설명하자면, 생리적 상태에 대한 뇌의 해석이 우리의 감정이라는 이론이다. 우리가 자극을 마주칠 때마다, 그러니까 곰을 마주치거나 교통체증 상황에 운전석에 앉아 있을 때 우리 몸은 익숙한 생리적 변화의 방아쇠를 당기며 반응한다. 위에서 설명했던 뇌의 메커니즘에 대한 내용을 건너뛴 독자가 아니라면 편도체와 교감신경계가 부지런히 무슨 일을 하는지 이해했을 것이다. 우리 몸은 심박수가 증가하고 땀을 흘리기 시작할지도 모른다. 제임스는 뇌가 몸의 반응을 피드백 받으면서 현재 일어나는 상황에 따른 생리학적 상태를 해석한다고 주장한다. 뇌가 '1) 곰이 내게 달려오고 있구나, 그리고 2) 내 심박수가 상승했고(여러 증상 중에서) 그래서 나는 두려워해야 한다'라는 식으로 정보를 취합하고 해석한다는 것이다. 이런 과정을 통해서 우리는 두려움에 사로잡히게 된다.

이제 왜 우리가 감정을 느끼는지부터 생각해보자. 감정은 행동에 영향을 미친다. 특정 상황에서 적절한 행동을 할 수 있게 돕는다. 인간의 뇌가 만들어내는 모든 다양한 행동들을 생각해보자. 피아노를 연주하고, 농구공을 드리블한다. 복잡한 수학 문제를 계산하고 새로운 이야기로 책을 쓴다. 인간은 모두 엄청나게 다양한 행동을 할 수 있는 잠재적 능력이 있다(비록 수준과 숙련도는 다르겠지만). 그런 모든 행동이 각자가 맞닥뜨린 상황에 적합한 것은 아니다. 감정이 올바른 선택을 하도록 도와주기 때문에 매번 상황에 맞는 행동을 할 가능성이 커진다. 곰에게 공격당하는 상황을 다시 예로 들어보자. 나는 이 사례를 들 때마다 거대한 회색곰이 이빨을 드러낸 채 30야드 떨어진 곳에서 나를 향해 달려오고 있다고 상상한다. 그 누구도 그런 순간에 갑자기 시상이 떠올라 아름다운 글귀를 읊조리고 싶지는 않을 것이다. "아, 자연의 이중성이여! 눈부시도록 아름답지만 치명적으로 사납구나!" 분명 이러고 싶지는 않을 것이다. 또 달려오는 곰을 바라보며 이런 생각을 하지도 않을 것이다. '깜빡하고 있었네. 장모님이 오시기로 했잖

아. 화장실 청소를 해놔야 해.' 한가하게 이런 생각을 하고 있어서
도 안 된다. '곰이 나를 덮치는 순간에 셀카를 찍어 SNS에 올리면
좋아요가 엄청 많이 달릴 거야.' 생각처럼 했다가는 인생 마지막
사진이 될 것이다. 두 번 생각할 필요조차 없는 당연한 이야기지
만, 만약 두려움이라는 감정이 없다면 실제로 어떤 부적절한 행동
을 할지도 모른다. 인간의 뇌는 곰과 마주치는 것과 같은 상황에
서는 온전히 생존에 집중하기를 원한다.

두려움은 부정적 감정이다. 스트레스에 대한 감정적 반응이 두
려움인 이유를 알 수 있다. 하지만 두려움이 스트레스에 따른 유
일한 감정적 반응은 아니다. 현재 처한 상황에서 자신이 어떤 생
각을 하는지 또한 전체 맥락의 구성요소가 되고 그에 따라 다르
게 반응할 수 있다. 위에서 예를 든 것처럼 모든 정보를 취합한 다
음 '나는 저 곰이 두려워'라는 결론을 내릴 수도 있다. 아마 가장
단순하고 흔한 반응일 것이다. 하지만 다른 방향으로 진행될 수도
있다. '아니 저따위 곰이 나를 위협해? 용감한 곰이군. 감히 내가
누군지 알고 덤비는 거야!'라며 화를 낼 수도 있다. 아니면 이렇게
생각할 수도 있다. '이런 세상에, 왜 곰은 나만 쫓아다니는 걸까?
이번 주에만 벌써 세 번째야. 내 어떤 부분이 곰에게 달려들게 만
들지?'라며 슬픔에 빠질 수도 있다. 내가 강조하고 싶은 요점은 바
로 이것이다. 두려움, 분노, 슬픔 등이 모두 부정적 감정이고 또 스
트레스로 인해 생겨날 수 있다는 것이다.

모든 감정은 우리 뇌가 선택하는 행동의 범위를 제한한다. 긍정적 감정 역시 예외가 아니다. 예를 들어 사랑이라는 감정을 살펴보자. '그래 사랑해. 하지만 나는 다른 방에서 자고 싶어'라고 말하는, 어느 정도의 시간이 흐른 사랑이 아니라, 연애 초기에 느끼는 열정적인 사랑 말이다. 마지막으로 사랑에 빠졌을 때 그 불같은 감정이 다른 일을 하는 동기나 능력에 어떤 영향을 미쳤는지를 떠올려보라. 내가 마지막으로 그런 느낌을 받은 것은 사라와 처음 사귀기 시작했을 때(미치지 않고서야 내가 다른 예를 들겠는가?)였다. 나는 로스앤젤레스에서 지난번 책을 쓰고 있었고 그녀는 콜로라도에 있는 직장에 다녔다. 장거리 연애였지만 그녀와 나는 여행에 익숙해서 주말마다 돌아가면서 서로를 찾아가곤 했다. 함께하지 못할 때는 항상 전화로 대화를 나눴다. 이런 일들이 내 글쓰기 속도에 그저 영향을 미쳤다고만 말하면 너무 절제된 표현이리라. 부정적 감정은 우리 행동에 훨씬 더 강한 통제력을 발휘할 수 있다. 우울증을 앓는 사람을 만나본 적이 있는가? 우울증의 가장 힘든 증상은 슬픔이 아니라 무기력이다. 모든 일에 의욕을 느끼지 못한다. 불안 역시 우리 행동에 비슷한 영향을 미친다.

앞에서 설명했듯 위협에 대한 행동 반응에는 '투쟁, 도주, 얼어붙기'라는 세 가지 범주가 있다. 만약 자신의 정서를 두려움이라고 해석한다면 도망치거나 탈출하려고 시도할 가능성이 크고, 분노로 해석하면 맞서 싸울 가능성이 크다. 또 슬픔으로 해석한다면 아무것도 하지 못하거나 얼어붙을 가능성이 크다.

· 스트레스는 우리의 감정에 영향을 미친다. 그리고
  다시 감정은 스트레스에 대한 우리의 반응에 영향
  을 미친다.

때때로 허기가 고통으로 이어지는 것처럼 스트레스 역시 부정
적 감정으로 이어질 수 있다.

어떤 이들은 스트레스의 유형을 구별해서 좋은 스트레스는 도
전할 용기를 주고 업무를 완수할 수 있게 도와주며 장애물을 극
복하는 힘을 준다고 설명한다. 반면에 나쁜 스트레스는 고통과 불
행을 준다고 한다. 하지만 좋든 나쁘든 모든 스트레스는 우리가
위협을 극복하거나 탈출하게 도와주는 기능을 한다는 것을 기억
하자. 내가 아는 한 모든 스트레스는 몸에 같은 영향을 미친다. 에
너지를 증가시키고 심박수를 높이며 아드레날린과 코르티솔 호
르몬을 정맥을 통해 펌프질한다. 교통체증에 스트레스를 느낀다
면 그런 모든 생리적 변화는 전혀 도움이 되지 않는다. 내가 막히
지 않는 다른 길을 선택할 가능성이 없다면 싸울 수도 도망갈 수
도 없다. 코르티솔의 영향으로 빠르게 뛰는 심장을 견디며 그저

앉아 있을 수밖에 없다. 그건 현명한 대응이 아니다. 그래서 나는 그런 상황 속의 스트레스는 아주 좋지 않은 기능만 할 뿐이라고 주장한다. 반면에 내가 끈질긴 적의 공격을 받고 있다면 생존 가능성을 높일 수 있다. 그런 경우에는 스트레스가 매우 기능적이라 말할 수 있다.

도움이 되든 안 되든 스트레스는 활성화될 때마다 우리 면역체계를 억제하고 몸이 치유되는 것을 막는다는 점을 잊지 말아야 한다.

- 스트레스 반응은 우리에게 도움이 될 때만 허용해야 한다.

내 생각에 곰에게서 살아남거나 데드라인을 지켜 일을 끝내기 위한 목적을 위해 스트레스를 잘 이용하는 것은 괜찮다. 좋든 나쁘든 또 어떻게 사용하든 스트레스는 우리 신체에 동일한 영향을 미친다는 것을 이해해야 한다. 만약 스트레스가 심박수를 증가시키면서 여러 가지 건강 문제를 일으킨다면 우리는 이를 가볍게 여겨서는 안 된다. 주기적으로 우리를 괴롭히는 시시하고 하찮은 사건 때문에 스트레스를 받지 마라. 한마디로 "곰"과 마주쳤을 때만 스트레스를 받아라.

자신에게 어떤 것이 "곰"인지 남이 말해줄 수는 없다. 오직 자기 자신만이 스트레스를 겪을 만한 가치가 있는 일이 무엇인지를 결정할 수 있다. 교통체증이 그럴 만한 가치가 있다고 결정했다면, 그렇다면 뭐 괜찮다. 하루에 두 번, 세 번 교통체증 속에서 자유롭게 스트레스를 느껴라. 결과적으로 행복할 수만 있다면 뭐든 상관없다. 하지만 나는 교통체증이 스트레스를 겪을 만한 가치가 있다고 생각하지 않는다. 차가 막혀서 내가 늦는다면, 나는 늦을 것이다. 나는 내 안전과 안녕, 그리고 사랑하는 이들의 삶에 대한 위협을 "곰"이라고 생각한다. 또 내 딸을 불행하게 만드는 것이라면 무엇이든 스트레스를 받을 만한 가치가 있다고 생각한다. 그렇다. 부모가 된다는 것은 자신의 삶에 새로운 스트레스를 추가하는 것이다.

무엇이 스트레스를 견딜 만한 가치가 있다고 생각하든 한 가지는 확실하다. 모든 일이 가치가 있는 것은 아니라는 점이다. 스트레스로 힘들어한다면, 그리고 좀 편안해지고 싶다면 이 책을 계속 읽어라.

2장
불구덩이 속에서
결단하기

———

괜찮다면 잠시 나에 관한 이야기를 하고 싶다. 평생 남에게 밝히지 않은 사실이지만 이 책을 내면서 사실대로 털어놓고 싶다. 나는 초콜릿을 사랑한다. 와우! 이렇게 말하고 나니 기분이 너무 좋다. 대부분 초콜릿을 좋아한다는 걸 알지만 나는 그 이상이다. 항상 입에 달고 사는 건 아니지만 한 번 보거나 냄새를 맡으면 참지 못한다. 내 것이 아니더라도 어떻게든 차지해서 먹고 만다. 세상에, 생각만으로도 침이 고인다.

초콜릿이 박힌 킹사이즈 캔디바를 본 적이 있는가? 누군가는 그냥 스쳐 지나갈 수 있겠지만, 내 성이 바로 킹이다. 나를 위해 만든 특별한 상품인 것이다. 포장을 열면 두 개의 작은 캔디바로 나누어지는데 포장에는 "하나는 지금 즐기고, 나머지 하나는 아껴

놔!"라고 쓰여 있다. 하지만 나는 나중을 위해 아껴둔 적이 없다. 사실 그래야만 하는 이유를 알지 못한다. 어떻게 다 먹지도 않은 캔디바를 남겨둘 수 있는가? M&M 봉지를 본 적이 있는가? 편의점에서 판매하는 커다란 봉지의 초콜릿이다. 이 제품은 다 먹지 못했을 때를 위해 다시 봉지를 닫아놓을 수 있는데 내게는 전혀 필요 없는 기능이다.

어떤 사람들은 초콜릿 중독자chocoholic라고 말할지도 모르지만 나는 이 표현을 좋아하지 않는다. 우선 중독-aholic은 접미사가 아니다. 아무 명사 뒤에다가 이를 덧붙여 말을 만들어내서는 안 된다. "하지만 브라이언, 나는 어때? 나는 쇼핑 중독자shopaholic거든!" 아니다. 당신은 정말 쇼핑을 좋아할 뿐이다. "하지만 나는 일 중독자workaholic야!" 아니다. 당신은 가족을 정말 싫어할 뿐이다.

내가 까다롭게 구는 것 같지만 사실 코미디언들이 다 그렇다. 사람들이 자신을 초콜릿 중독자, 쇼핑 중독자, 일 중독자, 또는 다른 어떤 중독자라고 표현해도 사실 나는 별 관심이 없다. 무슨 말을 하고 싶은지는 안다. 하지만 알코올 중독자들을 생각하면 그런 표현은 공정하지 않다. 비교할 만한 수준이 아니다. 내가 아무리 초콜릿에 유혹을 받는다고 하더라도 알코올 중독자처럼 혹독한 경험을 하는 것은 아니다.

내가 하나 더 유별난 점은 커피를 꽤 많이 마신다는 것이다. 커피를 많이 마시는 사람들 사이에서는 어느 정도 수준인지 모르겠지만 일반인과 비교하면 꽤 커피광이라 할 수 있다. 원한다면 "커피 중독자"라고 불러도 된다. 길을 나서면 스타벅스를 자주 들른다. 프랜차이즈가 아닌 개인 커피점도 좋아하지만 스타벅스는 어디에나 있어 편리하다. 게다가 사라와 나는 포인트를 쌓아 무료 커피를 즐긴다. 다른 커피점에 비해 여행자가 이용하기에는 스타벅스가 꽤나 편리하다.

스타벅스에는 초콜릿이 점점이 박힌 정말 맛있는 쿠키가 있다. 솔직히 내가 먹어본 가장 맛있는 쿠키 중 하나다. 초콜릿과 쿠키의 반죽 비율이 완벽하다. 두툼한 쿠키는 식감이 쫄깃하면서도 중간중간 초콜릿 조각이 들어 있어 완벽한 즐거움을 준다. 계산대 바로 밑 진열장 안에서 자태를 뽐내며 나를 유혹한다. 하지만 쿠키를 즐길 때마다 내 칼로리 섭취량은 늘어만 가는 걸 알아서 카페인을 충전할 때마다 참아보려고 안간힘을 쓴다. 내 측좌핵은 그 쿠키에 많은 가치를 두고 있음이 틀림없다. 내가 커피를 주문할 때마다 바리스타는 "더 필요한 건 없으세요?"라며 물어보고 나는 의식적으로 "초콜릿 쿠키를 주세요"라는 말을 참아야 하기 때문이다. 만약 주의력을 발휘하지 않는다면 나도 모르게 자동으로 쿠키를 주문하고 있을 것이다. 이런 상황은 내 상태가 정상적이고 편안할 때다. 만약 스트레스를 받고 있다면 분명 쿠키를 손에 들고 가게를 떠날 것이다.

왜 그럴까? 미각에 쾌감을 느끼며 순간적으로 기분이 나아지는 것 말고는 쿠키를 먹어서 스트레스를 주는 상황을 개선하지는 못한다. 계속해서 초콜릿을 먹지 못해 스트레스를 받는 아주 드문 경우를 제외하고는 쿠키를 먹는 행위는 문제가 되는 현실과는 전혀 관련이 없다. 가령 내가 책을 쓰면서 이제 한 살 반이 된 딸을 돌봐야 한다고 가정해보자. 그런데 며칠 동안 딸을 돌보느라 전혀 글을 쓰지 못했다. 이런 가상의 상황에서 충동적으로 딸을 데리고 거리로 나서서 스타벅스로 향한다. 이제 초콜릿 쿠키를 입에 한가득 넣고 우물거린다. 그렇지만 원고는 여전히 채워지지 않고 백지로 남아 나를 기다릴 뿐이다. 물론 모두 가정이다.

스트레스를 받을 때 이른바 "나쁜 습관"이 반복되는 경향이 있다는 걸 눈치챈 적이 있는가? 현재 자신이 적극적으로 억제하거나 바꾸려는 나쁜 습관이 무엇이든지 간에 스트레스가 그런 행동을 하게 만드는 것처럼 보인다. 사람들은 스트레스를 받으면 술을 마시거나, 마약을 하거나, 마구 먹든가, 마침내는 걱정하면서 부정적 생각에 빠져든다. 스트레스는 우리가 피하고 싶은 행동을 하게 만드는 작용을 한다. 내게는 초콜릿을 먹는 것이지만 다른 수많은 행위가 포함될 수 있다. 어떤 행동이든 측좌핵이 주어진 상황에서 제일 나은 선택이라고 여기면 충동적으로 발현될 가능성이 커진다. 다이어트에 실패하는 것은 사실 내 잘못이 아니다. 다만 내 측좌핵이 초콜릿을 멋진 선택이라고 판단하기 때문이다(불행히도 내 전두엽 피질 역시 수긍한다).

스트레스를 받을 때 우리 뇌의 측좌핵이 현재 가능한 행동들의 상대적 가치를 평가하고 그중 가장 가치가 높은 행동을 선택한다고 설명했던 것을 기억할 것이다. 그런데 측좌핵은 스트레스를 받을 때만이 아니라 항상 이런 기능을 멈추지 않는다. 살아가는 매 순간 우리 뇌는 어떤 행동이 가장 이익이 되는지 분석하고 결정한다. 우리는 이런 활동이 전전두엽 피질이 아닌 곳에서 일어나기 때문에 잘 인지하지 못하지만 실제 동기를 부여하고 의식적으로 선택한 행동에도 영향을 미친다.

두 가지 선택이 거의 같은 잠재적 가치를 지녔다고 측좌핵이 결정하는 상황을 상상해보자. 이를테면 코카콜라와 펩시콜라를 선택해야 하는 것과 같다. 대개 이 두 가지 선택은 거의 동일하며 상호교환이 가능하다(인스턴트커피와 원두커피처럼 하나가 확연히 더 나은 선택인 상황과는 다르다). 누군가는 확실한 기호가 있겠지만 대부분은 두 음료 모두 갈증을 해소해주기 때문에 크게 상관하지 않는다. 그런데 올바른 선택에 생명이 달려 있는 위협적인 상황에 맞닥뜨렸다면 어떨까? 우리 뇌는 선택을 강제하는 메커니즘을 가져야 한다. 그리고 실제로도 그렇다.

여기서 너무 상세히 설명하지는 않겠다(각주에 더 자세한 설명이 있다).[1] 어쨌든 스트레스를 받을 때 여러 행동 중 하나를 선택해야 한다면 아주 작은 차이가 확대되어 측좌핵의 결정을 돕는다. 우리가 코카콜라와 펩시를 비슷하게 여기지만 코카콜라에 관해 조금 더 좋았던 기억이 있다고 해보자. 스트레스를 받으면 그 작은 차이가 증폭되어 코카콜라를 훨씬 더 좋아한다고 생각하게 된다. 이는 우리 뇌가 압박감 속에서 어려운 선택을 빨리할 수 있게 돕는 적응 메커니즘이다. 투쟁과 도주가 같은 상대적 가치를 가졌더라도 한쪽이 살짝이라도 더 낫다면 이 메커니즘은 가능한 한 최고의 선택을 확실하게 고르도록 돕는다. 우리의 의식적인 사고가 "뭐, 아무거나"라고 말할 때도 그렇다.

· 스트레스는 건강에 부정적인 영향을 미칠 뿐만 아니라 건강하지 못한 습관을 반복하도록 이끈다.

스트레스를 받은 상태에서 세상을 살아갈 때는 뇌가 원하는 것을 할 수 있는 기회를 만날 때마다 실제 그 행위를 할 가능성이 더 커진다. 대개 스트레스의 원인을 해결하는 것과는 전혀 관련이 없다. 하지만 뇌는 그런 건 알지 못한다. 그저 자신이 스트레스를 받고 있고 초콜릿 쿠키를 당장 먹으면 정말 맛있을 거라는 것만 알고 있다.

그러나 스트레스가 건강에 좋지 않은 행동만을 유도하는 것은 아니다. 만약 건강한 삶을 위해 자신의 뇌가 정말 조깅을 좋아하도록 단련시켰다면 스트레스를 받았을 때 조깅을 하러 나설 가능성이 크다. 아쉽지만 나는 평생 달리기를 좋아해본 적이 없어서 그런 일은 일어나지 않을 것이다.

위 단락의 마지막 부분을 쓴 다음 날 아침, 나는 반스앤드노블에서 책 사인회를 하려고 콜로라도 스프링스로 차를 몰았다. 일정에 맞출 수 있는 한 나는 책 사인회를 많이 하려고 노력하는데 덴버에 몇 달 동안 머물게 되어 일정에 빈자리가 좀 있었다. 지난번 책이 출간된 이후 나는 성공한 작가가 되는 것은 코미디언으로 성공하는 것만큼 노력이 필요하다는 것을 배웠다. 유명한 작가들의 책은 잘 팔렸지만 내 새 책을 위해 줄을 선 사람은 거의 없었다(아직은). 내가 무슨 말을 하려는지 잘 전달하기 위해 한 에피소드를 들려주자면, 사인회를 준비하는 내게 한 여성이 다가와 이렇게 물었다. "들어본 적이 없는 작가분이시네요." 그래서 내가 대답했다. "내가 여기에 온 이유가 바로 그겁니다. 혹시 J. K. 롤링에 대해 들어본 적이 있나요?" "그럼요!! 당연하죠." 그녀가 반색하며 환호성을 지르길래 나는 이렇게 대답했다. "그래서 그녀는 여기 오지 않는 겁니다." 고등학교를 배경으로 십대 마법사나 흡혈귀에 관한 글을 쓰거나 인기 있는 TV쇼에 출연한다면 책이 더 잘 팔리겠지만 내가 세계를 행복하게 여행할 수 있을 때까지 가능한 한 열심히 내 글을 알릴 생각이다.

이번처럼 사인회를 할 때 누구도 내게 대가를 지급하지는 않는다. 출판사 역시 마찬가지다. 반스앤드노블 서점만 그렇다는 것이 아니고 업계 전반의 관행이 그렇다. 작가들이 어떤 처지에서 일하는지 한 사례를 들어보겠다. 나는 다른 남자에게 내 책을 한번 살펴보겠냐고 물었다. 그는 "나는 책을 읽지 않아요"라고 답했다. (그렇다면 토요일 오후에 뭐 하러 서점에 들렀는지는 모르겠다.) 이런 일이 드물면 좋겠지만 날마다 일어나는 일이다. 작가들의 투쟁은 현실이다. 그렇다고 내가 딱히 보상을 바라는 것은 아니다. 그저 사람들이 내 책을 읽을 기회를 더 만들 수 있는 행사를 할 수 있어 감사한 마음이다.

그런데 반스앤드노블 매장에는 스타벅스 매장이 있기 마련이고 콜로라도 스프링스의 강연회에서처럼 때때로 내게 무료 커피를 제공한다. 나는 서점 직원에게 고맙다고 말하고 주문하기 위해 매장으로 들어갔다. 커피를 주문하자 바리스타는 더 필요한 건 없냐고 물었고 갑자기 너무나 친숙한 말이 내 입에서 튀어나왔다. "네, 저기 초콜릿 쿠키 하나 주세요." 주문을 마치고 커피를 기다리는 동안 나는 왜 주의력을 내려놓았는지 궁금했다.

때때로 삶은 자신의 글을 배반한다.

사실 나는 별로 배고프지 않았다. 차를 타고 오다가 중간에 점심을 먹었다. 쿠키를 주문한 무분별한 행동이 내게는 너무 이상하게 느껴졌다. 왜냐하면 나는 어젯밤에 지금 상황에 대한 글을 너무나 정확하게 썼고 또 내가 묘사한 그대로 행동했기 때문이다. 내가 스트레스를 받은 상태인가? 그렇게 느껴지지는 않았지만 때때로 스트레스가 장기간 지속되면 우리 몸이 적응해 정상이라고 생각하기도 한다. 나는 알리사를 돌보며 이 책을 위한 원고를 쓰고 밤에는 편집 작업을 한다. 아이가 깨어 있는 동안에는 글을 쓰기 힘들지만 다행히도 보통 아홉 시쯤이면 잠이 든다. (누군가는 그 시간에 술을 참지 못한다.) 내가 게으름을 피우는지 감시하는 사람은 없지만 마감일은 정해져 있고 날마다 채워야 할 원고의 양은 나를 기다린다. 나는 정말 스트레스를 받지 않고 스트레스에 대처하는 법에 관한 책을 쓸 수 있을까?

변화하기에 늦은 때란 없다

사라와 내가 함께 여행을 다닌 지 3년이 넘었다. 우리는 다양한 숙소에서 묵었다. 강연이나 코미디 공연을 위해 여행할 때는 보통 주최자나 행사장에서 제공하는 호텔에 머문다. 그래서 때로는 우리 분수에 맞지 않는 정말 멋진 리조트를 즐기기도 한다. 하지만 우리 돈으로 숙소 비용을 치러야 하면 최대한 돈을 아낄 수 있는 곳을 찾는다. 이제는 우리 둘 다 가성비 높은 숙소를 찾는 데 전문가가 되었다. 그리고 가능할 때마다 친구나 가족과 함께 지낸다. 돈을 아끼려는 것보다는 사랑하는 사람들과 함께 시간을 보내기 위해서다. 장기간 머물러야 한다면 에어비앤비와 같은 웹사이트를 통해서 가구가 갖춰진 아파트를 고르는 것이 좋다.[2]

최근에 우리는 에어비앤비를 통해 퀘벡의 몬트리올에 있는 멋진 아파트를 찾아서 몇 달을 보냈다. 유럽으로 여행을 가는 커플의 집이었는데 우리 일정과 잘 맞아떨어졌다. 거실에 피아노가 놓인 것을 보니 그 커플은 음악 애호가가 분명했다. 사라는 항상 피아노를 배우고 싶어 했는데 좋은 기회를 만나 선생님을 구해 레슨을 신청했다. 그곳에 머무는 동안 사라는 매주 피아노를 연습했다. 그때마다 알리사가 피아노 건반을 두드리고 싶어 해서 쉽지는 않았다. 짧은 시간이었지만 기회가 있을 때마다 연습을 계속해서 그녀의 실력은 꽤 좋아졌다.

사라가 소나타를 연주하기까지는 시간이 좀 걸릴 테지만 나는 빨리 듣고 싶어 안달이 났다. 우리는 항상 새로운 관심사를 찾아 배우려고 한다. 그녀가 피아노를 배우는 동안 나는 계속해서 반복되고 반복되는 음계를 참고 듣는 법을 배웠다.

누군가가 몇 달 동안 피아노를 연습한 사라의 뇌를 그린다면 아마도 새로 습득한 그녀의 기술이 만들어놓은 변화를 볼 수 있을 것이다. 우리는 그런 변화를 "신경가소성"이라고 부른다. 신경가소성은 뇌가 삶의 요구에 부응하기 위해 구조적 변화를 할 수 있다는 의미이다. 이런 사실은 비교적 최근에 밝혀졌지만, 1960년대 이후 연구자들은 우리 뇌가 어떻게 변화하고 어떤 능력이 있는지에 관한 이해의 폭을 넓혀가고 있다. 신경가소성과 관련된 메커니즘은 상당히 복잡해서 이 책이 너무 지루해지는 것을 막기 위해 자세한 내용은 생략하겠다.

그렇지만 뇌가 변화하는 능력을 지녔다는 점은 강조하고 싶다. 아주 오랫동안 우리는 이 사실을 알지 못했다. 내가 대학을 다닐 때도 인간의 뇌가 20대 초반쯤 성숙기에 접어들면 더는 변화하지 못한다고 배웠던 기억이 있다. 그렇게 배웠고, 그렇게 믿었고, 그렇게 가르쳤다. 대부분의 사람들이 성인기에 의미 있는 두뇌 변화를 겪지 않기 때문에 비록 사실과 달랐지만 맞는 말 같았다.

어떤 이유로든 살아오면서 불리한 상황을 맞닥뜨리면 과도하게 반응하도록 뇌를 훈련했다고 상상해보라. 또는 불필요한 걱정을 하거나 부정적 생각을 머릿속에 담아두는 버릇이 들었을 수도 있다. 교통체증에 빠질 때마다 반사적으로 경적을 울리라고 뇌가 배웠을 수도 있다. 신경가소성 연구는 자신이 어떤 행동을 바꾸고 싶다면 그렇게 할 수 있는 능력을 지녔다는 것을 증명했다. 정신과 치료가 효과 있는 이유이기도 하다.

그렇다고 오해하지는 마시라. 우리가 변할 수 있다는 것과 실제 변화하는 것은 별개의 문제다. 앞에서 쿠키에 대한 나의 집착이 어떻게 무의식적인 주문으로 이어지는지, 내 뇌가 조깅을 배워두지 않은 것이 얼마나 후회되는 일인지를 말했다. 내가 그 문장을 쓴 이후로 조깅을 몇 번 했는지 맞춰보라. 누군가 0보다 높은 숫자를 말했다면 믿을 수 없이 낙관적인 사람이다. 어쨌든 감사한 말씀이지만 틀린 대답이다. 그렇다면 그 시간 동안 내가 몇 개의 초콜릿 쿠키를 먹었겠는가? 닥치고, 당신이나 잘하세요. 그렇다! 변화는 이렇게 어렵다. 그래서 우리는 성인이 되면 뇌가 변화하지 못한다고 믿었던 것 같다. 인간은 행동을 바꾸는 데 지독하게 서툴다. 뇌는 과거에 효과가 있었고 검증한 행동 패턴에 익숙해지고, 새로운 변화에는 대개 저항한다. 우리에게 정신 치료가 필요한 이유이기도 하다.

사라는 억지로 피아노 앞에 앉아서 건반 치는 연습을 해야 했다. 알리사가 잠들기를 기다리거나, 나와 함께 산책하는 틈을 찾아야 했다. 나는 처음에 사라가 소파에 앉아 아무 생각 없이 TV를 즐기는 날이 많을 거라고 생각했지만 그녀는 피아노 연주라는 꿈을 이루기 위해 굳게 결심했다. 매주 하는 선생님과의 수업은 그녀에게 동기를 부여했고 매주 새로운 과제와 씨름했다. 정신과 치료 과정과 같은 루틴이었다.

내가 피아노 연주를 배우려면 금연이나 화 다스리기, 운동을 시작하는 것처럼 개선하고자 하는 다른 행동보다는 쉬워야 가능하다. 사라의 배움은 그래서 인내와 헌신이 필요하다. 맞다. 나는 걱정을 그만두거나 화를 다스리는 것이 무척 어렵다고 생각한다. 하지만 사람들이 성인이 된 뒤에도 피아노 연주를 배울 수 있듯이 스트레스와 관련된 행동을 관리하고 대처하는 법도 충분히 배울 수 있다. 과학은 우리에게 변화하는 능력이 있다는 것을 증명했지만 정말 어렵긴 하다. 조깅을 하는 것처럼.

행동을 개선하고자 하는 노력을 단념시키려고 하는 말이 아니다. 현실적으로 변화가 어렵고 우리 대부분이 몇 번 시도하고는 성공하기 어렵다는 말을 한다. 그러나 뇌를 다치지만 않았다면 행동을 바꾸는 것이 불가능하지는 않다. 이런 사실을 아는 것이 우리가 계속 노력하는 데 도움이 될 수 있기에 강조해서 말하는 것이다. 몇 번의 시도가 실패할 수도 있지만 계속해서 노력하고 연습한다면 결국 이뤄낼 수 있다.

· 스트레스에 반응하는 행동을 바꾸는 데 늦은 시간이란 없다.

흥미롭게도 뇌의 변화 능력을 방해하는 한 가지 요소가 바로 스트레스다. 스트레스는 신경가소성에 필요한 신경영양인자BDNF라고 불리는 호르몬의 생성을 방해한다. 우리가 이 메커니즘을 어떻게 다룰지를 더 배워야 하는 이유다.

계단을 기어 올라가기

나는 인생의 다른 부분에서 이런저런 기쁨을 누리고 있었기에 아이를 갖는 것에 대해서는 별로 생각해본 적이 없었다. 게다가 나는 아직 철이 들지 않았다(글쎄, 지금도 마찬가지인 것 같긴 하지만 이제는 내게 아이가 있다). 인생 후반기에 아이를 가진 것이 기쁜 이유 중 하나는 내가 오랫동안 심리학을 공부해왔기 때문에 알리사의 발달과정을 잘 알아볼 수 있다는 점이다. 예전 같으면 이해하지 못했을 많은 것들을 말이다. 어느 날 움푹 들어간 거실에서 집의 나머지 부분과 연결해주는 계단을 알리사가 마주쳤을 때가 기억난다. 우리는 부모님 집에서 일주일가량 머물고 있었는데 알리사는 아직 걷지 못하고 기어 다닐 때였다. 첫째 날 아이는 계단 위로 올라가고 싶어 하는 것 같았지만 어떻게 해야 할 줄 몰라 잠시 당황하더니 흥미를 잃고 다른 곳으로 기어가버렸다. 다음 날에는 계단 위로 한쪽 발을 올렸다. 하지만 여전히 장애물을 극복하는 데는 실패했다. 아이는 포기하지 않고 날마다 계속해서 시도했다. 마침내 며칠간의 시행착오 후에 아이는 계단 하나에 올라서더니 곧바로 정상을 정복했다. 그러더니 승리의 기쁨으로 날갯짓을 하며 집의 나머지 부분을 마음껏 탐구했다. 아기에게는 하나의 작은 걸음이었지만 아빠에게는 거대한 도약이었다. 나는 올림픽을 준비하고 싶은 마음이었다.

부모라면 누구나 그럴 때가 있지만 나는 알리사가 처음 실패한 이후 전혀 좌절하지 않고 다시 도전에 나서는 모습에 감명받았다. 일부 어른들과 달리 자기연민을 보이지도, 화를 내거나 슬퍼 보이지도 않았다. 분명 자신을 실패자 따위로 생각하거나 하지는 않을 것이다. 대신 첫 사건 이후 아이는 새로운 공격 계획을 세우고 다시 도전에 나섰다. 스스로 목표를 세우고 실패한 시도에서 배우고 궁극적인 승리를 쟁취하는 모습은 긴장감 만점이었다.

오늘 일찍 알리사는 자기 바구니에서 핼러윈 사탕 하나를 찾아냈다. 솔직히 아이가 사탕을 남겨뒀다는 것이 놀라웠지만 나와는 다른 것이 확실했다. 차로 걸어가면서 보니 손에 초콜릿 사탕을 꼭 쥐고 있었다. 안전벨트를 하고 나서 사라가 쥔 사탕 비닐포장을 벗겨주려 뒤를 돌아보니 벌써 입안이 불룩했다. 포장까지 입안에 넣었을까 봐 걱정했지만 잘 살펴보니 차 바닥에 놓여 있었다. 이제 18개월이 조금 넘었을 뿐인데 돌돌 말린 사탕 포장을 벗겨내는 법을 벌써 터득했다니! 뭐 기념비적인 업적이라고 할 수는 없겠지만 스스로 풀어낸 사탕을 자랑스럽게 우물거리는 아이의 표정은 값을 매길 수 없을 정도로 사랑스러웠다. 나는 자랑스러운 아빠였다. 귀여운 내 딸은 얼마나 똑똑한가!

몇 년 동안 회복탄력성, 특히 스트레스와 관련된 문제를 논의하며 전국을 돌았다. 회복탄력성은 고난에서 회복하는 능력이다. 역경을 겪은 후에 마음의 평정을 되찾거나 다시 활기를 띠게 하는 힘이다. 스트레스를 주는 사건에 잘 대처하고 다시 회복하게 해주는 주요 요소다. 내 딸이 계단을 올라가거나 사탕 포장을 풀어내는 것을 지켜보면서 나는 눈앞에 회복탄력성의 멋진 모델이 있다는 사실을 깨달았다. 아이들은 선천적으로 회복탄력성을 가졌다. 아이는 회복탄력성이 살아가는 삶의 일부다. 하지만 불행하게도 우리는 나이가 먹어가면서 점점 회복탄력성을 잃어버린다.

대부분 어른은 계단을 올라가는 것보다는 더 큰 도전에 직면하지만 알리사가 보여줬던 인내력, 좌절하지 않고 포기하지 않겠다는 의지는 모두 회복탄력성의 주요 특징이다.

역경을 겪은 후 회복하는 데 어느 정도의 시간이 걸리는지는 회복탄력성을 측정하는 기준이다.[3] 불행한 사건은 누구에게나 언제든지 일어난다. 이런 생각을 해본 적이 있는가? 일반적으로 힘든 일이 일어났을 때 얼마나 빨리 기운을 되찾는가? 비교적 빠른 편인가? 아니면 부정적 감정이 자신을 지배하도록 놓아두는 편인가? 빨리 돌아오는 사람은 회복탄력성이 높은 데 반해 시간이 좀 더 걸리는 사람은 회복탄력성이 낮다고 볼 수 있다. 물론 일어나는 사건에 따라 적절한 회복 시간은 달라질 것이다. 어떤 일은 다른 일보다 회복하는 데 더 많은 시간이 필요하기 때문이다. 최근의 예를 하나 들어보겠다.

강단에 서든 코미디 쇼에 나가든 나는 공개석상에 모습을 드러낼 때마다 항상 주머니에 사인할 수 있는 펜이 들어 있는지를 확인한다. 절대 사지는 않지만 그냥 펜을 어떻게든 얻는다. 그중에서도 내가 특별히 좋아하는 펜이 있다. 브랜드는 모르겠지만 내 손에 알맞게 쥐어지고 잉크가 끊기지 않아 사용할 때마다 매끄러운 선을 남긴다. 그래서 그 펜을 구할 때마다 내 재킷 주머니에 남겨두려고 신경 쓴다. 최근 책 사인회에서 첫 번째 독자와 마주했는데 주머니에 내 펜이 없었다. 갑자기 나는 망연자실했다. 싸구려 펜을 사용해야 했고 행사 나머지 시간 동안 기분이 좋지 않았다. 과장하자면 나는 그저 바보 같은 펜 때문에 거의 미소 한 번 띠지 못했다. 물론 애착이 있는 펜이긴 했지만 그저 사소한 물건인데 그렇게까지 반응할 가치는 없었다.

그러나 나뿐만 아니라 많은 사람이 그런 무의미한 물건 때문에 과잉반응을 보이곤 한다. 분명 펜은 금방 다시 구하면 되지만 더 심각한 사건은 극복하는 데 시간이 걸릴 것이다. 그래도 우리 중 몇몇은 더 빠르게 기운을 되찾는다. 회복탄력성은 감정적 강펀치를 휘두를 수 있는 우리의 은유적 능력이다.

내게는 즐기는 영화가 있다. 특히 거액의 예산을 쏟아부은 블록버스터 액션 영화를 좋아한다. 굳이 극장을 찾아가서 보는 건 이런 영화뿐이다. 현재 영화 산업은 내가 지질한 십대 때 즐겨 봤던 만화책의 내용을 바탕으로 작품을 많이 만든다. 성인이 되었지만 여전히 지질한 나는 만화책의 주인공들이 살아 움직이는 대형 화면을 보는 걸 즐긴다. 슈퍼히어로 영화광이 아니라면 〈캡틴 아메리카〉에서[4] 키 작고 앙상한 몸매의 스트비 로저스(나중에 슈퍼 솔저 혈청을 주입받아 배우 크리스 에반스의 몸을 갖는 남자)가 극장에 있는 장면이 나오는 사실을 눈치채지 못했을 것이다. 어떤 남자가 2차 세계대전 뉴스가 나오는 사이 야유를 퍼붓자 애국자 스티브는 그에게 입을 다물라고 요구한다. 그리고 어두운 뒷골목에서 야유를 퍼붓던 덩치 큰 남자가 스티브를 두드려 패는 장면이 이어진다. 그는 스티브의 얼굴을 정면으로 때려 돌려놓지만 매번 오뚝이처럼 고개를 치켜세운다. 세 번째 펀치를 날린 후 남자가 묻는다. "언제쯤 포기해야 하는지를 모르는 거야?" 그러자 스티브는 "밤새도록 다시 일어날 수 있어!"라고 대답한다. 누군가는 그의 행동을 바보 같은 고집이라고 볼 수 있지만 나는 회복탄력성이라고 생각하고 싶다.

회복탄력성은 뇌의 일부분인 전전두엽 피질의 기능으로 알려져 있다.[5] 간단히 표현하자면 우리의 생각이 우리를 회복할 수 있게 만든다. 부정적 사건을 겪은 뒤에 관련된 정보를 어떻게 처리하는지, 그리고 무슨 생각을 하는지가 얼마나 빨리 회복하는지에 큰 영향을 미친다. 전전두엽 피질은 뇌의 다른 부분에서 파생된 행위를 압도할 수 있는 능력이 있으며, 생각이 감정과 심리적 반응에 영향을 미친다는 사실을 기억해라. 만약 내가 펜을 잃어버렸을 때 화를 억누르지 않으면서 얼마나 내게 소중하고 대체 불가능한 펜이었냐며 '짜증'이라는 감정에 빠져 있다고 상상해보라. 알다시피 사소한 물건을 잃어버린 후 실제로 그럴 때도 있다. 그러면 그 상황이 주는 영향력 속에 좀 더 오래 머무르게 된다.

내 딸이 아버지 집의 계단을 차례로 정복하면서 속마음이 어땠을지는 아이가 아직 말을 하지 못할 때라 그저 짐작밖에 할 수 없었다. 하지만 행동을 살펴보면 그렇게 낙담하는 마음은 아니었을 것이다. 아이는 평소와 다름없이 미소를 많이 지었다. 이는 도전에 나서면서 아이의 머릿속에 무슨 일이 일어나고 있었는지에 관한 또 다른 단서를 던져준다.

회복탄력성은 행복이라는 감정과 강하게 연관되어 있다. 행복하다면 스트레스를 잘 관리하고 있는 것이고, 스트레스로 힘들다면 행복하지 않을 것이다. 스트레스를 받으면서 동시에 행복한 감정을 느끼는 것은 상상하기 어렵다. 중요한 점은 이 두 가지 경험 모두 전전두엽 피질 활동의 기능이라는 점이다. 그런데 이런 경험과 관련된 부분은 전전두엽 피질 전체가 아니다. 오른쪽보다 왼쪽 부분이 중요하다. 왼쪽 부분이 활발한 활동을 보일 때 사람들은 더 차분하고 행복하다는 반응을 보인다. 오른쪽이 더 활성화되어 있으면 사람들은 스트레스, 불안, 그리고 걱정이 느껴진다고 말한다. 달리 표현하면, 스트레스를 관리하는 데 도움을 주는 사고의 기능이 스트레스를 억제하는 데 역시 도움이 된다. 앞에서도 말했듯이 차가 막히기 시작할 때 전전두엽 피질에서 올바른 활동을 한다면 처음부터 우리 뇌가 위협을 느끼는 걸 막을 수 있다.

　행복과 회복탄력성이 부분적으로 유전의 영향을 받는다는 증거가 있다.[6] 행복이나 스트레스는 일시적으로 오가는 감정 상태이지만 전반적으로는 각자 자신만의 평균적인 감정 수준이 있다. 예를 들어 나는 대개 꽤 행복한 편이지만 누구도 나를 '언제나 유쾌하다'거나 '들떠 있다'고 표현하지는 않을 것이다. 내게는 그렇게 표현할 수 있는 지인들이 있고 그들이 나보다 훨씬 높은 행복 수준을 누릴 거라고 믿는다. 반대로 나는 어떤 상황에서도 결코 행복을 느끼지 못할 것 같은 사람들 역시 알고 있다. 이런 현실은 지속해서 '선천적 대 후천적'이라는 논쟁을 불러일으킨다. 유전적 요인과 성장 환경 중 어떤 요소가 사람의 감정 구조를 형성하는가에 관한 문제다. 하지만 이제는 큰 논쟁거리도 아니다. 많은 연구자가 두 요소 모두 우리 심리를 형성하는 데 중요하다고 동의한다. 행복이라는 감정만을 떼어놓고 생각한다면 유전적 요소는 절반 정도로 생각된다. 지금 얼마나 행복한지의 50퍼센트는 자신의 유전자 덕분이다. 10퍼센트 정도는 환경에서 기인하고 나머지는 자신의 행동과 사고가 차지한다.[7] 행복과 회복탄력성은 부분적으로는 유전의 영향을 받지만 감정 상태를 바꿀 수 있는 잠재력 역시 우리는 가지고 있다.

3장

목표를 세우고
계획을 짜라

———

기억하는 한 나는 언제나 주변 사람들보다 스트레스를 덜 받았다. 비명을 지르는 아이들로 가득 찬 차 안에서도 편안했고, 거절을 당해도 쉽게 흥분하지 않으며, 다른 이들이 동요하는 상황에서도 침착함을 유지하는 편이었다. 나는 '늘쩍지근하다lackadaisical'라는 단어의 뜻을 처음 배웠던 때를 기억한다. 선생님은 자기가 생각할 때 일어날 가능성이 크고, 정말로 중요한 무언가에 대해 전혀 걱정하지 않는 내 성격을 묘사하기 위해 이 단어를 사용했다.[1] 하지만 중요한 가치가 무엇인지에 관해서라면 나는 가능할 때마다 내 생각을 다른 이들과 나누는 편이다.

한번은 오스틴에 있는 텍사스 대학을 다닐 때 새 컴퓨터를 사기 위해 학교에 있는 상점을 찾았는데 내 이름을 보자 점원으로 일하는 아르바이트 학생 하나가 말을 걸어왔다. "브라이언 킹? 우리 함께 일한 적이 있는데 기억하겠어?" 따져보니 몇 년 전에 우리는 타코벨이라는 패스트푸드점에서 함께 일한 적이 있었다. 나는 그가 잘 기억나지 않았지만 그는 분명 내가 누군지 알고 있었다.

　패스트푸드점에서 일해본 경험이 있는가? 나는 고등학교를 중퇴한 뒤 몇 년 동안 받아주는 곳이면 어디서든 일했다. 타코와 브리또의 속을 채웠고, 불길에 지글거리는 버거를 뒤집었으며, 피자를 요리하고 배달하기도 했다. 패스트푸드점에서의 노동은 대개 스트레스가 극심하다. 일하는 속도는 누그러들 줄 모르고, 매장 안과 드라이브스루에는 거의 항상 고객이 줄을 서서 빠른 서비스를 재촉한다. 사정이 조금 나아져도 점장은 오히려 바쁜 것처럼 보이도록 압력을 가한다. 정말 할 일이 없을 때면 완벽하게 깨끗한 바닥을 다시 물걸레질하는 것도 그리 이상한 일이 아니었다. 이런 모든 일을 찌는 듯이 더운 주방 안에서 폴리에스테르 유니폼을 입은 채 해야 하는 것은 두말할 필요도 없다. 나는 시간당 3.35달러를 받았지만 감사한 마음이었다. 고등학교 중퇴자를 위해 활짝 문을 열고 기다리는 곳은 많지 않았다. 나는 실업자, 해고자, 전과자, 교도소에서 일을 하는 실제 수감자 등 흥미로운 부류의 사람들과 함께 일했다. 가끔 고등학생이나 대학생도 있었고 텍사스 대학에서 만난 친구도 있었다.

　그가 내 이름을 기억하는 것은 내가 건넨 한마디 때문이라고 했다. 유난히 일이 힘들었던 어느 날 그는 학교 공부와 아르바이트를 병행하는 것에 압박감을 느끼고 있었다. 나는 분명 그에게 이런 말을 했다. "힘들어하지 마요. 지금 하는 일은 그저 타코벨일 뿐이잖아요."[2] 그리고 더 큰 그림에 집중하라는 말을 해줬다. 머지 않은 미래에서 그를 기다리는 컴퓨터 기술자의 업무 같은 것 말이다. 솔직히 구체적으로 어떤 말을 했는지는 정확히 기억나지 않지만 내가 무슨 말을 했든 간에 그는 몇 년이 지난 후에도 내게 감사할 정도로 오랫동안 머릿속에 담아두고 있었다. 그는 잠시나마 타코를 만드는 스트레스 때문에 장기적인 목표를 잃어버렸던 것이다.

　앞으로 기대하는 무언가가 있다는 것은 우리가 이런저런 많은 일을 견디는 데 정말 큰 도움이 된다. 맞다. 고된 업무는 스트레스였다. 학교 역시 스트레스 덩어리였다. 인생 자체가 스트레스였다. 인생의 한 시점에서 나는 노숙자에 가까웠다. 시골에 있는 친한 친구 가족의 트레일러 맨 아래 공간에서 나는 잠을 자야 했다. 몇 가지 안 되던 소지품은 다른 친구의 차고에 보관했다. 나는 낮은 시급의 이런저런 일자리에서 일했고 지역 교육센터에서 간신히 책을 구해 읽었지만 그런 사정이 내게 영향을 미치도록 내버려두지 않았다. 낙담하거나 절망에 빠지지 않고 목표를 세우고 조금씩 전진했다. 지금은 만나는 사람들이 나를 사랑하는 배우자와 예쁜 아이를 가진, 또 고등교육을 받은 코미디언이자 강연가로 알고 있지만, 그런 사실에 쓴웃음을 짓곤 한다. 내가 스트레스 관리법에 대해 강연을 하는 이유는 적지 않은 스트레스를 이미 다뤄 봤기 때문이다.

그 시기에 내가 스트레스를 이겨낼 수 있게 도와준 요소가 몇 가지 있었다. 첫째, 열심히 노력하려는 목표가 있었다. 대학 진학은 목적의식을 심어줬고, 나중에 행복과 회복탄력성을 공부하면서 배웠듯이, 목표를 갖는 것은 장기적 효과가 있다. 기억하는 한 내 공부에는 지속적인 성과가 있었다. 인생이 나를 어디에 던져 놔도 견뎌낼 수 있다는 자신감이 있었다. 둘째, 나는 의지할 곳이 있었다. 내 차가 고장 나고 고쳐 탈 형편이 되지 않자 버스를 타고 교육센터를 오갔다. 다행히 잠깐 머물 곳이 사라졌을 때는 친구 부모님이 작은 공간을 내줬다. 나는 대학 캠퍼스의 24시간 도서관에서 잠을 자고 체육관에서 씻는다는 계획을 세웠다. 깨끗한 용모를 유지하고 백팩을 메고 있다면 대학생처럼 보일 테니까. 대학 캠퍼스는 무척 넓어서 그 정도는 아주 쉬운 일이라고 생각했다. 결국 실행하지는 않았지만 대처 방안이 있다는 생각만으로도 현실을 견디는 데 도움이 됐다. 셋째, 정말 힘들어지면 내게는 피난처가 있다는 사실을 알았다. 언제든지 부모님은 내가 집으로 돌아가면 문을 활짝 열고 반겨줄 것이기 때문이다. 강한 목적의식과 가능한 도움을 언제든지 받을 준비가 되어 있는 마음, 그리고 최악의 시나리오에 대비한 계획은 힘든 시기에 덮쳐오는 모든 스트레스를 이겨낼 수 있게 해줬다. 다시 강조하지만, 위 요소들 하나하나는, 즉 목적의식, 문제해결 방안, 위급 시 비상계획 등은 스트레스를 이겨낼 수 있는 기능을 한다.

회복탄력성이 강한 사람들은 생각과 계획을 통해 삶을 살아간다. 그들은 불행한 사건을 일시적이고 해결 가능한, 또는 일시적이거나 해결 가능한 문제로 여긴다. 내 대학 생활 초기의 정확한 마음가짐이었다. 당시의 내 상황을 일시적이고 통제 가능하다고 나는 느꼈다. 그리고 내 경우에는, 실제로 그랬다.

나는 지금까지도 스트레스가 닥치면 문제해결과 계획 세우기를 통해 대응한다. 최근에 사라와 나는 여행 중에 까다로운 상황을 만났다. 우리는 플로리다 주 잭슨빌에 있었다. 두 명 모두 차를 끌고 왔는데 우리 차 대신 공항에서 차를 한 대 빌려 여행하기로 했다. 그리고 3주 후에 반납할 예정이었다. 우리는 차 한 대를 공항 주차장에 주차하고 돈을 아끼기 위해 다른 한 대는 사라의 지인 집 진입 도로의 빈자리에 세워놓기로 했다. 모든 일은 계획대로 순조롭게 진행됐다. 우리는 내 머스탱을 지인네 집 앞에 세워놓고 사라의 프리우스를 함께 타고 공항으로 간 다음 차를 대여했다. 그리고 부푼 가슴으로 테네시를 향해 길을 떠났다.

우리는 테네시 주를 가로질러 여행했다. 멤피스(엘비스 프레슬리로 유명한)에서 존슨 시티(뭘로 유명하지…… 존슨?)까지 간 다음 플로리다로 돌아와 팬핸들에서 거의 2주간 코미디 공연을 한 뒤 게

인스빌로 향했다. 그곳에서 사라 친구로부터 전화를 받았다. "이 삿짐이 들어와야 해서 네 차를 견인해야 할지도 모르겠어." 뭐라고? 이상한 논리는 차치하더라도 우리는 불편함을 느끼는 순간 견인해 치워버리려는 사람에게 우리 차를 맡겨뒀다는 사실을 깨달았다. 견인 비용과 벌금은 우리 사정에 결코 무시할 만한 금액이 아니었다. 게다가 그 머스탱은 정말 내가 아끼는 차였다. 그러니 그 상황은 갑자기 맞닥뜨린 곰과 같았다. 그 즉시 나는 계획을 세우기 시작했다. 우리는 뉴욕으로 날아가기 전에 데이토나 해변에서 코미디 공연을 한 차례 더 해야 했다. 그래서 최악의 시나리오는 우리 중 한 명(사라)이 대여한 차를 타고 잭슨빌로 가서 다른 친구를 만나 머스탱을 다른 주차장으로 옮겨달라고 부탁하는 것이었다. 그리고 내가 공연을 끝내기 전에 데이토나로 돌아와 비행기를 타야 했다. 피곤한 일이었지만 가능하기는 했다. 감사하게도 사라 친구에게 전화를 한 통 함으로써 문제는 해결됐다. 하지만 그 방법이 아니었더라도 우리에게 계획은 있었다.

앞서 설명했던 내용을 기억해라. 부정적 감정은 우리의 생각을 방해하면서 선택 가능한 방법의 범위를 좁혀버린다. 좋은 계획을 세우려면 창의적인 사고가 필요한데 침착하고 명확한 마음 상태일 때 더 자유롭게 생각할 수 있다.

회복탄력성은 마음의 상태이자 태도이다. 분명히 하자면 회복탄력성이 강한 사람은 개선 가능성을 쉽게 부정하지 않는다. 그들 역시 문제가 통제 불능으로 느껴질 때 스트레스를 받는다. 하지만 쉽게 막다른 곳에 몰리지 않고 실제 큰 위협을 맞닥뜨려야 스트레스를 느낀다. 즉 곰 상황에서는 스트레스를 받겠지만 교통체증 상황에서는 그렇지 않다. 회복탄력성이 낮은 사람들에게 그들의 탄력적인 태도를 설명하려면 필연적으로 "편안함" 또는 "걱정하지 않기", "쉽게 생각해"와 같은 말이 입에서 튀어나온다. "안심해. 별일 아니야. 그냥 편하게 받아들여"와 같은 말이다. 이글스의 <Take It Easy>를 들려줄 수도 있다.[3] 적어도 후렴구는 회복탄력성에 관한 이야기이니까.

편하게 생각해. 편하게 생각해(Take it easy, take it easy).

마음속 수레바퀴가 너를 미치게 하지 마(Don't let the sound of your own wheels drive you crazy).

할 수 있을 때 정신 차려(Lighten up while you still can).

이해하려고도 하지 마(Don't even try to understand).

편한 장소를 찾고 쉽게 생각해(Just find a place to make your stand, and take it easy).

나는 음악 전문가는 아니지만 이 노래 제목이 "제발 회복탄력성을 가져라"였다면 그렇게 유행하지는 못했을 거라는 것 정도는 쉽게 짐작할 수 있다. 만약 마지막 가사가 "제발 시간을 갖고 계획을 세운 다음 마음을 편히 가져"였다면 얼마나 멋질까?

좋지 않은 상황이 진행되는 도중에 긴장을 풀라거나 마음을 편히 먹으라는 말을 들었다고 해서 갑자기 위안을 얻을 사람은 아무도 없을 것이다. 화가 나거나 불안 속에서 절망에 빠진 사람에게 긴장을 풀라는 말을 건네면 기껏해야 진정한 관심이 없는 사람으로 인식되거나 최악의 경우 더 감정을 악화시킬 수도 있다. 대신 나는 상황에 따라 상대방의 감정을 확인해주려 노력한다.

한번은 호주 오지의 어딘가를 운전하고 있었다. 갑자기 차 한 대가 경적을 울리며 내 차 옆을 빠르게 지나쳤다. 나는 그 차가 왜 경적을 울렸는지 알 수 없었다. 아마도 내 차의 속도가 너무 느렸거나 캥거루 같은 동물을 피하려 방향을 갑자기 틀었을 수도 있다.[4] 어쨌든 다음 주유소에서 그 차를 다시 만났다.[5] 차 문을 열어 내리기도 전에 화가 잔뜩 난 영국 여인이 낯선 표현으로 나를 비난하는 소리가 들려왔다. "아까 당신 운전은 정말 위험했어! 내 남편이 당신 때문에 급정거를 했잖아!" 다시 말하지만 내가 왜 그런 비난을 들어야 하는지 전혀 알 수 없었다. 하지만 영국인들이 화가 나면 유별난 구석이 있다. 그래서 나는 간단히 이렇게 말했다. "미안하군요. 남편분이 대처를 잘해서 다행이네요." 그러자 그녀는 나를 바라보며 잠시 혼란스러운 표정을 짓더니 편의점 안으로 사라졌다. 아마도 그녀는 내가 대거리를 하지 않아 실망했을 것이다. 코르티솔이 몸에 가득 차 영향력을 발휘하는 순간에는 스트레스 관리 기술을 개발하는 것이 아니라 실행해야 한다. 우리는 곰과 마주치기 전에 문제해결, 계획 세우기, 그리고 긍정적 사고를 연습해둘 필요가 있다. 그렇지 않으면 마음속 수레바퀴가 나를 가고 싶지 않은 곳으로 몰아갈지도 모른다.

위급한 상황에서도 평정심 유지하기

사라와 함께 여행을 다닌 지 1년쯤 됐을 때 우리는 몬트리올로 떠나는 여름 휴가를 계획했다. 원래는 그곳에서 영국 런던으로 여행을 이어갈 계획이었지만 어쩌다 보니 비행기 표를 예약해놓지 못했고 막상 시기가 닥쳐서 알아보니 요금이 어마어마하게 올라가 있었다. 휴가가 남아 있어서 우리는 캐나다 횡단 고속도로를 이용해 북쪽으로 떠나기로 했다. 그전에 몬트리올에서 몇 주를 보냈다. 나는 여러 번 가봤지만 사라에게는 첫 방문이었다. 우리는 무척 만족스러웠다. 몬트리올은 놀라운 도시다. 프랑스 문화의 영향을 받아 유럽 감성이 가득한 생생하고 활기가 넘치는 곳이었다. 우리는 매우 행복한 시간을 보냈고 그곳을 떠날 때쯤엔 한 명의 배 속에 새 생명이 잉태되어 있었다. 누군지는 말을 안 해도 알 것이다.

다음 해, 알리사가 겨우 몇 개월쯤 되었을 때 우리는 몬트리올로 다시 떠나기로 했다. 이번에는 여름을 통째로 그곳에서 보낼 계획이었다. 이번에는 새로운 아기가 태어나지는 않을 테지만 도시는 여전히 좋았다. 우리는 집을 사기로 했다. 레이먼드 라리비에르라는 능력 있는 부동산 중개인을 만나 일주일가량 돌아다닌 후 아름다운 콘도를 발견하고 가격을 제안했다. 우리의 제안 가격은 받아들여졌고 몇 주 후에 우리는 정식 집주인이 됐다. 하지만 모든 절차가 마무리된 지 이틀 만에 우리는 새로운 강연 여행을 위해 미국으로 돌아가야만 했다. 새집에서 단 하룻밤도 보내지 못한 채였다.

캐나다를 떠나면서 우리는 콘도를 세놓기로 했다. 레이먼드의 회사에 맡겨 세입자를 구했지만 퀘벡은 가을을 지나 겨울로 넘어가는 계절이었고 듣기로는 매서운 추위가 몰아친다고 했다. 콘도는 텅 빈 채 몇 달이 지나갔고 조금 걱정이 되긴 했지만 스트레스를 받을 정도는 아니었다. 감사하게도 레이먼드는 뉴브룬스윅 출신의 커플이 일주일의 휴가를 우리 콘도에서 보내기로 했다는 소식을 알려왔다. 아마 그 소식에 우리가 어느 정도 걱정을 덜었을 거라고 생각할 수도 있겠지만 진짜 스트레스는 그때부터 시작됐다.

임차인은 콘도에 들어서자마자 너무 지독한 냄새가 나서 호텔로 옮길 수밖에 없었다는 연락을 해왔다. 사라와 나는 그때 플로리다에서 계약한 일을 하고 있었는데, 임차인이 불편을 겪는다는 소식을 듣고 매우 놀랐다. 우리 집은 사전 점검 시에 아무런 이상이 없었고 매물로 나와 있는 내내 그 누구도 잘못된 점을 발견하지 못했다. 우리 에이전트인 레이먼드의 회사는 몇 가지를 검사했고 부엌 아래 하수구에서 물이 새고 있다는 사실을 발견했다. 임차인이 단기 예약을 한 점이 다행이었다. 부엌 마루 전체를 뜯어내서 누수 지점을 찾아내야 했기 때문이다. 갑작스러운 소식을 듣고, 보내온 사진을 들여다보고, 프랑스어로 쓰인 항의 메일을 해석하면서 내 스트레스 지수는 연중 최고치로 치솟았다. 저축 계좌를 해지해서 돈을 캐나다로 보낼 방법을 찾다 보니 영화 <머니핏>의 톰 행크스와 셸리 롱이 겪었던 악몽을 내가 꾸는 것만 같았다.

나이 든 아버지가 되는 것에 대해 농담을 하긴 했지만 캐나다의 콘도는 내가 처음으로 산 집이었다. 늦었지만 알리사를 낳은 후 진짜 어른이 되기 위한 두 번째 계단이었다. 나이 45세에 이르러 마침내 10년은 젊은 사람들이 하는 일을 했다.[6] 비록 거주하지도 않는 그리고 사용하는 언어도 다른 지역에 첫 번째 집을 사는 사람은 드물겠지만, 뭐, 그게 내가 살아가는 방식이다. 고등학교를 중퇴하고 박사학위를 취득한 사람 역시 많지 않을 것이다. 집주인이 되는 것은 누구에게나 스트레스를 줄 수 있지만 아마도 나는 심각한 실수를 저지른 건 아닐까 하는 생각이 들기 시작했다.

번거로운 일이 계속해서 생겼다. 나를 괴롭혔던 일들을 구체적으로 이곳에 구구절절 풀어놓지는 않겠지만 고난은 몇 달에 걸쳐 계속됐다. 그동안 사라와 나는 1,500마일 떨어진 곳에서 무력한 상태에 놓여 있었다. 부정적 생각이 끊임없이 떠올랐다. 날마다 콘도 생각에 걱정이 됐고 내 투자금이 몬트리올 하수구로 헛되이 씻겨 내려가는 상상을 했다. 사라는 그전에도 집을 소유해본 적이 있어서 영향을 덜 받았지만 나는 스트레스로 분비되는 호르몬에 흠뻑 젖어 살았다. 앞에서도 말했듯이 나는 소셜미디어를 즐기지만 부정적 감정을 해소하는 창구로 이용하지는 않는다. 그 기간에 내 인생에서는 드물게 긍정적 마음 상태를 유지하기 힘들었다. 친구 프랭크가 내게 격려 메시지를 보냈던 기억이 난다. 그는 "잘 처리하고 있잖아"라고 말했다. 그러나 정확히 문제는 그것이었다. 나는 상황을 "전혀 통제하지 못하고 있었다." 우리는 몬트리올에 있는 사람들을 전적으로 신뢰할 수밖에 없었고 모든 일이 그저 잘 처리되기만을 바랄 뿐이었다. 무엇을 해야 할지를 몰라서가 아니라 현장에서 문제를 직접 통제할 수 없다는 것이 가장 힘든 부분이었다.

그저 수표책을 들고 있을 뿐 완전히 무력했다. 내게는 아무런 수단이 없었다.

나와 함께 견딜 마음이 있다면 다시 곰에게 돌아가보자. 거대한 괴물이 자신에게 쏜살같이 돌진해오는 상상을 해보라. 그건 정말 스트레스가 폭발하는 상황이다. 이제 자신이 빈손이 아니라 강력한 마취약이 장전된 총을 들고 있다고 상상해보라. 갑자기 눈앞의 상황에 폭발하던 스트레스가 대폭 줄어드는 것을 알 수 있다. 문제를 해결할 능력이 생긴 것이다. 비슷하게, 곰이 달려들고 있지만 자신이 튼튼한 지프차에 타고 있다고 상상해보라. 곰이 너무 가까워졌다고 생각되면 가속페달을 밟으면 된다. 어느 쪽이든 결과를 통제할 수 있는 수단을 가졌다고 느낄 수 있다. 통제 수단을 소유하고 있다고 느끼는 것이다.

회복탄력성이 강한 사람들은 마치 지프에 앉아 마취 총을 들고 있는 것처럼 자신의 문제에 접근한다. 전전두엽 피질과 스트레스 반응을 매개하는 뇌의 다른 영역들은 서로 연결되어 있어서 의식적으로 스트레스 반응을 차단할 수 있다.[7] 이는 마치 맞닥뜨린 위협의 수준을 뇌가 평가한 후 갑자기 자신에게 이렇게 말하는 것과 같다. "이제 내가 맡을 게." 어떤 문제가 처리 가능하다고 느껴지면 더는 스트레스의 원인으로 작동하지 않는다. 다시 강조하지만, 회복탄력성은 문제를 대하는 자세다.

우리가 통제할 수 있다고 느낄 때 스트레스의 모든 부정적 영향이 감소하거나 사라진다는 사실에 주목해야 한다. 스트레스를 받는다는 것은 아주 간단하게 표현하면 자신이 통제할 수 없다고 느끼는 것이다. 모든 스트레스는 어떤 상황에 뇌가 통제력을 가지고 있지 않다고 판단하면서 유발된다. 교통체증을 생각해보라. 거의 통제할 수 없는 상황이다. 곰에게 공격받는 상황을 생각해보

라. 만약 누군가가 실제로 곰을 맞닥뜨렸다면 그 상황의 통제권은 곰에게 있다는 데 나는 내기를 걸 수 있다. 회사 업무에 대해 생각해보라. 통제권은 내게 있는 것이 아니라 업무보고를 받는 팀장이나 상사에게 있다. 사람들은 세계적 사건이나 자연재해, 경제위기, 정치적 변화, 새로 구입한 몬트리올 콘도의 부서진 하수관, 그리고 모든 종류의 통제할 수 없는 것들에 대해 걱정한다.

통제할 수 있다는 느낌과 실제 통제하는 것은 다르다. 통제하는 사람들은 주변인에게 괴로운 존재로서 최악의 부류이다. 만약 자신이 그런 사람 중 한 명이라면 가족, 친구, 그리고 동료를 대신해서 내가 말해주겠다. 때려치워라. 통제되고 있다고 느끼는 것도 스트레스가 된다. 어떤 상황의 결과에 영향을 미치는 다른 요인들이 있더라도 우리는 통제력이 있다고 느낄 수 있다. 더 많은 영향력이 있다고 생각할수록 그만큼 더 많은 스트레스를 처리할 수 있다.

대부분 상황에서 나는 통제할 수 있다는 확신이 있다. 그런 확신에 너무 익숙해져서 아무 통제력이 없는 몬트리올의 상황은 내게 특히 힘들었다. 최종적으로는 모든 일이 잘 처리됐고 이를 통해 레이먼드와 우리 부부는 가까운 친구 사이가 됐다. 그는 업무를 넘어선 부분까지 우리 일을 헌신적으로 도왔다. 만약 독자 중 누군가 몬트리올에서 부동산을 거래할 일이 있다면 주저 말고 연락해라.[8]

우리는 모두 자신의 삶을 통제할 수 있다고 느끼는 동시에 한계점 역시 지니고 있다. 나는 통제할 수 있다는 느낌을 잃어버리는 순간이 스트레스의 문턱을 넘어 고통받기 시작하는 지점이라고 생각한다. 또한 스트레스 인내력은 벼랑 끝으로 몰리기 전에 감당할 수 있는 스트레스의 양이라고 부른다. 회복탄력성은 하나의 특정한 형태가 아니라 스펙트럼에 따라 변화하는 구조다. 우리는 모두 처리할 수 있는 한계 지점이 있지만 몇몇은 다른 사람보다 그 지점이 훨씬 높다.

나는 최상위의 회복탄력성을 지닌 사람들이 아마 법 집행기관에서 일하거나 군인, 전문 킬러들이 아닐까 생각한다. 내가 실제 살인청부업자를 아는 것은 아니지만 엄청난 스트레스를 견뎌야 하는 직업임은 분명하다. 경찰관과 군인은 많이 알고 있다. 그들은 업무 중일 때나 아닐 때나 엄청난 스트레스에 잘 대처하는 능력을 갖춘 것으로 보인다. 군인 가정에서 자라면서 나는 노스캐롤라이나 페이엣빌에서 많은 시간을 보냈다. 그곳에 있는 브래그 기지는 미국 육군 특수작전사령부 본부가 주둔한 곳이며 최강의 독종들이 모인 제82공수사단의 본거지이기도 하다.

나는 육군 낙하산 부대만큼 스트레스가 많은 직업은 드물다고 생각한다. 업무 지시서에 반복적으로 안전한 비행기에서 허공으로 뛰어내려야 한다는 설명이 들어 있다고 상상해보라. 그런데 심지어 상사가 뛰어내리라고 강요하는 곳에는 나를 죽이려는 적들이 득시글거린다. 저기 밑에 군 기지가 보이나? 완전무장한 놈들이 그득하지? 좋아, 그 근처에 착륙해야 해. 그건 크기가 엄청난 위협이다. 나 같으면 졸도할지도 모른다. 그렇지만 우리 사회에는 이런 업무를 잘 수행해내는 많은 남녀가 있다. 그들에게는 태어나면서부터 가지고 있는 많은 성격적 요소들이 있다는 것도 알지만 또한 많은 부분이 철저한 훈련을 통해 개발한 통제감에서 비롯된다. 비행기에서 뛰어내릴 때 통제할 수 있다고 느끼기는 힘들다 (보이지 않는 힘인 바람과 중력이 통제하는 시간이다). 하지만 지식과 경험을 통해 상황의 결과에 자신이 어떤 영향력을 발휘할 수 있다는 것을 안다.

군인, 경찰, 그리고 유사한 직종에는 높은 수준의 위험이 수반된다. 그래서 각 개인에게 강한 스트레스 내성이 있어야 성공할 수 있다. 반면에 스펙트럼의 반대쪽 끝에 있는 직업군은 잘 떠오르진 않지만 아마도 교통체증에 부정적 영향을 크게 받는 사람들이 해당할 거로 생각한다. 물론 우리 모두 화가 치솟는 순간을 만나긴 하지만 어떤 사람들에게는 매일매일의 교통체증이 심각한 문제가 될 수도 있다. 우리가 모두 비행기에서 뛰어내려야 할 필요는 없지만 대부분 도로에서 일정 시간을 보내야 하기 때문이다.

몇 년 전 친구인 코미디언 데이브 드루카와 함께 로스앤젤레스에서 코미디 쇼를 제작했던 적이 있다. 공연자의 관점에서 다른 지역에 비해 로스앤젤레스에서 코미디 쇼를 제작할 때 특히 어렵게 느껴진다. 좋은 관객을 끌어모으기가 힘들기 때문이다. 코미디 스토어, 래프팩토리, 임프로브 같은 대형 클럽들은 사람들이 몰린 다 해도 저 세 클럽이 도시의 모든 코미디언을 수용할 수는 없다. 그래서 식당, 술집, 커피숍, 극장, 또는 심지어 개인의 집에서도 공 연이 개최된다. 나는 오래된 수감자 수송용 버스를 구매해서 이 동식 코미디 클럽을 만든 몇몇 코미디언도 알고 있다.[9] 오락거리 가 너무 많아서 LA에는 선택할 수 있는 장소가 곳곳마다 있다. 도 시 한 지역에서 다른 지역으로 이동하는 데 한 시간 이상이 걸린 다는 사실을 고려하면 이런 쇼들이 계속 문을 열려고 애쓰는 사 실이 그리 놀라운 일도 아니다. 우리는 산타모니카 대로에 있는 인기 있는 바에서 쇼를 제작했지만 여전히 우리는 관객을 모으는 데 어려움을 겪었다. 그 기간 우리는 객석을 채워줄 많은 사람이 필요했다. 그런 상황에서 코미디 쇼를 제작하는 것은 스트레스를 받는 일일 수도 있지만 이 에피소드에서 그런 이야기를 하려는 것은 아니다. 유난히 한가한 어느 날 저녁에 텍사스에 있는 오래 된 친구가 쇼를 관람할 수 있는지를 물어왔다. 연락하고 싶던 친 구이긴 했지만 솔직히 한 자리의 객석을 채울 수 있다는 기대감 이 더 컸다. 그런데 그는 나타나지 않았다.

쇼가 끝난 후 그는 사과 문자를 보냈고 미안하다면서 다음 날 점심을 사겠다고 했다. 오랜 친구를 만나니 기분이 징말 좋았다. 그는 오렌지카운티에서 오는 길에 러시아워에 걸려 교통체증에 시달릴 것을 생각하니 스트레스 받을 것 같아 걱정했다고 한다.

"진심이야?" 내가 물었다.

"맞아, 정말 힘든 적이 있었거든. 그 문제 때문에 치료도 받고 있어." 그가 대답했다. 그래서 나와 그 문제에 관해 이야기를 나눌 수 있는지를 물었다. 그는 그러자고 했다.

나는 그에게 길에서 스트레스를 받아 힘들었던 가장 최근의 에피소드를 들려달라고 했다. 그는 오스틴을 통과하는 35번 간선도로에서 북쪽을 향해 운전하던 당시를 떠올렸다. 그러더니 "어떤 녀석이 갑자기 나를 잘라먹었어!"라고 소리질렀다.

"잘라먹었다"라는 말이 어떤 의미인지 짐작할 수는 있지만 확실히 하기 위해 정확하게 설명해달라고 부탁했다. 그는 "좋아, 나는 1차선을 달리고 있었어. 회사 일을 골똘히 생각하는 중이었는데 어디선가 갑자기 차 한 대가 오른쪽에서 나타나더니 바로 내 차 앞으로 끼어드는 거야."

"아, 그가 너를 잘라먹었구나!" 내가 말했다.

"맞아. 그 녀석이 나를 놀라게 했어." 그는 내가 자신의 말을 따라 하는 걸 눈치채지 못하고 대답했다.

나는 이렇게 말했다. "하나만 물어보자. 그가 너를 잘라먹었을 때 사고라도 날 뻔했어? 끼어드는 차를 피하느라 다른 차와 부딪힐 뻔이라도 했니?"

"아니야, 그러지는 않았어." 그가 말했다.

내가 이어서 말했다. "그가 너를 잘라먹었을 때 급브레이크를 밟거나 운전대를 갑자기 틀어서 사고가 날 뻔했어? 네가 얼마나 스트레스를 받았는지 알겠다."

"아니, 아니, 그런 일은 없었어."

내가 계속해서 말했다. "그가 너를 잘라먹었을 때 출구를 놓치기라도 했니? 그래서 아마 길을 돌아가느라고 목적지에 늦게 도착했나 보구나."

"아니야. 그는 그냥 갑자기 끼어들었을 뿐이야. 내게는 아무런 일도 일어나지 않았어." 그가 대답했다.

그래서 내가 의아하다는 표정으로 말했다. "무슨 일이 일어났는지 정확하게 이해하고 싶어서 그래. 네 말이 다른 차가 갑자기 끼어들기는 했지만 아무 일도 일어나지 않았다는 거야? 그럼 잠시 불편하기는 했지만 별일 없었다는 말이네."

"아니라고, 친구. 그가 나를 잘라먹었다니까!" 친구가 목소리를 높였다.

내가 이야기하고 싶은 요점은 이렇다. 나는 그가 당시 어떤 감정을 느꼈고 또 무슨 말을 하려는지 이해한다. 다만 그 사건을 다른 시각으로 바라볼 수 있게 도와주려는 것이었다. 우리의 생각이 감정에 영향을 미친다는 사실을 기억해라. 우리가 어떤 사건을 "저 녀석이 나를 잘라먹었어"라고 생각하면 공격적인 행위처럼 느껴진다. 마치 어떤 의도를 가지고 내게 해를 끼치려는 것처럼 말이다. 대응해야 하는 위협처럼 느껴진다. 그렇지만 만약 "저 차는 내 앞에서 차선을 바꿨어. 그리고 아무 일도 일어나지 않았어"라고 자신에게 말한다면 같은 상황이 화를 낼 이유가 없는 것처럼 느껴진다. 나는 이 내용을 친구에게 설명했고 그는 어느 정도 이해하는 것처럼 보였다.

이윽고 내가 다시 물었다. "그 녀석이 너를 잘라먹었을 때 너는 어떻게 했니?"

"나는 정말 화가 났어." 그가 말했다. 글쎄, 물론 그렇겠지. 세상에는 보복운전이라는 말까지 있잖아. 그저 감정뿐이었다면 말을 꺼낼 필요도 없겠지.

"그래서?" 내가 물었다.

"나는 그 차를 쫓아갔어. 바짝 따라붙었지." 그가 말을 이어갔다. 얼마나 바짝? "아마 1미터도 안 됐을 거야."

"그러고 나서는?"

"경적을 마구 울려댔지." 그가 말을 덧붙였다. "진정할 수가 없었어."

"거기서 끝났어?"

"그 녀석의 차 앞을 여러 차례 끼어들어 막았지." 그가 말했다.

"가운뎃손가락도 날렸겠구나."

"그럼, 그럼, 하하."

나는 계속해서 질문했다. "손가락을 차 안에서 날렸니? 아니면 창문을 내리고 팔을 밖으로 내밀어서 날렸니?" 무슨 차이가 있겠냐마는 나는 상대방이 확실히 볼 수 있게 일부러 창문을 내리는 수고까지 감수했는지가 궁금했다.

"그건, 나는 뚜껑을 벗긴 컨버터블을 타고 있어서 그냥 손가락만 치켜들었지." 그가 말했다. 이 텍사스 친구는 얼마나 캘리포니아 스타일인가.

"그래서 너는 바짝 따라붙어서 경적을 마구 울리고 손가락을 날렸구나. 그 밖에는?"

"그 차를 뒤쫓아 갔어."

"뒤쫓아 갔다고? 세상에, 어디까지?" 나는 그의 대답에 정말로 놀랐다.

"대충 5마일 정도." 그가 말했다.

나는 잠시 그가 한 말을 되새겨봤다. 앞차에 바짝 붙어서 운전하면 위험하다는 것 정도는 모두 알고 있는 사실이다. 더구나 경적을 울리며 손가락을 날리느라 핸들을 제대로 잡지 못하고 그러는 것은 더욱 위험할 것이다. 나는 그의 말을 요약해준 후 말했다. "한번 생각해 봐. 너는 무려 5마일을 달리면서 네 생명을 위험한 상태로 몰아넣었어. 그런데 그 이유는 아무 일도 일어나지 않았기 때문이야."

"뭐, 네가 그렇게 이야기하니까 정말 바보짓 같긴 하군." 그가 말하더니 헛웃음을 지었다.

그의 행동은 완전히 바보짓이고 이 책이 말하고자 하는 핵심이다. 그런 반응은 각각 선택할 수 있는 행동을 전전두엽 피질의 기능으로 따져본 후 나온 이성적인 판단이 아니다. 스트레스가 촉발한 분노에 따른 완전히 비이성적인 대응이다. 아무 일도 일어나지 않은 데 대한 보복인 셈이다.

친구의 행동은 몹시 위험하긴 했지만 내가 들은 몇몇 이야기들에 비하면 비교적 온순한 반응이었다. 말하자면 그냥 집으로 가는 대신에 희생자를 5마일 정도 뒤따라갔을 뿐이다. 나는 차에 유사시를 대비해서 각종 도구와 장비를 싣고 다니는 사람들을 안다. 기본적으로 그런 준비물에는 야구방망이, 벽돌, 심지어 무시무시한 일본도까지 포함된다. 한 친구는 내게 어떤 환자가 자신을 화나게 하는 차량 앞에 쇠못을 흩뿌렸다는 이야기를 들려줬다. 나는 그 환자가 인도에서 자신을 앞지르는 사람 앞에도 똑같이 쇠못을 한 움큼 던질지 궁금했다. 물론 그러지는 않을 것이다. 나는 그보다 훨씬 심한 교통체증 때문에 총기를 휘두르거나 실제 발사했다는 이야기도 들어봤다. 앞서 출간했던 책『웃음 치료』에서도 이야기했듯이 내 아버지도 보복운전으로 공격을 받았던 적이 있다.[10] 이런 모든 사건은 과잉 반응의 범주로 분류할 수 있다. 그리고 그런 과잉 반응의 대부분은 아무 일도 일어나지 않은 데 대한 반응일 것이다.

생각해보면 아무 일도 일어나지 않은 것이 우리의 가장 큰 스트레스 유발 요인처럼 느껴진다. 스트레스를 받거나, 분노가 치밀었던 모든 순간을 떠올려보라. 대개는 그럴만한 충분한 이유가 없는 경우다. 아무 일도 일어나지 않았는데 오해하고 과잉 반응하고 걱정한다. 아무 일도 일어나지 않는 것이 우리의 가장 흔한 스트레스 유발 요인인 것이다. 교통체증도 곰도 아니다. 말 그대로 아무 일도 일어나지 않는 것이다.

또 다른 짧은 사례를 들어보겠다. 이번에는 내가 겪은 일이다. 장소가 어디였는지 또 언제였는지는 정확히 기억나지 않지만 상대방과 오고간 대화는 절대 잊지 못할 것 같다(특히 이렇게 계속 써먹는다면). 나는 대형마트에서 쇼핑하는 중이었다. 카트를 끌고서 진열대를 훑어보며 모퉁이를 도는데 한 여자도 쇼핑 카트를 밀며 선반에 쌓인 시리얼 상자를 살피고 있었다. 그녀가 통로 한가운데를 차지하고 있어서 나는 할 수 없이 그녀의 카트를 피해 빙 돌아가야 했다. 다가갈 때는 내가 접근하는 것을 보지 못했지만 그녀 옆을 스쳐갈 때는 내 존재를 알아차린 것이 분명했다. 그녀가 몹시 화가 난 목소리로 나를 불렀다. "여보세요!" 내가 왜 그러냐고 물었더니 더 목소리를 높였다. "나를 칠 뻔했잖아요. 당신의 카트로요!" 나는 그녀의 털끝 하나 건드리지 않았지만 그건 중요하지 않았다. 나는 미소를 지으며 대답했다. "그럼 그쪽 말은……, 아무 일도 일어나지 않았다는 거네요." 나는 속으로 생각했다. 내가 당신을 쳤나요? 아닌데요. 당신은 어딘가를 받혔나요? 아니죠. 그럴다면 내게 무엇을 원하나요? 아무 일도 일어나지 않은 것에 대해 사과하라는 건가요? 다음번에는 카트 운전을 더 잘할게요. 말 그 대로 아무 일도 일어나지 않았다. 보복운전보다 가벼운 상황이지 만 그녀는 스트레스를 선택했다.

· 많은 경우에 우리는 아무런 심각한 일이 자신에게 일어나지 않았는데도 화를 낸다(예를 들어, 누군 가 당신의 차 앞을 잘라먹을 수도 있지만 그런다 고 사고가 난 건 아닌 경우처럼 말이다).
· 거의 일어날 뻔했던, 또는 일어날 수도 있는 일이 아니라 실제 일어난 일에 반응하는 법을 배워라.

나는 그 여자에 관해 아무것도 모른다. 우리의 대화는 짧았고 나는 쇼핑을 계속했다. 우리 각자는 화를 내는 자신만의 유별난 사유가 있긴 하지만 쇼핑 카트가 부딪칠 뻔했다는 이유로 스트레 스를 받는 모습을 상상해보라. 살아가면서 스트레스를 주는 모든 만남을 떠올려보라. 그런 스트레스가 계속해서 누적되며 삶의 질 에 많은 영향을 미친다. 사회 속에서 살아가다 보면 우리는 항상 타인과 마주칠 수밖에 없다.

보복운전과 같이 우리가 어떤 사건에 분노를 느낄 때는 실제 결과를 따져본 다음 생각의 틀을 바꾸는 것이 중요하다. 우리는 실제 발생한 사건에 대해 반응하는 법을 배워야 한다. 일어날 뻔했던, 또는 앞으로 일어날지도 모른다고 생각하는 사건이 아니다. 우리의 건강과 안전을 고려할 때 일어나지도 않은 일에 영향을 받도록 자신을 내버려두는 건 아무런 도움이 되지 않는다.

우리가 모두 비행기에서 뛰어내리는 능력을 갖출 필요는 없지만 최소한 도로에서 운전하면서 평정심을 유지할 수는 있어야 한다. 최소한 사람들 사이에서 화를 내지 않고 쇼핑할 수는 있어야 한다.

도둑을 몇 번 맞으며 배운 교훈

앞에서 내가 꽤 회복탄력성이 강한 사람이라고 말했다. 생계를 위해 비행기에서 뛰어내리거나 총 맞을 각오가 되어 있다는 이야기는 아니지만 나는 대부분 상황에서 침착함을 유지할 수 있다. 또한 내가 스트레스를 잘 관리하지 못한다면 생계를 위해 하는 지금 일을 결코 계속할 수 없을 것이다. 내 강연 여행 일정은 사실 무척 힘들 때도 많기 때문이다. 날마다 새로운 도시에서 낯선 청중을 만나야 하고 언제까지 일이 있을지도 알 수 없다. 다음 시즌에도 일할 수 있을지, 또 얼마나 할 수 있을지 언제나 안갯속이다. 코미디의 경우에는, 글쎄, 나는 케빈 하트(미국의 유명 배우이자 희극인-옮긴이)가 아니다. 알리사를 클럽에서 번 돈으로 대학까지 보낸다는 것은 상상하기 어렵다. 어쨌든 지금 이야기하는데, 대학원에서 심리학을 공부하기 전까지는 내가 다른 사람들과 스트레스를 다르게 처리한다는 걸 전혀 느끼지 못했었다. 하지만 구체적으로 이야기하기 전에 몇 가지 맥락을 짚고 가자.

나는 오스틴에 있는 텍사스 대학에서 학사학위를 받았고 졸업하자마자 소지품 전부를 차에 실었다. 심지어 나는 짐을 더 실으려고 차 뒷자리를 뜯어냈다. 싣지 못한 나머지 소지품은 팔거나 나눠줬다. 뉴올리언스에서 새롭게 출발할 계획이었다. 게다가 나는 가난한 대학생이어서 수중에 값나가는 물건이 없었다. 하지만 우선은 뉴욕 북부 지역으로 차를 운전하고 가서 여름 동안 어린이 캠프 교사로 일해야 했다. 동생을 조수석에 태우고 뒷자리에는 캠퍼스에서 구입한 컴퓨터, 작은 가구 몇 점, 옷가지, 책 몇 상자, 테이프, CD(당시에는 아직 폼 나는 물건일 때였다) 등을 실었다. 지금도 나는 그 차에 얼마나 많은 짐을 실었는지 놀랍기만 하다. 우리는 교대로 운전하면서 거의 정차하지 않고 1,800마일을 한 번에 주파했다. 뒤늦게 생각해보니 그 고물차로 그런 장거리 여행을 해냈다는 사실이 대견하기만 하다. 여름 캠프에 도착한 직후 엔진에 불이 붙었기 때문이다. 그렇게 나는 뉴올리언스에서 변변찮은 소지품과 함께 자동차도 없이 대학원 생활을 시작했다.

대학원은 그 자체가 엄청난 스트레스를 주는 곳이다. 그래서 나는 오늘날까지도 누구에게 대학원 진학을 추천하지는 않는다.[11] 등록금을 내고 받는 고문에 가깝다. 1학년에는 13명이 있었는데 우리 중 누구도 앞으로 무슨 일을 겪을지 몰랐던 것 같다. 선배가 우리에게 앞으로 경험할 일에 대해 스트레스가 심하고 어려울 것이라고 했던 말이 기억난다. 특히 이 시점부터 우리가 더는 지식의 소비자가 아니라 기여자가 되어야 한다는 말이 내게는 인상적이었다. 우리가 알아야 할 내용이 당연히 학부 때보다는 훨씬 더 세부적일 것이다. 우리가 첫 1년을 잘 버텨낸다면 논문위원회에서 주관하는 심리학에 관한 구술 종합시험을 치러야 한다. 내 담당 교수는 지난 5년간 심리학 관련해서 출간된 모든 저널을 공부하라고 했다. 맞다. 뭐, 그 정도는 그렇게까지 스트레스를 주는 일은 아니다. 그런데 우리의 학위를 좌우하는 교수 중 한 명이 우리에게 쥐를 훈련시켜 묘기를 부릴 수 있게 하라는 과제를 냈다. 1930년대 스타일의 스키너상자[12] 속에 있는 쥐를 훈련하는 일만 해도 감당하기 힘든 스트레스를 주지만 만약 시험날 쥐의 상태가 좋지 않다면 어떻게 해야 하는가? 모두가 비상 대책을 세워놔야 한다. 이런 말도 있지 않은가. 이가 없으면 잇몸으로.

나는 우리 연구실이 있는 "유치장"이라고 불리는 방에서 매일

10여 명의 동료가 모여 걱정하는 모습을 보면서도 다가올 일들을 편안하게 받아들였다. 힘든 상황에서도 침착함을 유지하며 살았기에 내가 크게 동요하지 않는 것은 그리 이상한 일도 아니었다. 하지만 다른 사람에 비해 내가 더 높은 스트레스 내성을 지녔다는 사실은 학교 바깥에서 벌어진 일에서 깨달았다.

대학이 도시 중심에 있어서 지역의 중심 문화와 잘 어우러진 오스틴과는 달리, 뉴올리언스 대학은 시내에서 떨어진 가장자리에 위치해 있었다. 뉴올리언스의 지도를 살펴보면 도시 대부분이 남쪽의 미시시피 강과 북쪽의 폰차트레인 호수 사이에 길게 끼어 있는 걸 알 수 있다. 중심시가지뿐만 아니라 프렌치 쿼터, 포부르 마리니, 로어 가든 디스트릭트 같은 도시의 멋진 곳들은 모두 강변에 있었다. 우리 대학 역시 호숫가였는데 주변은 대부분 주거지로 대형 단독주택들이 늘어서 있었고 캠퍼스 안의 주거공간은 얼마 되지 않아 경쟁이 심했다. 주변 동기나 내가 아는 대학생들 가운데 캠퍼스 근처에 사는 이는 한 명도 없었다. 모두 다른 지역에서 차를 몰고 통학했고 같은 과의 동기들은 도시 전역에 흩어져 살았다. 몇몇은 북쪽 호수 근처를, 다른 몇몇은 도시 외곽을 선택했다. 나는 프렌치 쿼터에 살기로 했다. 처음부터 뉴올리언스로 나를 끌어들인 이유 중 하나였기 때문이다. 학교를 위해 프렌치 쿼터에 살기로 한 것이 아니라 프렌치 쿼터에 살아보기 위해 이 대학에 지원했다. 고맙게도 엘리시안 필즈 거리를 따라 뉴올리언스 레이크 프론트 캠퍼스로 이어지는 버스 노선이 있었지만 내 차가 없다는 것이 얼마나 불편한지를 곧 깨달았다. 특히 시간에 맞춰 다른 학생들과 어울릴 수가 없어서 결국 차를 한 대 사게 됐다.

혹시 뉴올리언스에 가본 적이 없다면 얼마나 놀라운 도시인지를 알아야 한다. 24시간 술집이 문을 여는 미국의 몇 안 되는 지역 중 하나다. 게다가 주민들은 파티를 어떻게 하는지를 안다. 부두 문화와 카준 요리의 본고장이며 미국 최대 규모의 마르디 그라 축제가 열린다. 또 프렌치 쿼터의 연철로 만들어진 발코니와 특유의 정원, 도시 곳곳에서 볼 수 있는 크레올 카티지, 샷건 하우스, 카멜백 양식의 집, 남북전쟁 전에 지어진 북쪽 지역의 맨션 등 놀라운 건축물들이 가득하다. 이 모든 것이 악어가 득시글대는 아열대 기후의 습지로 둘러싸여 있다. 정말 뉴올리언스는 지금까지도 세계에서 내가 가장 좋아하고 언제나 찾아가고 싶은 곳 중 하나다. 하지만 이곳은 2005년에 발생한 허리케인 카트리나로 인해 도시 전체가 파괴당하는 아픔을 겪었다. 빈곤층도 많고 범죄율도 높다. 프렌치 쿼터로 옮기겠다는 말을 하자 사람들이 너무 위험하다며 말릴 정도였다.[13] 물론 나는 별로 걱정하지 않았다. 모든 곳은 단점이 있기 마련이고, 게다가 나는 뉴올리언스를 처음 방문했을 때 사랑에 빠져 앞으로 무슨 일을 할지 모르지만 인생의 한동안을 이곳에서 보내기로 이미 마음먹은 터였다. 범죄율이 높다 하더라도 만약 그 당시 내가 다른 곳에 살았더라면 그리 행복하지는 않았을 것이다.

내가 범죄의 희생양이 된 것은 차를 산 지 2주가량 지난 후였다. 어느 날 아침 아파트에서 나와 차에 다가갔더니 조수석 쪽 유리창이 깨져 있었다. 차 안에는 부서진 유리 조각이 널려 있었고 오스틴에서 가져온 CD와 테이프, 카스테레오가 사라졌다. 다행히도 차량 운행과 관련해서 심각한 피해를 보지는 않았다. 나는 깨진 유리 조각을 털어낸 후 운전석에 올라타 학교로 향했다. "유치장"에서 친구들을 만나 아침에 무슨 일이 일어났는지를 이야기하자 오히려 나보다 훨씬 더 화를 내고 걱정하는 듯 보였다. 내게 최악의 결과는 조수석 창문을 교체하는 데 드는 비용이었다. 내 부족한 대학원 예산에 그런 지출은 포함되어 있지 않았다. 나는 식비를 줄여야겠다는 생각을 했던 것 같다.

두 번째 사건은 약 일주일 뒤에 터졌다. 아파트를 나와 한 블록 정도 떨어진 곳에 세워놓은 차를 향해 다가가니 다시 깨진 유리 조각이 널려 있었고 조수석 유리창은 사라지고 없었다. 나는 깜짝 놀랐다. 왜냐하면 처음 일을 당한 후 차에 아무것도 놓아두지 않기로 했기 때문이다. 테이프도 CD도 없었고 카스테레오가 있던 공간은 빈 구멍만 뚫려 있었다. 내 차에서는 훔쳐갈 거라곤 전혀 없었다. 누가 그랬는지는 모르겠지만 이건 분명 그저 연습이었다. 자동차 창문을 깨고 카스테레오를 훔쳐가는 일에도 이렇게 부단

한 연습이 필요한 것이다. 이번에도 나는 학교로 차를 몰고 가서 친구들에게 무슨 일이 일어났는지를 설명했다. 그들은 겨우 몇 주 만에 차량 절도를 두 번이나 당했다는 사실에 믿을 수 없다는 표정을 지었다. 한 명은 "그래서 내가 쿼터에는 얼씬도 하지 않는 거야!"라고 외쳤고 다른 한 명은 "거기서 어떻게 살 수 있는지 너를 이해할 수가 없어!"라며 어이없다는 얼굴로 말했다. 이번에도 그들은 나보다 더 분노한 것처럼 보였다. 하지만 여전히 내 주요 관심사는 새 창문에 지불할 돈을 어떻게 마련하느냐였다.

한 달 만에 두 번이나 창문을 교체한 뒤 나는 생각을 바꿔 차 문을 잠그지 않기로 했다. 어떤 나쁜 녀석이 내 차 옆을 지나다가 안쪽에 뭔가 값나가는 물건이 있을지 모른다는 생각을 한다면 그냥 차 안에 들어올 수 있게 하는 편이 더 낫다는 판단을 한 것이다. 그렇다면 다시 창문에 비용을 지불해야 하는 일은 벌어지지 않을 테니까. 평온한 몇 주가 지나갔고 나는 차량 절도 시스템을 꿰뚫어냈다고 생각했다.

그러다 여느 날과 다르지 않은 어느 아침, 내 차 안에서 잠이 든 한 남자를 발견했다. 학교로 가기 위해 아파트를 나와 차를 향해 다가가자 뒷좌석 유리창에 머리를 기대고 자는 남자가 눈에 띄었다. 다리가 반대쪽 창문을 누르고 있었지만 적어도 유리는 멀쩡했다. 나는 잠시 서서 생각한 뒤 뒷좌석 창문을 두드렸다. 그는 부스스 눈을 뜨며 말했다. "누구세요?" 남의 차 안에서 잠든 사람이

할 말은 아니었지만 나는 담담하게 대답했다. "이건 제 차예요. 이제 차를 사용해야 해서요." 그는 주섬주섬 자기 소지품을 챙겨 차 밖으로 나오더니 묻지도 않은 이유를 설명하기 시작했다. 어젯밤 버번 거리에서 거나하게 파티를 했고 늦은 시간에 교통편을 구할 수 없어 시간을 보낼 안전한 장소가 필요했다며 고개를 숙여 사과했다. 별다른 피해도 없었고 차 안에 악취가 심한 것도 아니었다. 나는 다시 차를 몰아 학교에 갔고 친구들에게 낯선 사나이에 관해 이야기했다. "믿을 수가 없어!" 한 명이 말했다. "어쩜 그렇게 태연할 수 있니?" 다른 친구가 말했다. "만약 나였다면 무서워서 꼼짝 못 했을 거야" 또 다른 친구가 말했다. 내게는 별일이 아니었다. 창문은 멀쩡했고, 다른 재산상 피해도 없었다. 그리고 도둑맞은 물건 역시 없었다. 오히려 실제로는 내 차 안에 잠든 사람이 있어서 주변의 다른 차들 역시 밤새도록 다른 악당이 접근하지 못했을 거라는 생각이 들었다.

생각해보니 꼭 그렇지도 않은 것 같다. 과거에 오스틴 대학 마지막 학년을 남겨두고 마르디 그라 축제가 열리기 전 주말에 나는 뉴올리언스에 처음으로 갔다. 두 도시는 차로 8시간 거리였는데 나는 금요일 수업이 끝난 후 출발해서 토요일에 온종일 축제를 즐기고 일요일 늦게 집으로 돌아왔다. 나는 호텔 방을 잡을 돈이 없었고 피곤해지면 주차장에 세워놓은 차 안에서 쉬기로 했다. 화려한 축제 인파 속에서 신나게 즐긴 후 토요일 새벽에 차 안으로 돌아와 깜빡 잠이 들었는데 누군가 창문을 두드리는 소리에 깼다. 어스름한 새벽이었는데 경찰 한 명이 손에 든 플래시 밑부분으로 창문을 두드리고 있었다. 나는 뭔가 곤란한 일에 휘말렸다고 생각했다. "여기서 밤새 잠든 건가요?" 그가 물었다. 맞다. 아마도 서너 시간쯤 흘렀을 것이다. "뭔가를 보거나 듣지 못했나요?" 그때 무슨 일이 벌어졌는지를 짐작할 수 있었다. 내가 잠든 사이 어느 때쯤 옆에 주차된 차가 창문이 깨지고 절도를 당했다. 그 와중에도 나는 완전히 잠들어 있었던 것이다. 그때 기억을 떠올리면 지금도 실소가 터져 나온다.

분명히 아침에 일어나 자신의 차 안에서 낯선 사람을 발견하는 일을 사람들이 자주 겪지는 않을 것이다. 그런데 맞다. 내게는 그렇지 않은 것 같다. 한 달쯤 지난 뒤 같은 일이 또다시 일어났다. 나는 스트레스 가득한 대학원에서 쥐를 훈련하는 일 따위를 하려고 아파트를 나섰는데 외로워 보이는 한 남자가 내 차 안에서 곯아떨어진 익숙한 광경을 또다시 봐야만 했다. 이번에는 뒷자리가 아니라 등받이를 한껏 뒤로 젖힌 조수석이었다. 나는 창문을 두드렸다. 그는 응답이 없었다. 조금 더 세게 두드렸지만 아무런 기척이 없었다. 대단하군. 아침부터 자기 차 조수석에서 죽은 남자를 발견하는 일까지 겪어야 하는 거야? 나는 차 문을 열었다. 그리고 일단 그가 숨 쉬는지를 확인했다. 다행히 살아 있다. 다만 완전히 술에 취해 깨어나지 못할 뿐이었다. 어깨를 흔들고 뺨을 두드려도 깨어나지 못할 정도였다.

차마 차가운 길바닥에 두고 갈 수는 없어서 나는 그날 아침 기절한 낯선 남자를 조수석에 태운 채 학교로 차를 몰았다. 그는 학교에 도착할 때까지 깨어나지 않았다. 나는 주차장에 차를 세운 뒤 수업을 받는 동안 그를 차 안에 남겨두었다. 친구들에게 말했더니 믿지 못하겠다는 듯이 충격받은 표정을 지었다. 일과를 끝내고 차로 돌아왔더니 그는 사라지고 없었다. 그가 깨어나서 달라진 주변 풍경 때문에 지었을 어리둥절한 표정을 보지 못한 것이 안타까웠다. 그가 외지인이라면 집으로 무사히 돌아갈 수 있었기를 바랐던 기억이 난다.

중요한 건, 친구들의 반응을 볼 때 그런 사건을 겪을 때마다 나는 비교적 당시 주어진 스트레스를 무난하게 처리한 것으로 보인다. 그들은 걱정하면서 자신 같으면 그렇게 태연하게 대처하지는 못했을 거라고 말했다. 나는 시간을 좀 지체하고 창문 비용을 지불해야 했던 점을 제외하면 매번 웃어넘겼다. 그때 일을 생각하면 사실 지금도 웃음이 난다. 공교롭게도 그런 사건을 겪을 때 나는 대학원에서 스트레스에 관해 매우 상세하게 배우고 있었고 동기들의 반응과 내 감정을 비교하면서 내가 일반인보다 더 높은 스트레스 내성을 가진 사실을 깨달았다. 물론 다른 사람들만큼은 아니더라도 나 역시 인생의 굽이굽이마다 많은 스트레스를 견뎌야 했다. 내 동생의 표현을 빌리자면 나는 어릴 때부터 "스트레스 관리법을 타고났고" 지금은 그 원리를 찾아가는 중이다.

내 회복탄력성이 어디서부터 기인했는지는 모르겠다. 만약 그 이유를 정확하게 안다면 이 책은 고전의 반열에 오르겠지만, 몇 가지 가설은 생각해봤다. 아마 내가 어떻게 자랐는지와 많은 관련이 있을 것이다. 그런데 안타깝게도 나는 일기를 꼼꼼히 쓰는 스타일은 아니었다. 그때는 내가 심리학자도 아니었고, 나는 그저……, 어떻게든 자라났을 뿐이다.

4장

두려움 없는 영웅과의 인터뷰

———

　나는 군인 가정에서 자라 미국 공군에게 많은 것을 빚졌다. 미국 공군이 아니었다면 지금까지 내게 주어진 모든 기회를 만나지 못했을 것이다. 나는 해외와 미국 전역을 오가며 살아왔다. 자라나는 어린이에게 필요한 적절한 의료와 치과 서비스를 받았고 많은 친구와 함께 안전한 장소에서 전체적으로 높은 품질의 성장 환경을 누렸다. 군대 덕분에 대학에 진학하겠다는 동기부여를 받았고 잘 준비를 마칠 수 있었으며 최종적으로 지금의 박사학위를 취득했다. 아버지는 교육을 받고 기술을 숙련하여 4인 가족을 부양할 수 있었다. 나는 어린 시절 대부분을 군대 주변에서 보냈고 군대에 복무하는 남녀 군인들에게 커다란 존경심을 품고 있다. 미국 시민으로서 자신의 인생을 나라를 지키는 데 헌신하기로 한 그들의 결정에 감사할 따름이다. 그들 덕분에, 특히 아버지, 삼촌, 그리고 그 윗대의 할아버지 덕분에 나는 지금 생계를 위해 농담을 던지고 이렇게 책을 쓸 수 있다. 내가 결코 당연하게 여길 수 없는 인생의 선물이다.

알리사가 입대하기로 결심하지 않는 한 대를 이은 우리 가족의 군인 역사는 내게서 끝이 난다. 나와 동생은 자라면서 별로 군인이 되고 싶어 하지는 않았다. 둘 다 게으른 탓도 있지만, '결론적으로 충격을 받을 가능성이' 내 업무 지시서의 내용이 되지는 않았으면 하는 바람이 컸던 것 같다. 나는 그 정도의 사나이는 아니었다.

나는 스트레스 내성이 높은 사람들의 사례로 군인을 자주 예로 든다. 내 생각에 그들의 업무 자체가 강한 회복탄력성을 요구하는 것처럼 보이기 때문이다. 그럴 때마다 내 머릿속에는 람보와 닉 퓨리, 또는 척 노리스의 이미지가 떠오른다. 비행기에서 바닷속으로 뛰어내리든 뾰족한 머리로 달려드는 상어 사이를 헤집고 적진으로 접근하든, 결혼식장에는 말쑥한 차림으로 나타나는 사나이들 말이다.

아마도 내가 어렸을 때 만화책을 너무 많이 읽어서 그럴 수도 있을 것 같아서 나는 현실에 존재하는 군인과 대화를 나누면 도움이 될 것으로 생각했다. 제2대대 319야전포병연대 82공수사단의 전직 참모장 카를로스 "쿠반" 발레스테나 중사는 그러한 실제 영웅 중 한 명이다.

쿠반은 플로리다 남부에 사는 사라의 고등학교 친구로서 17년 2 개월 11일 동안 나라를 위해 복무했으며, 마지막 근무지는 노스캐 롤라이나 주 브래그 기지였다. 지금은 은퇴해서 알리사보다 조금 먼저 태어난 딸을 키운다. 그는 나와 인터뷰를 하기 위해 시간을 냈다.

나: 군 경력에 대해 자세히 이야기해줄 수 있나요?

쿠반: 물론이죠. 제 이름은 카를로스 발레스테나이지만 군대에 서는 '쿠반'으로 불립니다. 2001년 7월에 입대했습니다. 제 기초 훈련 졸업식을 3일 앞둔 시점에 2001년 9·11사태가 벌어져 무척 놀랐습니다. 저는 기본 훈련부터 시작해서 AIT 훈련[1]을 거쳐 차량 정비 기술을 배웠습니다. 군사학교를 졸업하고 2002년 1월과 2월 에 걸쳐 공수훈련을 받았습니다. 3주의 훈련 후 곧바로 브래그 기 지에 배치되었습니다. 특수작전부대의 본거지로서 노스캐롤라이 나에 있는 기지입니다.

나: 공수부대의 일원으로서 군 생활 동안 몇 번의 낙하 훈련을 했습니까?

쿠반: 글쎄요. 서류에 남은 숫자는 108번입니다. 사실……, 흔 치 않은 기록이죠. 공수부대원 중에서, 심지어 이미 은퇴한 사람 중에서도 그런 기록에 도달한 이는 아주 드뭅니다. 누군가 점프 마스터가 되면 센추리온 점프 마스터라 불리게 됩니다. 저 역시

2008년에 점프 마스터가 됐습니다. 급여를 올려주거나 상을 주는 건 아니지만 명예의 전당에 이름을 올리는 등 많은 의미가 있습니다. 공수 낙하산병으로서 점프 마스터가 되기 위해서는 최소한 100번 이상 점프해야 합니다.

나: 그렇다면 점프 마스터로서 10년 이상의 군 생활을 했군요? 그럼 다른 낙하산병을 훈련한 적도 있겠군요?

쿠반: 음, 점프 마스터는 간단하게 말하면 전문 훈련을 받은 안전요원입니다. 매우 엄격하게 세부적인 부분까지 주의를 기울여야 하죠. 낙하 훈련병들의 장비를 점검하고 착륙해야 할 안전한 낙하 구역을 확인해줍니다. 훈련병들이 비행기에 오르면 첫 번째로 마주하는 것이 점프 마스터의 얼굴이고 내리기 직전에 마주하는 것도 바로 점프 마스터의 얼굴입니다.

나: 상당한 수준의 책임감이 필요하겠군요.

쿠반: 당연합니다. 실제로 공수부대원 중 극히 일부만이 점프 마스터의 역할을 합니다.

나: 108번의 점프 중 실제 전시 상황도 있었나요?

쿠반: 그렇진 않았습니다. 개인적으론 무척 다행스러운 일이라 생각하지만 제가 참여한 모든 공수 작전은 전투 상황을 가정한 훈련이었습니다. 언제든 실제 전투에 참여할 수 있게 준비되어 있었죠.

나: 입대할 때부터 공수부대원이 되려고 했다면서요? 맞나요?

쿠반: 아, 맞습니다. 제 절친한 친구의 아버지가 특수부대원이었습니다. 브래그 기지의 제7 특수 공수부대 소속이었습니다. 친구는 아버지가 비행기에서 점프하거나 물속으로 뛰어드는 장면이 녹화된 비디오를 보여주곤 했지요. 그리고 그분은 실제 파나마 전투에도 공수부대원으로 참여했습니다. 저는 녹화된 영상을 보면서 정말 멋지다고 생각했습니다. 어린 마음에도 나중에 커서 입대한다면 무슨 일이 있어도 꼭 공수부대원이 돼야겠다고 결심했습니다. 실제 입대 지원서에도 그렇게 적었습니다.

나: 요구 사항은 그거 하나였나요? 확실하게 공수부대 훈련을 받고 싶다고 이야기했나요?

쿠반: 물론이죠. 공수부대원에게는 3천 달러의 보너스가 추가로 지급됐습니다. 정말 좋았죠.

나: 당신이 비행기에서 뛰어내리게 해달라는 조건을 달아 입대했다는 사실이 제게는 무척 흥미롭군요. 군인이 되기 전에도 익스트림 스포츠나 아드레날린이 분비되는 활동에 관심이 많았나요?

쿠반: 그렇지는 않았습니다. 저는 보이스카우트 활동을 해서 캠핑을 즐기기는 했지만 그런 스포츠를 해본 적은 없습니다. 입대 전에는 놀이공원 놀이기구를 타본 적도 없었습니다. 어쨌든 크게 중요하다고 생각하지는 않지만 제가 뭐 특별히 아드레날린 중독자였다고 할 수는 없습니다.

나: 그럼 베이스점프나 번지점프 같은 종류는요?

쿠반: 아니요. 플로리다는 지형이 평지여서 그런 스포츠를 즐길 만한 곳을 찾기도 어렵습니다.

나: 그럼 공수부대원을 원하게 된 계기가 친구 아버지의 비디오 영상을 본 것 말고는 다른 건 없나요?

쿠반: 물론 친구 아버지가 특전사에 관한 다른 이야기들을 들려 줬습니다. 하지만 그런 건……, 그냥 상상 속에서 느끼는 스릴감일 뿐이죠. 제 말은, 우리는 허공을 날아다닐 수는 없습니다. 크고 못 생긴 낙하산은 우리를 초당 20피트의 속도로 떨어트립니다. 부상 자도 많이 발생하죠. 하지만 사람들은 비행기에서 멋지게 뛰어내 릴 수 있다는 생각만 합니다. 그래서 낙하산 체험을 하기 위해 일 반인들은 많은 돈을 내기도 합니다. 우리는 비행기에서 뛰어내리 면서 월급을 받습니다. 공수부대원들은 고동색 베레모를 쓰고 눈 부시게 반짝이는 검은색 점프 부츠를 신고 정복 유니폼을 입습니 다. 반면에 일반인들은 그저 단화를 신을 뿐이죠. 저희는 공수부 대에서 가장 엘리트만이 입을 수 있는 복장을 착용합니다.

나: 그 모든 것이 멋진 유니폼 때문이라니…… 단지 그런 영광을 누리고 싶었던 건가요?

쿠반: 완전히 그렇지는 않지만, 일정 정도는 맞습니다. 그런 기 대가 지옥 같은 훈련을 견디고 공수부대원이 되는 데 한몫을 하 긴 했습니다.

나: 좋습니다. 그럼 이제 비행기에서 뛰어내릴 때의 마음가짐에

대해 알고 싶은데요, 그리고 특히 처음 뛰어내릴 때의 경험을 구체적으로 듣고 싶습니다. 불안하고, 걱정하고, 스트레스를 받았나요? 처음 비행기에서 아래를 내려다볼 때 어떤 생각을 했는지 들려주세요.

쿠반: 음, 우리는 우선 공수학교에서 3주간의 훈련을 받습니다. 매우 힘들고 엄격한 훈련입니다. 특히 체력훈련은 일반인이 상상하기 힘들 정도로 어렵습니다. 또 훈련소 안에서는 어디를 가든 뛰어다녀야 합니다. 식당이든, 내무반이든, 연병장이든 가리지 않죠. 3주의 기간은 육상훈련, 막타워 훈련, 그리고 실제 낙하 훈련으로 이어집니다. 마지막 주에 다섯 번의 점프를 마쳐야 완전한 공수부대원으로 인정받습니다.

육상훈련 주간에는 바람에 끌려가는 낙하산 줄에서 벗어나는 방법을 배우느라 땅바닥을 구르고, 허공에 매달려 줄을 당기면서 낙하산과 장비를 조절하는 법, 그리고 24인치 플랫폼에서 뛰어내려 땅바닥에 부딪힐 때 자세를 어떻게 갖춰야 하는지를 배웁니다. 그리고 그 주가 끝나고 두 번째 주에 접어들 무렵 교관이 붙든 밧줄 하나에 의지해 34피트 높이의 플랫폼에서 뛰어내려야 합니다. 기본적으로 32피트를 자유 낙하하면 앞으로 어떤 느낌을 받을지 알 수 있습니다. 초속 16~20피트 속도로 땅에 부딪히게 되죠. 그런 다음 이제 막타워 훈련 주간을 만납니다. 250피트 높이의 탑에서 뛰어내리죠. 원래는 1939~40년 뉴욕 세계박람회를 위해 지어진 후 민간인을 위한 놀이공원으로 사용됐던 구조물이죠. 대부분 그 탑들은 베닝 기지에 남아 있습니다. 대수롭지 않게 여길 수도 있지만 실제 겪어보면 꽤 으스스한 도전입니다.

이 모든 훈련은 첫 번째 점프가 약속된 아침으로 이어집니다. 우리는 제로다크서티(zero-dark-thirty, 동트기 전의 매우 이른 새벽을 의미하는 말로서 오사마 빈 라덴 체포 작전의 암호명으로도 쓰였다-옮긴이)에 깨어납니다. 몇 시간이 지나도 해가 떠오르지 않을 만큼 이른 새벽이죠. 우리는 재빨리 유니폼을 입고 헬멧을 써야 합니다. 보통 최소 35파운드를 넘어서는 무게죠. 그리고 막사에서 비행장에 있는 개인 사물함까지 달려가야 합니다.

이제 낙하산을 착용해야 합니다. 빠른 동작으로 마무리하지 못하면 검은 모자(우리는 교관을 이렇게 부릅니다)들이 "빠르게 착용한다! 동작 봐라!"라고 외치며 재촉합니다. 만약 서투른 동작으로 실수하면 검은 모자가 바짝 다가와 귀청이 얼얼할 정도로 소리를 지릅니다. 그들은 우리에게 언제나 냉정하고 침착하게 행동하라고 하는데, 이를 위한 훈련임을 알 수 있습니다. 그런 다음 자리에 앉아 몇 시간이고 항공기를 기다립니다. 항공기가 도착하더라도 자신의 차례를 기다려야 합니다. 이런 생각들이 머릿속을 스쳐 지나갑니다. 제발, 내가 놓친 건 없겠지? 눈을 감지 않고, 턱은 가슴에 붙이고, 무릎과 발은 모으고, 허리를 살짝 구부려 몸을 앞으로 기울이고, 그러면 낙하산이…… 지금도 온전히 떠오릅니다. 저절로 머릿속을 가득 채웁니다. 됐어, 정신 차려야 해. 정신만 차리면 돼!

마침내, 항공기에 오릅니다. 어둡고 작은 공간에 인원이 가득합니다. 열기가 후끈하죠. 긴장감이, 정말 강렬한 긴장감이 밀려옵니다. 20~30분 정도 날아오르면 갑자기 문이 열립니다. 기체 양쪽 옆면으로 난 좁고 작은 문입니다. 차가운 바람이 몰아치고 긴장감이 조금 더 치솟지만 그건 정말 이상한, 설명하기 힘든 긴장감입니다. 차가운 긴장감이라고나 할까요. 제가 가장 자주 사용하는 표현은 '의식이 끊긴다'입니다. 무슨 일을 하는지 잘 아는 상태이기 때문에 정말 의식이 끊기는 건 아니죠. 하지만 내 정신은 완전히 훈련 모드로 들어갑니다. 그리고 이렇게 자신에게 말하죠. 좋아, 나는 검은 모자들이 알려준 대로 정확하게 하고 있어.

나: 제게는 당신이 철저하게 훈련돼서 실수하지 않을 거라는 믿음이 있다는 뜻으로 들리네요.

쿠반: 맞습니다. 적절한 해석이네요. 훈련뿐만 아니라 교관에 대한 믿음도 포함되죠. 이렇게 되뇌는 겁니다. 좋아, 점프 마스터가 내 고착선(낙하산을 싼 주머니와 비행기를 연결하는 줄로서 비행기에서 뛰어내리면 낙하산이 자동으로 펼쳐진다—옮긴이)을 받아 들 거야. 저희는 민간에서 하는 낙하처럼 스스로 줄을 당겨 낙하산을 펼치지 않습니다. 그래서 우선 앞에 선 사람이 실수하지 않을 거라는 믿음을 가져야 합니다. 갑자기 넘어지거나 장비를 벗어 팽개

치거나 하면 사고가 나거든요. 그런 다음에는 문에 설치된 안전장치가 올바른 순간에 제 고착선을 당겨줄 거라고 믿어야 합니다. 그래야만 90도 회전한 후 문에서 뛰어내리는 데 집중할 수 있으니까요. '위로 6, 앞으로 36'은 우리가 항상 외치는 구호입니다. 6인치를 뛰어 36인치 바깥으로 떨어져야 합니다.

나: 그럼 복무 기간 중 어느 시점에 긴장감이 사라졌나요?

쿠반: 다섯 번째 점프까지는 모든 것이 무척 기계적으로 이뤄지지만 항상 긴장되지요. 오랜 세월이 지나 낙하 횟수가 100번을 넘어가고, 108번이 된 이후에도 항상 자신에게 묻습니다. '점프할 때 아직 긴장되니? 아직 두렵니?' 저는 두려움을 느낀 적은 한 번도 없습니다. 하지만 언제나 긴장감은 느끼죠. 제 생각에 일정 수준의 긴장감은 필요합니다. 저는 언제나 병사들에게 말합니다. "긴장감을 잃는 순간이 군대를 떠나야 할, 비행기에서 뛰어내리는 걸 멈춰야 할 때다." 군대에는 이런 구호가 있습니다. "경계를 멈추지 않아야 살아남는다." 목 뒤쪽에서, 마음 한구석에서 전해지는 저릿한 느낌이 항상 경계심을 잃지 않게 하죠. 경계심을 잃지 않고 지침을 정확히, 문자 그대로 따른다면 무사할 수 있습니다.

나: 당신을 이해할 수 있을 것 같군요. 입대하기 전에, 그러니까 공수부대의 특전요원이 되기 전인 민간인 시절에는 스트레스에 어떻게 대처했나요?

쿠반: 글쎄요, 스트레스라……. 제 말은, 그러니까 그때는 고등학

생, 중학생, 초등학생 시절이었죠. 다른 사람들과 다를 바 없었습니다. 때로는 운동으로 풀었고, 때로는 울었죠. 겁을 집어먹고 완전히 움츠러들 때도 있었습니다. 성장기 누구나 그렇듯이 긴장과 무서움을 느꼈고 또 같은 방식으로 반응했습니다. 무슨 말이냐면, 진짜 걱정과 그렇지 않은 걱정의 차이를 알기는 했죠. 그러니까 음, 알다시피, '이건 좀 걱정되긴 하지만 뭐 그러면서 살아가는 거니까'라고 생각하는 것들 말이죠.

나: 당신의 대처 방식은 다른 사람들과 크게 다르지는 않은 것 같군요. 공수부대에서 복무한 이후에는 어떤가요?

쿠반: 만약 지상 수천 피트 상공에 떠 있는 안전한 비행기에서 뛰어내릴 수 있다면, 그것도 군대에 갓 입대해서 16주의 훈련만을 마친, 낙하산 전문가가 아니라 동료 훈련병이 꾸려놓은 배낭을 메고서도, 눈을 크게 뜨고 턱을 가슴에 붙인 채 몰아치는 바람 속으로 뛰어내릴 수 있다면, 그 어떤 일에도 침착하게 대처할 수 있습니다.

나: 멋진 말입니다. 제가 강연장에서 자주 쓰는 표현이네요. 비행기에서 뛰어내릴 수 있다면 교통체증은 문제도 아니죠.

쿠반: 농담이죠? 교통체증이라뇨. 그게 무슨 어려움입니까?

나: 제대 후 일상에서는 무슨 일이 힘든가요? 어떤 생각을 하고 삶에 어떤 영향을 받나요?

쿠반: 당신을 괴롭히는 일들과 같겠죠. 다른 누구나와 마찬가지

문제로 어려움을 겪습니다. 하지만 다른 사람들보다는 아무래도 '그거 알아? 더 심할 수도 있었어. 어쨌든 살아 있잖아'라고 말하면서 뒤로 물러날 줄 안다고 생각합니다. 다시 말해 만약 내가 그 모든 것으로부터 뛰어내릴 수 있다면, 거센 바람 속에 무릎을 꼭 붙이고 떨어져 내릴 수 있다면 정말 못 견딜 어려움이 뭐가 있겠습니까? 무엇을 걱정해야 합니까?

나: 마지막 질문입니다. 저와 마찬가지로 어린 딸이 있죠? 군대 생활과 딸을 키우는 것 중 어느 쪽이 더 힘든가요?

쿠반: 하하! 딸이라고 말해야겠네요. 군대에서는 대개 10명에서 40명의 책임져야 하는 '아이들'이 있었죠. 그들의 건강, 생활 그리고 낙하 훈련을 책임져야 했습니다. 전쟁터에서 임무를 수행하고 돌아올 수 있도록 말이죠. 하지만 로즈를 키우는 건 말이죠. 작은 소녀 한 명이 내 인생 전체를 빼앗아 갔습니다! 이 연약한(하지만 사나운) 작은 소녀가 제게 온 이후부터는 항상 생각하죠. 아이가 안전한가? 내 딸을 위해 내가 할 수 있는 일을 다 하고 있나? 올바로 하고 있나?

나: 그렇군요. 그럼 저 역시 미국의 진정한 영웅이 맞는군요! 오늘 감사했습니다, 쿠반.

5장
우리가 내리는 선택들

내가 회복탄력성이 높은 편이란 이야기를 많이 하긴 했지만 그렇다고 슈퍼맨은 아니다. 나 역시 스트레스에 허덕일 때가 있다. 대개는 곰을 마주친 것과 같은 상황에서만 걱정한다. 예를 들어 몬트리올 콘도 부엌 바닥이 썩어들어가는 때라든가 말이다. 하지만 사소하고 바보 같은 일에 어쩔 수 없이 얽혀들 때도 있다. 모두 알다시피 내가 드는 대표적인 사소한 일이 교통체증이다. 대개 나는 교통체증으로 열을 내지는 않는다. 교통체증은 내게 그저 차가 서서히 움직이는 현상일 뿐이다. 오히려 차는 천천히 움직일수록 더 안전하다! 시속 10킬로미터로 간선도로를 달리면서 무슨 사고 걱정을 하겠는가? 얼마나 피해를 보겠는가? 크게 걱정할 만한 일은 일어나지 않을 것이다. 그래도 나는 항상 내비게이션을 통해 막히는 길은 피해 가려 노력한다.

우습지만 최근에 나는 교통체증으로 엄청난 스트레스를 받은 적이 있다. 그 일을 털어놓겠다. 어디서 겪은 일인지는 기억나지 않는데 분명 콜로라도는 아닐 것이다. 내겐 익숙한 곳이라 어지간해서는 그렇게 스트레스를 받지는 않았을 테니 말이다. 나는 어느 곳인가의 호텔에서 강연하는 중이었다. 대개 내 강연회는 호텔 콘퍼런스 센터에서 열리는데 그런 경우 나는 그 호텔에 숙박한다. 아침에 강연회에 늦을 염려가 없기 때문이다. 강연회 날 아침은 이렇게 흘러간다. 침대에서 나온 뒤 옷을 차려입고 아래층으로 내려가는 엘리베이터를 탄다. 그런데 이번에는 내 에이전트가 강연회가 열리는 호텔 방 예약이 모두 매진됐다는 소식을 알려왔다. 뭐 별일은 아니었다. 가까운 호텔을 찾아 숙박하고 좀 걸어가면 될 일이었다. 그런데 에이전트는 8마일이나 떨어진 곳의 호텔을 겨우 예약할 수 있었다. 아마도 부근에서 커다란 이벤트가 열리는 모양이었다(내 강연회보다 더 큰 이벤트라니!). 여전히 별 큰일은 아니었다. 내가 할리우드 스타도 아니고 운전을 꺼리지도 않으니까.

문제는 호텔에 도착했을 때였다. 호텔 직원이 내게 이번 이벤트 때문에 왔냐며 인사를 건넸다. 나는 습관적으로 내 강연회를 말하는 줄 알고 고개를 끄덕였다. 그 순간 내 머릿속은 당연히 다음 날 아침에 일어나 엘리베이터를 타고 내려와서 강연회장에 가면 된다고 인식했다. 아무런 걱정 없이 잠자리에 들었고 모든 것이 일상처럼 흘러갔다. 깨어났을 때 천천히 시간을 들여 준비한 후 엘리베이터를 타고 아래층으로 내려갔다. 로비에서 마주친 이에게 강연회장이 어디냐고 물었다. 그 호텔에는 그런 장소가 없었다. 그런 일이 처음은 아니어서 나는 재빨리 현실을 깨달았다. 이번 아침이 다른 것은 어제 체크인을 하면서 내 강연회장이 있는 호텔에 머문다고 너무나 당연히 여긴 나머지 재차 확인하지 않았다는 사실이다. 나는 다른 호텔의 로비에 서 있었고 어디로 가야 하는지조차 몰랐다.

내 에이전트는 시간대가 다른 지역에 있었기 때문에 곧바로 연락이 닿지 않았다. 근처 컴퓨터에서 온라인으로 강연회 안내서를 찾아 주소를 확인해야 했다. 8마일 정도 떨어진 장소였고 내비게이션에는 15분이 걸린다고 나왔다. 강연회 시작까지는 30분이 남았고 체크아웃을 한 후 제시간에 도착하려면 시간이 많지는 않았다. 여유는 없었지만 그렇다고 뭐 문제가 될 건 없었다. 촉박하지만 제시간에 도착할 수 있기 때문이었다.

나는 짐을 챙긴 후 차에 올라타 시동을 걸었다. 얼마 가지 않아 나는 간선도로에 들어섰고 끝없이 늘어서서 기어가는 차량의 대열을 발견했다. 내 내비게이션에 나타나는 도착 시간의 숫자가 자꾸 바뀌더니 25분으로 늘어났다. 이제 제시간에 도착하지 못할 것이 분명해 보였고 스트레스가 밀려오기 시작했다. 심박수가 증가하고 숨이 가빠지면서 온갖 걱정이 머릿속을 휘감았다. 나는 대략

200명의 소중한 청중을 기다리게 할 것이고 그들은 나에 대해 수군거리기 시작할 것이다. 내가 어떤 사람으로 인식될지 걱정됐다. 그런데 우습게도 나는 그들에게 스트레스 관리에 관해 강연할 예정이고 불필요한 걱정의 한 사례로 교통체증을 들 생각이었다. 그렇다! 전문가인 나 역시 시험에 든다.

어쨌든 스트레스가 엄습해 오는 것을 깨닫고 나는 대뇌피질을 통한 합리적 사고에 집중했다. 그런 상황은 내가 제안했던 대로였다. 밀려오는 걱정의 흐름을 끊고 내가 지금 어떻게 할 수 있는 방법이 없다는 사실을 스스로에게 상기시켰다. 내가 교통체증을 해결할 수는 없잖아. 사람들은 때때로 시간을 맞추지 못해. 누구에게나 일어날 수 있는 일이야. 세상에 종말이 닥쳐온 건 아니야. 갑자기 감정이 가라앉기 시작했다. 결과적으로 나는 강연회에 10분가량 늦었다. 그 10분이 스트레스를 받아들여 내 면역시스템을 무너뜨리고 신체적 악영향을 미칠 정도로 큰일인가? 물론 그렇지 않다. 다섯 시간이 늦었더라도 스트레스로 인한 고통을 받아들일 아무런 가치가 없다. 모든 사람이 약속 시각에 늦을 때가 있다. 피치 못할 사정으로 약속을 취소하는 일은 늘 일어난다. 그저 운이 없을 뿐이고 불편할 뿐이다. 하지만 분명한 사실은 곰을 맞닥뜨린 건 아니다.

운동하기 위해 현관 나서기

글을 쓰다 보면 마구 아이디어가 샘솟고 관련된 내용으로 흥미진진하게 페이지가 연결되는 날이 있다. 그리고 또 때로는……, 글쎄, 억지로 펜을 들기조차 힘겨울 때도 있다. 육체적 노동은 아니더라도 글쓰기는 사람을 막다른 궁지에 몰아넣기도 한다. 특히 마감이 코앞에 닥쳤을 때 받는 스트레스는 관리하기가 쉽지는 않다. 어느 일요일 저녁, 책상 앞에 앉았을 때 내게 그런 순간이 닥쳐왔다. 어떤 내용을 써야 할지는 머릿속에 계속해서 맴돌았지만 구체적으로 글로 잘 써지지 않았다.

기분전환이라도 하려고 나는 노트북을 한쪽으로 치우고 사라에게 알리사를 데리고 드라이브를 하자고 제안했다. 콜로라도의 이른 11월이었지만 지난 몇 주간 날씨는 쾌적한 기온을 유지해서 종종 근처 동물원이나 공원으로 나들이를 나가곤 했다(곰을 맞닥뜨리진 않았다!). 세상 속으로 나서는 건 하나의 유용한 기술이다. 집을 나서자마자 새로운 단원을 어떻게 시작해야 할지 떠오르기 시작했다. 원래 풀어나가려 했던 실마리보다 훨씬 나은 것처럼 느껴졌다. 앉은 자리에서 계속 스트레스를 받으며 씨름하는 것보다는 더 나은 선택을 한 것이다.

내 생각이 어떻게 흘러갔는지를 보여주려는 것이 아니다. 앞서 설명했지만 지금쯤은 희미해졌을지도 모를 스트레스 관리 방법의 좋은 예가 될 것 같아 이야기하는 것이다. 지금 느껴지는 감정이 마음에 들지 않는다면 생각을 바꿔라. 아마 내가 알려주려는 최고의 비법 중 하나일 것이다. 그래서 이야기를 좀 더 해보겠다. 생각을 바꾸려 할 때 스트레스를 받거나 좌절하기도 한다. 대뇌피질을 활성화해서 다른 감정을 촉발하려면 환경이나 행동을 바꿔보는 것이 정확한 처방일 때가 많다.

앞에서 나는 자신이 통제할 수 있다고 느끼는 것이 삶에서 스트레스의 충격을 줄이고 침착한 자세를 유지하는 핵심이라고 했다. 이를 아직 받아들이지 못했다면 아마도 여기까지 너무 대충 훑어봐서일 수도 있다. 자신이 학창시절 역사 같은 과목에서 왜 D학점을 받았는지 생각해보라. 나 역시 모범생은 아니었기에 그 기분은 충분히 이해할 수 있다. 좋다. 다시 요약해보겠다. 회복탄력적으로 되는 것은 자신의 대뇌피질이 올바른 활동을 해서 측좌핵이 세상의 모든 것을 잠재적 위협으로 인식하고 반응하지 않게 한다는 의미다. 달리 표현하자면 회복탄력적으로 되기 위해서는 머릿속에서 올바른 사고 활동이 이루어져야 한다는 것을 뜻한다. 그리고 그런 사고는 어떤 상황을 맞닥뜨리든 자신이 얼마나 잘 통제할 수 있다고 느끼는가에 달려 있다. 아마 "긍정적 사고의 힘"이나 소위 동기부여 작가들이 쏟아내는 비슷한 문구를 들어본 적이 있을 것이다. 그 속에는 진리의 핵심이 분명 들어 있다.[1]

그런 긍정적 사고 대신 덮어놓고 걱정부터 하는 사람들도 많다. 벌컥 화부터 내면서 부정적 결과에만 집중한다. 그런 사람들은 자신이 얼마나 부정적인지조차 깨닫지 못한다. 한 가지 사례를 소개하겠다. 지금은 11월인데 내 페이스북 담벼락에는 크리스마스 장식이나 음악이 너무 일찍 나타났다고 불평하는 사람이 적어도 아홉 명 이상 보인다. 이유가 뭘까? 추수감사절이 더 앞선 휴일이라서 그럴까? 그래서 핼러윈 이후에는 칠면조 등을 의무적으로 몇 주간 걸어놓기라도 해야 하는 걸까? 지금은 서머타임이 실시됐기 때문에 퇴근할 무렵이면 어둑어둑해져서 크리스마스 조명과 장식이 사람들을 기쁘게 한다. 매년 듣는 불평이지만 정말 불필요한 부정적 반응일 뿐이다. 아마도 분명히 몇 달이 지나면 같은 사람들이 조명과 장식이 아직도 달려 있다고 불평할 것이다.

모든 이가 자신이 더 회복탄력적이기를 바랄 것이다. 스트레스를 잘 관리한다면 삶은 훨씬 나아질 것이기 때문이다.

희망적인 소식은 많은 사람이 생각 패턴과 스트레스 반응, 충동적 행동뿐 아니라 심지어 걱정하는 습관까지도 실제로 극복해낸다는 사실이다. 앞서도 말했듯이 우리 뇌는 새로운 것을 배울 수 있는 능력인 신경가소성이라는 특징을 지닌다. 문제는 이것이 쉽지 않다는 사실이다. 노력이 필요하다. 어떤 경우에는 정말 큰 결심과 지치지 않는 노력이 필요하다. 만약 영구적인 행동 개선이 그렇게 쉽다면 당뇨나 고혈압, 발기 부전, 그리고 다른 스트레스 관련 질환에 고통을 겪는 사람이 훨씬 줄어들 것이다. 우울증이나 공황 장애로 힘들어하는 사람들을 흔하게 볼 수도 없을 것이다. 보복운전은 사회 문제가 되지 않을 것이며 이 책을 위한 중요 사례로 써먹을 수도 없을 것이다. 만약 행동 변화가 쉽다면 지금 이런 글도 인기가 없을 것이고 나는 분명 다른 소재로 책을 쓰고 있을 것이다.

변화가 그렇게 어려운 이유 중 하나는 우리가 살아가는 동안 보상과 만족감을 주는 또는 편한 행동을 선택하도록 훈련받기 때문이다. 우리 뇌는 그런 행동에 익숙하다. 내가 사무실에서 근무할 때 대략 5시에서 6시 사이에 퇴근했다. 집에 도착하면 뇌는 여러 가지 행동 패턴 중 하나를 선택해야 하는 순간에 직면한다. 옷을 갈아입고 길 건너편의 체육관으로 향할 수도 있고(이성적인 내 뇌가 원하는 행위), 마을 주변을 한 바퀴 뛸 수도 있고(다른 선택 가능한 행위), 스페인어 레슨 영상을 듣거나 새로운 것을 배울 수도 있고(또 다른 선택 가능 행위), 소파에 널브러져 몇 시간 동안 TV 화면만 쳐다볼 수도 있다. 내 뇌가 주로 어떤 행동을 선택했을지 맞혀보라. 체육관이라고 답했다면 고맙기는 하지만 솔직히 거의 매번 그 전쟁에서 승리한 쪽은 소파였다. 전쟁이라기보다는 학살에 가깝다. 체육관은 한 번도 선택받은 적이 없다. 변명하자면 내 전두엽 피질은 언제나 침묵했고 내 뇌는 자동으로, 또 습관적으로 작동했다. 일단 선택이 내려진 뒤 나는 이성적으로 자신에게 되뇌었다.

체육관에 가기 전에 잠깐만 쉬는 거야. 하지만 저 깊은 곳에서 나는 알고 있었다. 그런 일은 일어나지 않으리라는 것을. 소파에서 뒹구는 것은 가장 편한 선택이다. 그리고 TV를 보면서 재미를 느낀다면 최고의 보상 또한 주어진다. 비교하자면 체육관에 가기 위해서는 추가적인 노력이 필요하고 아마도 몸은 힘들어질 것이다.

많은 사람이 나처럼 매일의 전투에서 패배하고 있을 것이다. 아, 당신은 아니라고? 맞다. 이 책을 읽지 않는 모든 사람은 비만이라는 전염병에 허덕일 것이다. 내 독자들은 모두 건강 마니아들이고 내 초콜릿 쿠키 이야기에 공감하지 않는다고 해서 놀랄 일도 아니다. 운동은 어렵지 않지만 소파에 엉덩이를 붙이고 있는 일이 더 고역일 것이다. 세상에는 살아가면서 규칙적인 운동을 오랜 기간 반복해서 뇌가 그 행위에 익숙해진 사람들도 있다. 그리고 그 행위는 다시 습관으로 형성돼 계속해서 이어진다. 불행히도 이런 사람은 소수에 불과하다. 지금까지 내가 든 사례들이 잘 이해되지 않는다면 자신이 이 소수 집단에 포함돼 있다고 생각하면 된다.

살다 보면 운동을 많이 해서 더 건강해지고 싶다는 동기부여로 충만한 시기도 있다. 내 뇌의 선택에 저항해서 몸을 일으켜 체육관으로 향한다. 날마다 힘을 내 운동한다. 그때를 떠올리면 하루하루가 지나갈수록 체육관으로 향하는 일이 전날보다는 조금씩은 쉬웠다. 하지만 여전히 달콤한 소파의 유혹을 떨쳐내는 데는 상당한 노력이 필요했다. 그리고 매번 규칙적으로 운동했던 기간은 어느샌가 끝나고 다시 오래된 습관으로 돌아왔다. 많은 사람이 자신도 그렇다고 공감하리라 생각한다.

변화는 어렵다. 하지만 불가능하지는 않다. 나보다 다섯 살 어린 동생 존은 나와 상당히 비슷한 습성을 보이며 자랐다. 우리 둘 다 스포츠와 같은 육체적 활동을 좋아하지 않았다. 더 확실하게 말하자면 우리는 게을렀다. 정말 게을렀다. 심지어 소파에 누운 채 출 수 있는 춤을 개발해낼 정도였다. 누워서 춤을 추다니, 지금 생각해도 우리는 정말 말도 못 할 정도로 게으른 형제였다.

그런 나무늘보에 가까운 성향을 고려하면 20년쯤 전부터 존이 규칙적인 운동을 시작한 후 지금까지도 멈추지 않고 있다는 사실은 대단히 놀랍다. 오랜 기간 동생의 그런 모습을 지켜본 까닭에 이제는 그의 성향이 바뀌었다고 실제 생각할 정도다. 그는 운동할 시간이 부족하면 불안한 표정을 짓는다. 크로스핏에서 배구로, 암벽 등반에서 크라브마가로 종목을 바꿔가면서 그는 지난 20년 내내 운동을 놓지 않았다. 퇴근하고 집에 돌아온 후에 그의 뇌는 배구장이나 체육관으로 갈 생각에 흥분하는 것이 분명했다. 그의 게으른 성향은 여전히 깊숙한 어느 곳에 숨어 뛰쳐나오려 기회를 노리고 있겠지만 어떤 목적에서든지 그는 행동을 바꾸는 데 성공했다.

게으른 성향이 특별히 스트레스 반응과 관련이 있는 건 아니지만 유사점은 있다. 자신이 특정한 행동 패턴을 평생 반복했다고 상상해보자. 어떤 일에서든지 성마르게 화를 내거나 비관하고, 걱정해왔다면 자신의 뇌가 그런 행동이 더 만족스럽거나 보답이 주어지고, 또는 더 쉽다고 여긴다는 의미이다. 위협을 받거나 통제 불능으로 느껴질 때마다 분노를 폭발한다. 길게 늘어선 차량으로 꽉 막힌 도로 위에서 운전대를 잡고 있을 때면 주변 운전자의 사소한 행위에도 자동으로 경적을 울려대며 욕설을 내뱉는다. 만약 그런 행동을 바꾸려고 결심했다면 노력이 필요하다. 무언가 자신의 분노를 건드리는 상황이 발생하면 의식적으로 다르게 반응할 수 있다고 생각해야 한다. 심호흡하거나 숫자를 세면서 흥분을 가라앉힐 수도 있고 라디오를 켜는 등 다른 생각을 하게 하는 어떤 행위든지 도움이 된다. 자신이 그런 반응을 보이는 원인은 다양한 곳에 있을 수 있다. 평생의 경험 끝에 그런 행동을 하게 된 것일 수도 있고 한 번의 특정 사건으로 촉발됐을 수도 있다. 사실 왜 그런 반응을 보이는지는 중요하지 않다. 단지 적극적으로 다른 반응을 선택하려 노력하면 된다. 같은 논리로 내 엉덩이가 왜 소파를 사랑하는지는 중요하지 않다. 단지 길을 가로질러 체육관으로 걸어가는 것이 중요할 뿐이다.

간단하게 들릴 수도 있지만 힘든 일이다. 더구나 날마다 계속해서 생각의 방향을 바꿔야 한다는 것을 기억하는 것도 힘든 일이다. 많은 사람이 그런 식으로 변화하려고 시도하지만 대부분 과거의 반응 패턴으로 다시 빠져든다. 하지만 게으른 존이 운동을 좋아하도록 자신의 뇌를 훈련했다면 우리도 교통체증에 화를 내지 않도록 뇌를 가르칠 수 있을 것이다.

체육관 사례를 좀 더 이야기해보자. 자신이 평생 운동을 계속해온 사람이라면 공감하지 못할 수도 있지만 아마 대부분의 내 독자는 체육관을 그리 좋아하지는 않을 것이다. 운동의 한 측면은 노동과 유사하다. 격렬한 신체 활동이고, 하지 않는 기간이 길어질수록 더 마음먹기가 어려워진다. 하지만 희한하게도 어린 시절에는 의식적 노력 없이도 이런저런 신체적 활동을 많이 하는데, 우리는 이를 '놀이'라고 불렀다. 누군가는 이런 행동 패턴이 십대로 이어가고 성인이 된 뒤에도 스포츠를 즐긴다. 하지만 그렇지 않은 사람들은, 아마도 대부분 우리는 육체적이지 않은 행위에서 더 많은 재미와 보답을 찾아낸다(만화책 읽기는 최소한 유산소 운동은 된다). 성인이 되어가면서 너무나 많은 사람이 직장과 차 안에서 하루의 3분의 1을 앉아 있다가 집에 돌아와 쉬기 위해 다시 소파에 앉는다. 우리 몸은 신체 활동 부족에 적응해가면서 근육은 위축되고 힘을 잃는다. 영화 <록키>의 주인공을 지켜보면서 대리만족을 얻는 데 그친다. 이런 상태로 세월을 보내는 것을 보면 우리 뇌가 아무것도 하지 않는 것을 훨씬 더 만족스러워하고, 쉬운 선택으로 생각하는 것이 그리 놀랄 일도 아니다. 마침내 삶을 바꾸기로 결정하고, 가장 멋져 보이는 스판덱스를 찾아 입고, 근처의 체육관을 찾았다고 하더라도 힘들기만 하고 상상했던 만큼 당장의 보람은 없을 수 있다. 하지만 만약 우리가 어떻게든 다음 날 체육관을 찾아가는 데 성공했다면 운동은 좀 덜 지겨워질 수도 있다. 계속해서 자신을 강제하는 데 성공함에 따라 운동은 점점 더 쉬워지고 심지어 즐거울 수도 있다. 사실 모두 이렇다는 걸 알고는 있지만, 그런데도 우리는 계속 소파에 앉아 있다. 회복탄력적이 되는 것도 같은 종류의 지속적 노력이 필요하다. 만약 지금까지 스트레스 관리 기술을 개발하지 않고 어떻게든 살아왔다면, 새롭게 행동 패턴에 변화를 주기로 결심했다고 하더라도 무척 어렵고 어색한 시도라는 것을 깨닫게 될 것이다. 하지만 시간이 지남에 따라 편안해진다는 사실도 함께 알게 될 것이다.

　뇌는 근육이 아니다. 반복해서 사용한다고 더 커지는 것이 아니다. 얼마나 열심히 노력했는지와 상관없이, 많은 정신적 활동을 한다고 해서 뇌의 한 부분이 두개골 밖으로 튀어나오지는 않는다.[2] 반면에 근육은 사용할수록 거대해진다. 뇌는 부피가 커지지는 않지만 앞에서도 말했듯이 반복해서 사용함으로써 자신을 수정하고 다시 정렬할 수 있다. 일부 영역은 세포들이 새롭게 연결되면서 더 복잡해지는 반면 자주 사용하지 않는 영역은 반대급부로 줄어든다. 사라의 뇌는 최근에 피아노 연주법을 배웠다. MRI 기계를 들고 여행을 다니지는 않지만 피아노 연주와 관련된 그녀의 뇌 일부분이 '부존재'에서 '조금 더 복잡하게' 자라나는 모습을 상상할 수 있다. 뇌의 모든 활동은 이런 방식으로 이루어진다. 어떤 행동을 반복하면서 연습이 이루어지고 뇌의 관련된 부분이 발달한다. 마찬가지로 회복탄력적인 사고를 더 많이 반복할수록 우리 대뇌피질의 좌측면은 발달한다.

그렇다면 어떻게 해야 할까? 길 건너편 체육관에 익숙해지는 방법들을 그저 나열하는 것은 무척 쉬운 일이다. 하지만 이제는 실천해야 할 때다. 지금까지 이야기했던 방법들은 반복할 만한 가치가 있다. 모두가 전전두엽 피질을 운동시키는 데 도움이 되기 때문이다.

· 스트레스를 주는 상황이 실제 위협이고 무언가 자신이 대응할 수 있는 여지가 있는지 평가하는 법을 배워라.
· 걱정이나 부정적 생각에서 뇌를 다른 방향으로 전환하는 법을 배워라. 단순히 생각만 바꿔서는 효과가 없다면 환경이나 행동을 바꿔보라.
· 원하는 행동을 반복적으로 연습하라.

6장
크푸질에서의 3일

―

모든 스트레스는 우리가 통제할 수 없는 상황을 만났다고 인식했을 때 생겨난다. 곰의 습격, 교통체증, 예상치 못했던 주택 수선, 마트에서 길을 막는 사람들, 비행기에서 뛰어내리기, 갑자기 끼어드는 차량, 중요한 약속 시각을 지키지 못하는 상황 등은 우리가 통제할 수도 하지 못할 수도 있다. 하지만 통제할 수 있는 것처럼 느낄 수도 있다. 하이킹을 나서기 전에 곰 출몰 지역인지 살펴볼 수 있고, 믿을 만한 부동산 중개인에게 연락할 수 있고, 3주간의 낙하 훈련을 받을 수도 있다. 달리 말하자면 언젠가 맞닥뜨릴지도 모를 상황을 위해 미리 필요한 준비를 할 수 있다.

하지만 앞으로 마주칠지도 모를 모든 어려운 상황을 예상하는 것은 불가능하다. 그런 맥락에서 우리에게는 문제해결 능력이 필요하다. 전전두엽 피질은 문제를 해결하기 위해 사용하는 뇌의 영역이다. 회복탄력성을 제공하는 기능을 한다. 뇌의 관점에서 스트레스를 생각하는 다른 방법은 그것을 해결해야 할 문제로 보는 것이다. 위협적인 문제들이다. 그럼에도 물론 해답이 있는 문제들이다. 만약 잘 개발된 문제해결 기술이 있다면 우리는 결과에 영향을 미칠 수 있는 자신감으로 스트레스를 주는 상황에 대처할 수 있게 된다. 달리 말하면, 어느 정도 수준의 통제 능력이 있다는 느낌으로 대응할 것이다.

나는 이 책에서 내 동생 이야기를 몇 번 했다. 그는 내가 어린 시절에 "스트레스에 크게 영향을 받지 않았다"는 친절한 말을 해줬다. 물론 내가 스트레스에 힘들었던 몇 가지 사례를 이야기했듯이 그의 말은 어느 정도 과장이 섞여 있긴 하다. 나는 스트레스에 대한 내성이 평균보다는 높은 것 같다. 그런데 동생도 마찬가지다. 우리는 부모가 같고(엄마가 그렇게 말씀하시니까) 유전자의 50퍼센트를 공유한다. 같은 환경에서 함께 자랐기 때문에 우리에게는 당연히 비슷한 점이 있을 것이다. 나처럼 존은 매우 회복탄력적이고 문제해결에 능숙하다.

대학을 졸업한 뒤 존은 북캘리포니아에 위치한 회사의 모험 여행 가이드라는 멋진 직업을 구했다.[1] 그는 주로 유럽 관광객이 가득 탄 15인승 승합차를 운전해 미국 전역을 다녔는데 당시는 인터넷은 물론 휴대전화와 GPS가 대중화되기 전이었다. 스마트폰으로 여행 계획을 짜고, 도시를 탐색하고, 업무를 처리하는 지금 되돌아보면 20년 전 우리가 어떻게 그런 여행을 해냈는지 놀랍기만 하다. 존이 가이드 일을 너무 잘해서 회사는 그에게 국경 남쪽의 멕시코 여행을 맡겼다(존은 텍사스에 사는 스페인 사람 한 명을 고용해 일을 돕게 했다). 일단 관광객과 함께 국경을 넘으면 캘리포니아 본사와는 업무상 연락이 단절되기 때문에, 힘든 여행 코스를 성공적으로 가이드한 직원에게만 그런 임무를 맡겼다. 내 동생이 얼마나 많은 여행을 성공적으로 이끌었는지 알 수 있다. 그리고 각 여행과 관련된 흥미로운 이야기들이 많다. 특히 인상적인 사연이 있어서 그에게 책으로 써보라고 권유하기도 했다.[2] 동생은 이 책에 자신의 이야기를 공유해도 괜찮다고 허락했다.

하루는 팔렌케에서 툴룸까지 승합차를 몰고 가는 중이었다. 보통 열 시간 정도 가야 하는 거리였는데 도중에 그만 밴이 고장나고 말았다. 과테말라와의 국경 어딘가였는데 차에는 관광객이 가득했다. 승합차는 아무런 예고도 없이 시동이 꺼져버렸다. 다시 시동을 걸어보려고 애썼지만 차는 아무런 반응을 하지 않았다. 엔진을 살펴봤지만 특별한 문제가 있어 보이지는 않았다. 뭐가 잘못됐는지 모르겠지만 내가 고칠 수 있는 고장은 아니었다. 우리는 남부 멕시코 정글 한가운데에 나 있는 좁은 도롯가에 있었다. 한동안 기다렸지만 도로에는 차가 나타나지 않았고 근처에 마을이

보이지도 않았다. 이곳까지 오면서도 몇 마일 동안 아무런 문명의 흔적을 보지 못했다.

당연히 관광객들은 걱정하기 시작했다. 나는 자신 있는 태도를 보여줘야 했다. 긴 시간 기다려야 할 경우를 대비해서 지붕에 실린 음식과 물을 모두 가지고 내려왔다. 나는 그들에게 크게 걱정할 일은 아니며 빠르게 조치할 것이라고 말해줬다. 그리고 우리 여행 제목이 "모험 관광" 아니냐며 가볍게 한마디 덧붙였다.

15분쯤 지나자 픽업트럭 한 대가 나타났다. 우리 목적지로 가는 방향이었다. 나는 길 한복판에 서서 손을 흔들어 차를 세웠다. 나는 그들에게 가장 가까운 마을까지 거리가 얼마나 되는지, 또 어떤 시설이 있는지를 물었다. 가장 가까운 마을인 크푸질이 30분 거리에 있었다. 호텔이나 주유소도 없고 여행자를 위한 다른 편의 시설도 없다고 했다. 크푸질 다음으로 가까운 마을은 체투말이었다. 벨리스 국경을 따라 세 시간을 더 가야 했다. 체투말에는 주유소 하나와 몇 곳의 호텔이 있다고 했다.

나는 픽업트럭 짐칸을 얻어 타고 크푸질로 향했다. 관광객들에게는 음식을 먹으면서 차에서 기다리면 곧 돌아오겠다고 말했다. 그곳은 먼지투성이의 작은 마을이었는데 한가운데 내려서 주위를 둘러보니 전체 주민이 500명이 채 안 될 것 같았다. 작은 식당이 있었는데 양옆으로는 식료품 가게가 보였다. 도로 양쪽으로 전면부가 트인 콘크리트 건물이 늘어섰고 갓길에는 택시가 몇 대

주차돼 있었다.

자동차 수리공을 찾아 30분가량 떨어진 길가에 서 있는 승합차를 봐달라고 말하자 마을 사람들이 신기한 듯 바라봤다. 나는 수리공을 택시 한 대에 태우고 13명의 관광객을 위해 미니밴 택시 두 대를 더 빌렸다. 승합차로 돌아가 후드 아래를 살펴본 수리공은 "에스타 칭가다Esta chingada(*됐다)"라고 소리쳤다. 차를 고치려면 정비소로 견인해 고쳐야 하니 3일이 걸린다고 말했다.

3일이라니! 나는 왜 그렇게 긴 시간이 필요한지 물었다. 그들은 중요한 디스크가 고장 나서 부품을 구하려면 체투말까지 가서 찾아봐야 한다고 말했다. 설치 작업도 한나절이 걸린다고 말했다.

승합차에서 관광객들의 소지품을 모두 꺼내 미니밴 택시에 싣고 다 함께 크푸질로 향했다. 식당 앞에 내린 뒤 어떻게 계획을 잡을지 찾아보는 동안 좀 기다리라고 말했다. 스페인어를 한마디도 못 하는 13명의 관광객과 무엇을 할 수 있을까 생각했다. 원래 목적지는 멕시코 해변 도시 칸쿤이었기 때문에 관광객들이 그곳에서 승합차를 고칠 때까지 기다리는 것이 가장 좋은 방안이었다. 칸쿤에서는 영어를 사용할 수 있고 오락거리도 많았다. 또한 무척 아름다운 도시였다. 나는 버스터미널로 가서 칸쿤으로 가는 다음 버스가 언제 있는지 물었다.

"내일이요." 어린 소녀가 내게 말했다.

이 사람들이 크푸질에서 하룻밤을 묵을 방도가 없었다. 호텔도 없었고 진흙 길 옆에 텐트를 쳐야만 했다. 나는 택시 정류장으로 가서 칸쿤까지의 운임이 얼마인지를 물었다. 미니밴 석 대로 12시간을 이동해야 했다. 흥정을 해봤지만, 그들은 내가 절박한 처지임을 알고 무려 400달러를 요구했다. 가장 가까운 현금 인출기는 체투말에 있어서 관광객들에게 돈을 빌려야만 했다. 나는 관광객들에게 호텔 이름과 객실 번호를 알려줬고 도착한 뒤에 전화를 걸어 다른 문제가 없는지 확인하겠다고 말했다. 택시 기사들에게도 필요한 정보를 종이에 적어줬다. 그들은 빌린 400달러를 받고 칸쿤으로 향했다.

그다음으로 나는 수리공과 고장 난 15인승 승합차를 정비소로 운반할 방법을 마련해야 했다. 우리는 짧은 쇠사슬을 가지고 미니밴 두 대를 타고 돌아갔다. 승합차와 미니밴을 쇠사슬로 연결해 돌아오는데 무게 때문에 한 시간이나 걸렸다. 우리가 돌아왔을 때는 이미 날이 저물었지만 시간이 촉박한 내 사정을 이해한 수리공은 이내 승합차를 분해하기 시작했다. 나는 달리 할 일이 없어서 그들이 일하는 모습을 그저 지켜볼 수밖에 없었다. 나는 식당으로 가서 저녁식사를 했다. 사실 나머지 3일 내내 그곳에서 모든 식사를 해야만 했다. 다행히도 그 식당에는 텔레비전이 있어서 우스꽝스러운 멕시코 프로그램을 보면서 많은 시간을 보낼 수 있었다. 호텔이 없었기 때문에 수리공이 일을 멈춘 뒤 승합차 안에 자리를 깔고 누워야 했다. 그들에게 다음 일을 물었더니 부품을 구하기 위해 체투말에 가야 한다고 말했다.

다음 날 수리공들이 내는 소리에 잠에서 깼다. 그들은 차 전체를 분해하기 시작했다. 그들은 정비소 앞 길가에 있는 몇 개의 흙으로 된 화덕 위에 차를 올려놨다. 일하는 겉모습이 어설퍼 보이긴 했지만 멕시코에서 겪은 다른 경험과 이 사람들이 내게 설명한 내용을 고려하면 수리공들은 차를 고치기 위해 뭘 해야 하는지를 알고 있었다. 내부를 드러낸 승합차는 마치 심장 수술을 받는 인간의 몸처럼 보였다. 그들은 문제의 원인을 정확하게 파악했고 내게 고장 난 디스크를 보여주었다. 디스크는 뒷바퀴를 돌려 차량을 움직이는 막대에 연결돼 있어야 했다. 디스크는 그들의 표현처럼 완전히 칭가다가 되어 있었다.

수리공은 두 명이었다. 한 명은 정비소의 주인으로 유머감각이 뛰어나고 근면한 직업윤리를 가진 나이 든 남자였고 다른 한 명은 북부에 위치한 큰 도시 몬테레이에서 정비사 교육을 마친 후 몇 년 전에 이사 온 젊은 남자였다. 그는 자동차에 대한 전문지식이 많았으며 무척 명석했다. 둘 다 열심히 일했다. 첫날 저녁 밤늦게까지 일한 뒤 다음 날 아침에도 일찍 일을 시작했다.

둘째 날은 일요일이었는데 멕시코에서는 모든 상점이 문을 열지 않는 날이었다. 엄격한 가톨릭 교리와 저임금 일자리가 맞물려 주중에는 시에스타 문화가 있고 일요일에는 휴식을 취했다. 나보다 나이가 더 어린 젊은 정비사는 하루 중 상당 부분을 기계 더미가 쌓인 곳에 가서 쓸 만한 부품이 있는지를 살폈다. 나는 아무런 할 일이 없어서 식당에서 네스카페를 마시며 하루 종일 텔레비전을 봤다.

내 지루함은 두세 시간 동안 계속된 퍼레이드로 사라졌다. 무슨 일로 퍼레이드를 하는지 알 수 없었지만 젊은 정비사가 함께 보자며 이끌었다. 화려하게 장식된 차량과 주민들이 거리를 행진했다. 멕시코는 매우 흥미로운 종교 문화를 가졌다. 에르난 코르테스가 점령해 '새로운 스페인'으로 선언하기 전 멕시코에는 토착 종교가 있었다. 아즈텍, 마야, 올멕 등은 멕시코의 주요 원주민 문명이었고 다신교를 믿었다. 역사가 말해주듯이 코르테스는 배를 타고 멕시코에 건너와서 원주민들에게 가톨릭을 강요했다. 그 후 멕시코에는 토착 종교와 가톨릭이 섞인 독특한 종교 문화가 탄생했다. 많은 가톨리 성인들을 기리는데 그 숫자가 많아서 종교적인 축하행사가 자주 벌어졌다. 멕시코 사람들은 가난해서 기념행사는 보통 차를 꾸미고 거리를 행진하는 정도로 만족해야 했다. 내가 지켜본 퍼레이드 역시 아마도 어떤 성인聖人과 관련 있었을 것이다.

퍼레이드 구경은 재미있었다. 밤이 되자 어제처럼 나는 다시 승합차에 잠자리를 깔아야 했다. 내가 할 수 있는 일이라곤 월요일을 기다리면서 체투말에 필요한 부품이 있기를 바라는 것뿐이었다.

셋째 날, 젊은 수리공과 나는 함께 체투말로 향했다. 아침 이른 시간이어서인지 택시 정류장이 텅 비어 있어서 우리는 고장 난 디스크를 들고 지나가는 차를 얻어 타야만 했다. 우리는 세 시간 걸려 체투말에 도착했다. 수리공은 체투말을 자주 왕래해서 그 도시를 속속들이 알고 있었다. 시내 중심가에 내린 우리는 자동차 부품 가게를 찾아갔다. 하지만 그곳에 필요한 부품이 없었다. 걸어서 갈 수 있는 부품 가게는 전부 뒤졌지만 어디서도 알맞은 부품을 찾을 수 없었다. 어쩔 수 없이 우리는 택시를 타고 도시의 모든 부품 가게를 찾아다녔지만 허탕이었다. "부품을 구하는 일은 정말 힘들어요." 수리공이 투덜거리면서 택시 기사에게 폐차장으로 가자고 말했다.

우리는 체투말의 모든 폐차장을 뒤졌지만 역시나 헛수고였다. 나는 몹시 불안해졌다. 맞는 부품이 없다면 승합차를 이용할 수 없고 다른 대안도 없었기 때문이다. 칸쿤에는 스페인어를 할 줄 모르는 관광객들이 나를 기다리고 있었다. 만약 크푸질에서 승합차를 수리할 수 없다면 칸쿤으로 견인해 가야만 했다. 이는 견인 트럭을 빌려 12시간을 이동해야 하고 또 칸쿤에서 다시 수리공을 찾아 새 디스크를 설치할 때까지 기다려야 한다는 의미였다. 아니면 본사로 전화를 걸어 캘리포니아 산타로사에서 이곳으로 승합차를 보내달라고 해야 했다. 무려 4~5일이 걸리는 거리였다.

"노 떼 프레오쿠페스No te preocupes" 수리공은 내게 걱정하지 말라고 말했다. 그에게는 계획이 있었다.

그는 부러진 디스크를 납땜할 생각이었다. 그래서 우리는 다시 체투말 시내로 돌아와 납땜 스틱을 구매했다. 또 은행으로 가서 최대한의 현금을 인출했다. 그런 다음 다시 택시를 타고 체투말로 향했다. 길을 따라 군 검문소와 엉덩이를 괴롭히는 수백 개의 커다란 과속 방지턱을 통과한 후 우리는 어둑어둑해진 저녁에야 도착했다. 그는 나이 든 수리공과 함께 납땜을 시작했다. 정밀하게 작업해야 했고 아주 조금이라도 어긋나면 하나 마나 한 일이었다. 그래서 디스크 납땜은 시간이 오래 걸렸다. 밤이 깊어서 나는 수리공들을 식당으로 초대해 저녁식사와 네스카페를 대접했다. 그들은 내게 맥주를 샀지만 곧 아내와 아이들에게 돌아가야만 했다. 알고 보니 젊은 수리공은 한 여자의 남편이자 두 아이의 아빠였다. 그는 나보다 훨씬 더 어른스럽고 책임감 있어 보였다.

그날 저녁 다시 승합차에서 잠을 자면서 이번이 마지막 불편한 잠자리이기를 간절히 바랐다. 세 번째 밤이었고 나는 정말 침대와 샤워, 그리고 제대로 된 식사가 그리웠다. 또한 내 관광객들이 슬슬 걱정되기 시작했고 며칠 안에 멕시코시티에 새롭게 도착할 새 유럽인 손님들을 맞을 준비도 해야 했다.

크푸질에서의 네 번째 날, 아침 일찍부터 하루가 시작됐다. 수리공들은 날이 밝을 무렵부터 계속해서 디스크 납땜을 계속했다. 잠에서 깨어났을 때, 작업은 4분의 1 정도 끝난 것 같았고 나는 또 다른 긴 하루가 되리라 생각했다. 수리공들은 내게 아무런 문제가 없고 차는 잘 고쳐질 것이라고 장담했지만 실제로는 그리 자신 있어 보이지는 않았다. 나는 그들을 한동안 지켜보다가 식당으로 향해 네스카페를 마셨다. 그날은 좀체 마음이 편해지지 않았다. 내가 멕시코 오지의 작은 마을 식당에서 내리 3일 동안 식사를 하며 앉아 있을 줄은 정말 예상하지 못했다. 기분을 바꾸려고 마을을 돌아다녔는데 몇 개의 진흙 도로가 전부였다. 나는 30분마다 식당과 정비소를 왔다 갔다 하며 수리 경과를 지켜볼 수밖에 없었다. 몇 시간 후 수리공들이 다가오더니 내게 좋은 소식이 있다고 말했다.

납땜이 성공적으로 완료됐다는 말을 할 줄 알고 잔뜩 기대했다. 그런데 그들은 한 친구에게 중고 디스크가 있다는 소식을 들었고, 원래 계획으로 다시 돌아가겠다고 말했다. 그때만큼 내 인생에서 안도감이 들었던 때도 드물었다. 그들은 부품을 교체하면서 그날 오후를 보냈고 날이 저물 무렵 작업을 완료했다.

나는 그들이 방금 끝낸 작업과 내 지식과 경험에 대해 생각했다. 나중에까지 잊히지 않고 내게 커다란 영향을 준 깨달음이 있었다. 대학까지 졸업한 나였지만 그 상황에서 말 그대로 아무것도 할 수 없었다. 이 먼지투성이의 마을에서 변두리 멕시코 남자들의 기계적 전문지식에 전적으로 의존해야 했기 때문에 나 스스로가 미숙하게 느껴졌다. 내가 읽었던 책들과 참여했던 토론, 또 내가 썼던 논문들이 생각났다. 또 피자를 만들고 마트에서 카운터를 봤던 아르바이트 일들을 생각했다. 나는 비포장도로가 깔린 주유소가 없는 마을에서 네 개의 콘크리트 기둥에 의지해 세워진 정비소를 운영하며 살아가는 두 사람을 바라보며 존경심이 생겨났다.

그들은 차량에 어떤 문제가 있는지 정확히 구분해낼 만한 전문 지식을 갖췄고 성실한 자세로 일했다. 믿을 수 없을 정도로 다양한 전략을 생각했고 어떤 희생을 치르더라도 일을 완수하려 했다. 긴 시간을 일하면서 승합차를 고치는 데 열과 성을 다했다. 그들 덕분에 나는 관광객들을 태우고 남미의 피라미드를 보러 떠날 수 있게 됐다. 나는 비록 4년제 대학을 졸업했지만 생활에 필요한 지식은 갖추지 못했다는 것을 깨닫고 감사하는 마음과 존중감을 가지게 됐다. 그때 나는 필요한 공부를 위해 학업을 계속해나가기로 결심했다.

나는 그들에게 정말 감사한 마음을 전했고 그들은 내게 공정한 공임을 청구했다. 나는 그들이 청구한 액수의 두 배를 건넨 다음 기쁜 마음으로 운전석에 올라탔다.

나는 이 이야기를 좋아한다. 독자들도 그 이유를 알아챘기를 바란다. 멕시코 작은 마을의 수리공들은 분명히 내 동생과 관광객들의 곤경을 해결했다. 존은 자신이 실용적인 기술이 부족하다고 느꼈을지 모르지만 문제해결 능력은 많은 칭찬을 받을 만하다. 막다른 상황에 맞닥뜨린 동생은 재빨리 계획을 세우고 필요한 조치를 취했다. 그리고 계획대로 일이 잘 풀리지 않을 때를 대비해서 2차, 3차 대비책까지 세웠다. 인내심을 잃지 않고 낙관적으로 최선을 다해 어려운 문제에 대처했다. 그런 상황을 위한 훈련이나 대처법을 알려주는 책은 없다. 모두가 그런 사건에 효과적으로 대처할 수 있는 것도 아니다. 그래서 동생이 자랑스럽다.

7장

퍼즐, 게임
그리고 곰의 습격

공교롭게도 내가 앞 장의 집필을 마무리할 때쯤 동생인 존과 부모님이 덴버로 와서 나와 사라를 일주일간 방문했다. 물론 부모님이 가장 보고 싶은 주인공은 우리 딸이었을 것이다. 아이를 갖는 것은 가족을 하나로 모으는 데 분명 도움이 된다. 실제 연습을 통해 어떻게 더 회복탄력성을 향상할 수 있는지에 대한 글을 본격적으로 쓰기 시작할 때, 그들이 방문한 것은 행운이었다. 꾸준히 회복탄력성 연습을 계속해야 하는 이유를 설명하면서 그들의 경험을 참고할 예정이었기 때문이다.

동생의 고장(동생이 아니라 승합차) 경험담을 소개하기 전에, 내가 뇌 기능의 일부를 '강화'하고 특정한 행동 패턴을 발달시킬 수 있는지를 설명하면서 근육과 비교한 사실을 기억할 것이다. 근육이 반복적인 운동에 적응하듯이, 우리 뇌 역시 반복을 통해 어떤 행동에 능숙해지도록 만들 수 있다. 지금까지 살면서 배운 것들 중 무엇이든지 떠올려보라. 아마도 어린 시절 스포츠에 관한 기록이나 만화 주인공, 심리 현상 같은 것을 외우면서 보냈을 것이다. 어떤 것이든지 간에 정보를 확실히 기억하기 위해서 뇌에 물리적 변화를 이뤄내려면 연습을 해야 한다. 의도적이든 아니든, 반복적으로 그 정보에 노출되면 대뇌피질 주름의 어딘가에 저장된다. 어떤 기술과 관련해서도 마찬가지다. 지금은 기억하지 못하겠지만 우리는 걷고 말하는 것도 마찬가지로 연습을 통해 배웠다. 읽고 쓰는 것도 연습을 통해 배웠다. 연습하지 않았다면 지금 읽고 쓰지 못할 것이다. 그렇다면 지금 이 내용은 어떻게 접하고 있는가? 누군가 읽어주고 있는가? 불법 복제 오디오북으로 듣고 있는가? 말해보라. 문제 삼지는 않겠다.

우리 뇌가 엄청난 양의 정보와 기술을 받아들이고 연습하는 자연스러운 시기가 있다. 우리는 그 시기를 '어린 시절'이라고 부른다. 내 딸 알리사는 날마다 새로운 것을 배운다. 그리고 알리사의 뇌는 새로운 경험에 반응하며 발달하고 있다. 이번 달에 아이는 전등 스위치를 어떻게 켜고 끄는지, 수도꼭지가 어떻게 작동하는지를 배웠고 정확히 만 19개월이 되는 오늘에는 확실히 자신만의 아이패드를 원하는 것 같다. 아이는 또한 내가 배우지 말았으면 하는 행동도 스펀지처럼 빨아들인다. 하지만 특히 아빠를 기쁘게 하는 점 하나는 알리사가 간단한 퍼즐을 푸는 것과 같은 전전두엽 피질 활동과 관련된 행위에 많은 관심을 보인다는 것이다.

부모님이 옆에 있어서 잠깐 인터뷰를 해보니 나 역시 마찬가지였다고 한다. 알리사와 같은 나이였을 때 나는 퍼즐을 좋아했고 통나무 블록 같은 장난감을 사달라고 졸랐다고 한다. 완벽한 천재가 되려 했는지 책을 읽으라고 주면 이리저리 쌓아서 장난감 자동차를 위한 도로를 만드는 데만 썼다고 한다. 물론이다. 읽는 것보다 더 나은 도서 활용법이다. 비슷하게 동생 존은 레고를 무척 좋아했고 이를 조립하는 데 몇 시간씩 몰두하곤 했다. 내 어린 시절에 관한 부모님의 말씀 중 특별한 내용 한 가지는 어떤 일이 닥쳐도 그렇게 큰 영향을 받지 않고 언제나 행복한 표정을 짓고 있었다는 것이다. 내가 그렇게 속을 썩이는 아들은 아니었겠다고 말하자 어머니는 언젠가 내가 큰 개를 따라 길을 몇 블록쯤 달려 내려가 크게 기겁한 적이 있었다고 말했다. 분명 나는 개구쟁이였을 것이다. 사라는 행동력과 관찰력이 매우 뛰어난 아이였다. 사라가 알리사의 나이였을 때 어머니가 드레스를 재단하는 모습을 보고 가위질을 흉내 냈다. 아버지는 목수였는데 그녀는 연장으로 목재를 다루는 법에 익숙해졌다. 조금 더 컸을 때 그녀가 뒷마당에 나무 요새를 지었는데 너무 커서 시청에서 나와 철거를 명령할 정도였다.

그렇다면 만약 누군가 훌륭한 스트레스 관리 기술을 개발하지 못하고 성인이 되어버렸다면 어떻게 해야 할까? 음, 지금 당신에게 던지는 질문이다. 불행히도 빠른 치료약은 없다. 다음 스트레스가 닥쳐올 때 갑자기 전전두엽 피질의 왼쪽에서 풍부한 활동을 만들어내는 영양 보조제나 자기장 요법 같은 건 존재하지 않는다. 문제해결력을 원한다면 그저 지금 당장 문제를 풀기 시작해야 한다. 다른 지름길은 없다. 선명한 복근을 원한다면 운동하는 수밖에 없는 것과 마찬가지다. 스트레스를 더 잘 관리하고 싶다면 문제를 해결하는 법을 배워야 한다.

당장 실행할 수 있는 조언이 아니라는 점은 인정한다. 갑자기 세상 밖으로 뛰쳐나가 해결할 문제를 찾아 나설 수는 없다. 일부러 사나운 곰을 찾아 나서거나 곤란한 상황을 벌여서도 안 된다. 스트레스 관리는 온전히 우리 삶의 고충을 줄이는 것과 관련된 문제다. 그렇다면 스트레스를 키우지 않고 어떻게 문제해결 연습을 할 수 있을까? 쉽다. 실패하더라도 생명을 위협하지 않거나 부정적 영향을 미치지 않는 문제를 찾아야 한다. 우리가 아예 가지고 있지 않거나 완전히 숙달되지 않은 기술을 개발할 필요성에 관해 이야기하고 있기 때문이다. 현실을 직시해야 한다. 우리가 몇 번 정도는 실패할 확률이 매우 높다.

문제는 우리 주변에 존재한다. 날마다 우리는 전전두엽 피질을 사용해 전략을 세워야 할 기회를 여러 차례 마주친다. 그런 기회를 식별해낼 수 있어야 한다. 예를 들어 집안일 같은 것이다. 완전히 난장판이 된 거실 문제를 어떻게 해결할 것인가? 우선 흩어진 물건들을 제자리로 돌려놓으면서 문제를 조금 완화할 수 있다. 서랍 정리, 옷 개기, 청소기 돌리기, 식기세척기에 설거짓거리를 넣고 스위치 누르기, 침대 정리를 차례로 할 수 있다. 이 모든 일이 내 뇌를 연습시킬 수 있는 간단한 문제들이다. 해결하기도 쉽고 결국 승리하여 성취감을 느낄 수 있는 문제들이다(침대 시트를 완벽하게 개어놓으려고만 하지 않는다면 말이다. 그건 정말 스트레스 받는 일이다. 빌어먹을 천 쪼가리를 태워버리고 싶어진다). 이런 행위는 내 공간을 더 편안하게 만들어서 스트레스를 줄여주기도 하고 또 어떤 이들은 청소나 정리가 삶의 다른 영역에서 오는 스트레스를 해소하는 데 도움이 된다고 생각하기도 한다. 사라는 그런 사람 중 한 명이다. 그래서 나는 뭐라도 정리할 거리를 남겨두는 편이다⋯⋯. 물론 그녀의 정신 건강을 위해서다. 알리사가 커서 만약 이 글을 읽는다면 엄마와 내가 자꾸 방을 정리하라고 잔소리하는 이유가 자신의 뇌 발달을 위해서라는 점을 이해할 것이다. 그러니 지금 당장 그 장난감을 치우라고!

퍼즐은 훌륭한 정신 운동이다. 미로찾기, 십자말풀이, 스도쿠, 보드게임 등 자신의 취향에 맞는다면 어떤 종류든지 상관없다. 이런 퍼즐들은 문제를 파악하고 해결 방법을 찾는 뇌의 영역을 개발하면서도 안전하다. 실패한다고 하더라도 악영향을 미치지 않는다. 잘못된 단어를 찾았다고 해서 아무도 쫓아오지는 않는다.

게다가 다른 사람에게 접근할 필요 없이 문제를 해결하는 연습을 할 수 있다. 같이할 사람들이 있다면 체스나 체커, 카드, 스크램블 같은 전략 게임도 도움이 된다. 스마트폰 앱 중 일부도 역시 정신 운동을 위한 훌륭한 도구가 될 수 있다. 나는 언제나 전략 게임 몇 가지를 스마트폰에 설치해둔다. 그러면 내 스마트폰 중독에 대한 훌륭한 핑곗거리가 하나쯤은 생긴다.

요점은 두뇌에 반복적으로 도전할 수 있는 문제를 제공하는 것이다. 일정 수준 능숙해질 정도가 되면 약간 단계를 높인다. 이두근 근육 운동을 하러 체육관에 가는 것과 같다. 처음에는 10파운드 중량으로 시작할 수 있지만 운동을 거듭할수록 같은 무게는 근육을 단련하는 데 더는 도움이 되지 않는다. 그래서 20파운드, 30파운드로 점점 늘려간다. 알리사 역시 마찬가지로 점점 더 복잡한 장난감으로 옮겨간다.

같은 개념이 우리 뇌에도 적용된다. 예를 들어 일단 테트리스에 숙달되면 새로운 도전할 거리를 찾을 수 있을 것이다. 나는 오락실에서 테트리스를 하며 자랐는데 결국 동전 하나로 10분 이상을 버틸 수 있게 됐다. 그 이후부터 세대를 이어간 내 스마트폰을 포함해 모든 플랫폼에서 게임을 계속했다. 플레이가 익숙해지면 다음 게임으로 넘어갔다. 만약 아직 잘 살펴보지 않았다면 모바일로 즐길 수 있는 게임이나 퍼즐이 얼마나 많은지 깜짝 놀랄 수도 있다. 나이 든 지금까지도 나는 지루함을 느낄 때 뇌에 자극을 주기 위해 게임을 즐긴다. 적극적으로 뇌의 인지 기능을 발달시키기 위해 시도하는 사람들을 위한 앱과 기기 역시 수많은 종류가 나와 있다.

테트리스에 관해 말하자면, 사라의 스트레스 대처법 중 하나가 치우고 정리하는 것이다. 세월이 흐르면서 그녀는 정리의 달인이 되어갔고 여행을 위한 짐을 쌀 때마다(우리에게 빈번한 일이다) 그 누구도 흉내 낼 수 없을 정도로 차량에 짐 쌓기 테트리스 실력을 보여준다. 우리 해치백 차량에 들어가는 짐의 양을 본 지인은 믿거나 말거나 프로그램에 나와야 한다고 추천까지 했다. 그녀는 끊임없이 치우고 정리해야 할 과제를 스스로 만들어낸다. 앞서 이야기했듯이 전전두엽 피질을 사용할 기회를 찾아 반복해서 뇌를 훈련하는 것이다.

이런 훈련에서 이해해야 할 한 가지는 우리가 많은 퍼즐을 푼다고 해서 갑자기 곰을 마주치거나 교통체증 상황에서 침착할 수 있는 것은 아니라는 점이다. 그런 문제를 해결하는 데 필요한 기술에는 다른 큰 차이가 존재한다. 다만 스트레스를 유발하는 사건은 해결해야 할 문제이며 복잡한 사고를 통해 해답을 찾아가는 데 능숙한 뇌는 갑작스럽게 닥치는 상황에 대해서도 해결책을 찾아가는 방식으로 반응할 여지가 높아진다는 것이다. 달리 표현하면 자신의 능력에 더 많은 자신감을 가질수록 스트레스라는 감정의 영향을 덜 받는다.

- 스트레스 관리 능력을 키우고 싶다면 우리는 문제 해결 기술을 개발해야 한다.
- 문제해결 기술은 전략을 세우는 연습을 통해 익힐 수 있다.

　마지막으로, 후천적으로 익힌 다른 뇌의 기능과 마찬가지로 문제해결 기술도 반복해서 사용해야 유지가 된다는 점을 덧붙이고 싶다. 운동을 중단하면 근육에 무슨 일이 일어나는지를 생각해보라. 고등학교 때 스페인어를 배우기 위해 쏟았던 노력을 생각해보라. 그렇게 개발된 전전두엽 피질의 새로운 영역은 얼마나 남아 있는가? '사용하지 않으면 사라진다'는 이런 현상을 가리키는 말이다. 텍사스에서 대학을 다니면서 나는 스페인어를 비교적 빠르게 배웠다. 이후에 멕시코 전역을 스페인어만 사용하면서 여행한 적도 있다. 그 이후로는 이곳저곳을 옮겨 다니느라 스페인어를 사용할 기회가 많지 않았다. 지금은 타코 벨을 주문하는 말이 생각나지 않을 때도 있다. 우리가 살아가는 동안 내내 적극적으로 자신의 뇌 기능을 활성화하려고 노력해야 하는 이유다.
　자연스럽게 삶이 편안해지고 스트레스 주는 상황이 좀체 벌어지지 않는 시점이 도래할 수도 있다. 엄청나게 부유해지는 것 말고는, 예를 들어 은퇴한 이후의 삶보다 더 편안한 라이프스타일을 생각하기 힘들다. 여러 가지 복리후생이 시작되고 그저 숨을 쉬는 것만으로도 연금을 받을 수 있다. 내게는 꿈 같은 삶처럼 느껴지지만 많은 은퇴자가 우울증에 걸리고 인지력 저하를 경험한다. 은퇴 이전까지 그들의 모든 정신 활동은 생계를 위한 일에 집중되었는데 이제는 그저 즐겨 보는 TV 프로그램을 놓치지 않고 더 편한 안락의자를 찾는 일 정도에 신경을 쓸 뿐이다. 내 부모님도 은퇴한 지가 그리 오래되지 않았고 언제나 바쁘게 움직이기 위해 최선을 다하며 산다. 어머니는 바구니 짜기와 같은 새로운 공예를 배웠고 아버지는 차고에서 오래된 오토바이를 찾아 수선하는 일과 같은 새로운 일거리를 계속해서 찾아낸다. 여유 시간이 많아서 세계의 이국적이고 흥미로운 장소를 여행 다니는 것을 좋아한다. 아들이 책을 쓰는 동안 손녀를 보기 위해 덴버를 찾아오기도 한다.[1]

어린 시절에 회복탄력성 키우기

내가 자랄 때 부모님은 두 분 모두 높은 수준의 회복탄력성을 보여줬다. 아버지는 두 번의 전쟁에 참여하고도 살아남을 만큼 오랫동안 군대에 복무했고 어머니는 어떻게든 그런 아버지와의 생활을 견뎌내야만 했다. 회복탄력성은 부분적으로 유전에 기인할 수 있지만 그 영향력은 50 퍼센트 정도에 그친다고 본다. 선천적 대 후천적 구분에서 이른바 '선천적'인 측면이다. 나머지 절반은 가정 교육과 환경의 조합에 따라 달라진다.

스트레스 관리에 관한 강연을 할 때 가장 많이 받는 질문 중 하나는 "어떻게 하면 회복탄력성 있는 아이로 키울 수 있는가?"이다. 나는 언제나 같은 이야기를 한다. 모델링, 즉 모범을 보여주는 것이다. 아이에게 어떻게 걷는 법을 가르치나? 포크 잡는 법은? 사진 찍을 때 취하는 포즈는 어떻게 알려주나? 그렇다. 모범을 보여주는 것이다. 이제 실천해라!

회복탄력적인 아이로 키우는 가장 좋은, 그리고 가장 중요한 방법은 그들에게 회복탄력적인 모습을 보여주는 것이다. 그걸로 끝이다. 다른 방법은 없다. 자신이 교통체증에 과잉 반응하거나 폭발하듯이 화를 낼 때 뒷좌석에 있는 아이들이 배울 교훈에 대해 생각해보라. 아이들 앞에서 우리가 보여주는 행동은 그들 머릿속에 들어 있는 작은 스펀지에 물이 스며들듯이 흡수된다. 그리고 앞으로 아이들이 세상과 소통하는 방식으로 굳어진다. 알리사는 한동안 휴대전화 크기의 물건을 머리에 갖다 댄 채 이야기를 하는 시늉을 해서 우리를 즐겁게 했다. 사라와 내가 특히 흥미로웠던 점은 알리사에게 그런 모습을 보여준 적이 몇 번 되지 않았기 때문이었다. 더욱 신기했던 점은 알리사가 회전식 전화기의 수화기를 들고 다이얼을 돌리는 시늉까지 한다는 것이었다. 도대체 어디서 봤을까? 아이가 그런 불분명한 행위까지 따라 한다면 작은 뇌 속의 스펀지에 어떤 다른 행동들이 흡수되고 있을지 상상할 수 있겠는가?

아이들은 우리를 주시한다. 단순히 따라 하기 위해서가 아니라 앞으로 만나게 될 다양한 상황에 어떻게 대처하고 또 어떻게 살아갈지를 배우기 위해서다. 만약 우리 아이들이 앞으로 만날 세상의 어떤 숙제에도 잘 대처할 수 있기를 원한다면 우리가 먼저 삶에서 부닥치는 문제들을 어떤 것이든 잘 다룰 수 있어야 한다. 나는 우리가 스트레스를 받거나 화를 내는 모습을 전혀 보여주면 안 된다고 말하는 것이 아니다. 언제 그런 감정을 표현하는 것이 적절한지를 보여주는 것이 중요하다고 강조하는 것이다. 아이들은 곰과 유니콘의 차이점을 배울 필요가 있다. 만약 우리가 세상만사 무슨 일이든 뜻대로 되지 않을 때 기겁하고, 화를 내고, 싸우고, 소리를 지르고, 사회적으로 움츠러드는 모습을 보여준다면 아이들이 자라서 삶에 힘겨워하더라도 놀랄 자격이 없다.

우리가 먼저 자신을 위해 시간을 내서 취미를 즐기고 정기적으로 운동하고 사람들과 만나며 사교 생활을 지속하는 건강한 스트레스 대처 기술을 보여줘야 한다. 어른들이 훌륭한 문제해결 기술의 모범을 보여주면 아이들은 앞으로의 삶을 위한 도구와 무기를 갖출 수 있다. 경계를 설정하고, 융통성 있게 행동하며, 타인에 대한 기대를 조절하고, 스스로에게 적절한 도전 과제를 부여하는 모습을 아이들이 관찰할 수 있게 해주는 것이 중요하다. 모두가 아는 우리를 건강하게 만드는 행위들이다.

아이들에게 회복탄력성을 심어주고 싶다면 우리는 스스로 스트레스 관리하는 법을 배워야 한다. 만일 본인은 스트레스에 잘 대처하지 못하지만 아이들만은 그렇지 않기를 바란다면 잘하는 척 흉내라도 내야 한다. 아이들을 위해서 힘든 모습을 숨겨라. 거친 반응을 억누르기 힘들다면 최소한 수위라도 조절해라. 믿기 힘든 흡수력을 가진 작은 스펀지 두뇌가 앞에 있다면 분노나 걱정 같은 부정적 표현은 꺼내지 마라.

내 부모님은 두 분 다 회복탄력성이 무척 좋았지만 어머니가 아버지보다는 걱정이 좀 더 많은 편이었다(지금도 그렇기는 하다). 그러나 어떻게 된 영문인지 모르겠지만 나는 그런 습관을 들이지 않고 자랐을 뿐만 아니라 어머니의 걱정하는 성향을 성인이 될 때까지도 깨닫지 못했다. 강연을 시작한 초창기에 나는 걱정이 우울과 분노로 이어지는 행위라고 설명했는데, 내 강연을 처음 들은 어머니는 우리 형제가 어릴 때 언제나 걱정했었다고 이야기했다. 내가 어머니의 그런 감정을 절대 눈치채지 못했던 것을 보면 아마도 우리 앞에서는 부정적 감정을 보여주면 안 된다는 사실을 깨닫고 계셨던 것 같다. 어머니는 우리가 뉴욕 북부 플래츠버그에 살았을 때 집 근처 길이 없는 숲속으로 내가 자전거를 타고 사라지던 기억을 꺼내셨다. 어머니는 내가 자전거를 꺼낼 때마다 귀가 시간을 알려준 뒤 집으로 돌아올 때까지 내내 걱정하셨다고 말했다. 나는 그 숲이 희미하게 기억난다. 뒤엉킨 수풀을 한동안 헤쳐나가면 뒤편으로 멋진 숲길이 나왔다. 하지만 근처에 꽤 붐비는 고속도로가 있었던 것 같다. 어머니는 내게 일어날 수 있는 온갖 끔찍한 일을 상상하곤 했을 것이다. 만약 내가 귀가 시간을 지키지 않고 한참 늦으면 고속도로 옆 도랑에 쓰러져 있는 내 모습을 떠올리며 걱정했을 것이다. 얼마나 끔찍한 상상인가. 하지만 어머니는 그런 감정을 내게는 보여주지 않았고 나는 언제나 흥에 겨운 활기찬 모습으로 자전거를 몰아 집으로 돌아오곤 했다. 그리고 마침내 걱정하는 습관을 지니지 않은 채 성인이 되는 데 성공했다.

솔직히 말해서 이제 나도 부모가 됐기 때문에 가끔 걱정거리가 떠오르긴 하지만 결코 머릿속에 오래 붙들어두지는 않는다. 알리사가 자전거를 타기 시작하면 내가 그때도 그럴 수 있는지 확인해보겠다.

남동생 존과 나는 부모님이 만들어주신 성장 환경의 도움을 받아 스트레스 관리 기술을 발전시켰다. 의도적이었는지 아니면 본인들이 이미 회복탄력적이고 행복했기 때문이었는지는 모르겠지만 우리가 각자의 개성대로 전혀 주눅 들지 않게 성장할 수 있도록 키우셨다. 한 번도 특정한 방향의 삶을 강요하거나 유별난 원칙을 강요하지 않았다. 나는 자신이 원하지 않은 분야나 선택하고 싶지 않은 직업에 내몰린 많은 이들을 알고 있다. 하지만 동생과 나는 전혀 그런 일이 없었다. 우리는 자라는 내내 하고 싶은 대로 할 수 있는 자유가 허용되고 또 오히려 격려를 받았다. 부모님이 항상 강조하셨던 한 가지는 행복하기만 하다면 우리가 원하는 무 엇이든지 해도 된다는 것이었다. 그것이 그들의 자녀 양육 원칙이 었다. 우리는 성취도가 뒤쳐지는 바보들이었지만 부모님은 항상 우리를 자랑스러워했다. 나는 부모님이 우리를 키워내는 일에 성 공하셨다고 본다. 지금 동생과 내가 노벨상을 타거나 실리콘밸리 의 거물이 되지는 못했지만, 그럭저럭 자신의 앞길을 잘 헤쳐가는 중이다.

나는 사라와 함께 소중한 딸 알리사를 내 부모님이 했던 것처럼 회복탄력성 있는 아이로 키울 수 있기를 소망한다.

부모님이 동생과 나에게 준 많은 선물 중에는 문제해결 능력이 있다. 나는 대학을 다니면서 바움린드 양육 이론을 알게 됐다.[2] 그 이론에 따르면 양육 유형은 자녀에게 얼마나 규칙과 기준을 준수 하도록 요구하는지, 자녀의 요구에 얼마나 잘 반응하는지에 따라 분류할 수 있다. 아이는 기준 없이 키우거나 아예 방치하면 문제 가 생길 수 있다. 회복탄력성과 관련해서 나는 성공적인 육아를 문제해결 능력의 관점에서 생각하는 것을 좋아한다.

만약 아이가 자라나면서 어떤 어려움에 부딪힐 때마다 누군가 가 뛰어들어 해결해준다면 어떤 결과를 낳을지 상상해보라. 스스로 어려움을 감당해본 경험이 없다면 문제해결 능력은 뒤떨어질 수밖에 없다. 또 철저하게 불리한 상황을 만나지 않도록 보호받고 어떤 문제도 마주치는 경험을 하지 못한다면 어떤 일이 일어날지 상상해보라. 앞의 경우보다 더 심각한 문제해결 능력의 부족 상태로 자랄 것이다. 그 누구도 아이들이 고통받거나 힘들어하기를 바라지 않지만 어려움을 극복하는 경험에는 큰 가치가 있다. 극복하지 못하고 어떻게든 적응하는 경험도 마찬가지다. 어른들이 아이가 스스로 대처할 수 있는 순간에 개입하거나 보호하는 행위는 장기적으로 부정적 영향을 미칠 수 있다.

나는 알리사가 그 누구의 도움도 받지 않고 계단 위로 올랐던 날을 결코 잊지 못할 것이다. 우리는 뉴욕 시의 센트럴파크 놀이터에 있었다. 멋진 미끄럼틀이 보이자마자 알리사는 눈을 떼지 못했다. 그때까지 몇 번 계단을 오르려 시도한 적이 있었지만 항상 누군가의 도움을 받거나 기어올랐었다. 그런데 그날은 알리사가 일어서서 미끄럼틀의 맨 꼭대기까지 올라가는 것을 지켜봤다. 정말 멋진 광경이었다. 그 기억을 절대 잊지 않을 것 같다는 느낌은 내 옆에 서서 지켜보는 사라도 마찬가지였다. 두 명의 부모와 걸음마를 갓 뗀 아기, 그렇게 우리 세 명이었다.

놀이터의 부모들은 거의 언제나 서로의 아이가 몇 개월이 됐는지 물어본다. 마치 자신의 아이가 평균적으로 잘 성장하고 있는지 확인하려는 것처럼 말이다. 옆에 서 있는 부모의 아들은 두 살이 조금 넘었다. 알리사보다 8개월 일찍 태어났다. 그 부모가 아직도 또렷이 기억나는 이유는 아이 엄마의 과잉보호 성향 때문이다. 그녀는 공원 바닥에 서서 미끄럼틀 위의 아이 아빠에게 큰 소리로 명령을 내렸다. 그녀는 아들이 혼자 미끄럼틀을 타서는 안 된다고 소리쳤다. 아버지의 표정을 보니 분명 동의하지 않는 것 같았다. 엄마는 미끄럼틀 아래서 아빠는 미끄럼틀 위에서 서로를 바라보며 언쟁을 벌였다. 그사이 알리사는 혼자 힘으로 미끄럼틀 계단을 올라가서 정상에 서는 데 성공했다. 그리고 아직도 의견을 통일하지 못한 아빠와 아들을 지나 미끄럼틀을 미끄러져 내려온 뒤 활짝 미소를 지었다. 그러더니 아주 재밌다는 듯이 다시 계단을 향해 뛰어갔다. 그 아빠는 알리사를 가리키며 두 살배기 아들이 자기 힘으로 미끄럼틀을 탈 수 있게 해주자고 아래에 서 있는 엄마에게 호소했다. 그녀는 마지못해 입을 다무는 것 같았지만 아들이 미끄럼틀 윗부분에 혼자 앉자 겁에 질린 것처럼 보였다. 아들이 미끄러져 내려오자 쏜살같이 달려가 부축해 일으키더니 아빠와 함께 공원의 다른 쪽으로 가버렸다. 사실 그 미끄럼틀은 경사가 그렇게 가파르지도 않았다.

일부 전문가들은 그 아이의 엄마와 같은 사람들을 '헬리콥터 맘'이라고 부른다. 언제든지 도움을 주기 위해 아이의 머리 위에 떠서 주시한다고 해서 붙여진 이름이다.[3] 나는 이 용어가 마음에 든다. 내가 다루려는 문제해결 능력이라는 주제와 완벽하게 들어

맞으면서도 그 의미를 생각해볼 수 있게 해준다. 헬리콥터 맘이 자녀가 맞닥뜨리는 문제에 반복해서 개입하면 성인이 되는 과정에서 장기적으로 부정적 영향을 미친다는 연구결과가 있다. 예를 들어 헬리콥터 맘의 자녀들은 대학생이 됐을 때 우울증을 겪을 확률이 더 높다.[4] 아이가 도움을 받지 않고 혼자서 계단을 올라 미끄럼틀을 타고 내려오는 행위는 비록 큰 의미 있는 일이 아니고 또 다칠 가능성도 있지만 문제를 해결하는 과정에서 마음이 성장하는 데 도움을 준다. 그 공원에서 관찰한 장면 말고는 그 가족에 대해 내가 아는 바가 없지만 기억나는 건 알리사의 자랑스러워하던 미소와 그 사내아이의 두려워하던 표정이다. 그런 경험들이 쌓여 나중에 성격을 형성하는 기초가 될 수 있다.

우리는 어린 딸에게 마음껏 탐험하다가 실수할 자유를 충분히 주려고 노력한다. 하지만 알리사는 필요할 때 우리가 멀지 않은 곳에 있다는 것을 알고 있다. 그 결과(나는 우리 노력이 어느 정도 성과를 거뒀다고 생각하고 싶다), 알리사는 겨우 18개월이 됐는데도 어떤 도전을 만나든 물러서지 않는다. 뉴욕에서의 그날 저녁 사라와 나는 알리사를 타임스퀘어에 데려갔다. 모두가 가는 뉴욕의 명소이기 때문이다. 가는 도중에 우리는 커다랗게 보도 위에 자리 잡은 지하철 환기구를 만났다. 뉴욕에 가본 적이 없다면, 꼭 가보라! 보도로 뚫려 있는 지하철 환기 시설이 있다는 사실을 모르는 사람이 있을 수도 있다. 지하철의 공기를 순환시키면서 압력을 낮추고 때로는 마릴린 먼로의 치마를 바람으로 들썩이는 역할을 하기도 했다. 일반인의 경우에는 그 사이로 열쇠를 떨어트리는 정도가 최악의 사건이겠지만 새로운 도시에 온 유아에게는 떨어지면 큰일 나는 악어가 가득한 악마의 구렁텅이로 보일 수 있다. 우리 세 명은 서로 손을 꼭 붙잡고 환기구를 향해 걸었다. 세 명 중 두 명에게는 별일이 아니었다. 하지만 알리사에게는 환기구 밑의 까마득한 수렁이 공포였다. 그래서 우리는 코스를 바꿔 돌아가려 했다. 이번에는 알리사가 우리 손을 이끌어 환기구 가장자리로 접근했다. 아이는 물구덩이 주변에서 그러듯이 발을 내밀어 환기구를 건드리더니 물러섰다. 그리고 같은 행위를 반복했다. 바로 빠져들지는 않는다는 사실을 확인한 뒤 몇 걸음 환기구 안쪽으로 올라섰다가 돌아왔다. 그리고 나서는 몇 걸음 더 안쪽으로 들어갔다가 다시 돌아 나왔다. 마침내 알리사는 우리 두 명의 손을 양쪽으로 붙잡고 모두를 환기구 위로 이끌더니 의기양양하게 춤을 췄다. 잠시 후 우리는 아이를 끌어내서 가던 길을 가야 했다. 알리사는 두려움에 맞설 줄 아는 소녀였다.

부모로서 나는 아이를 자유롭게 놓아두는 것이 정말 어렵다는 것을 안다. 사라와 나는 나름의 전투를 벌여야 했다. 우리는 아이가 안전하기를 바라지만 실수해서 다칠 수 있는 자유 역시 누리기를 바란다(너무 심하지는 않게). 균형을 잡기가 쉽지 않은 중간선이다.

· 자녀에게 스트레스를 다루는 법을 알려주는 가장
  좋은 방법은 그들 앞에서 회복탄력적 행동 모델을
  보여주는 것이다. 그리고 걱정이나 화가 나더라도
  아이들 앞에서는 자제해라.

· 자녀가 스스로 자신의 문제를 풀어나갈 수 있도록
  개입하지 마라. 언제든 도와줄 수 있는 거리에서
  지켜보며 아이들이 직접 문제에 도전하고 실패할
  수 있도록 기회를 줘라.

　나와 동생의 회복탄력성에 보다 더 기여한 것은 양육 방법이라
기보다는 환경이라고 생각한다. 우리가 문제해결 능력을 키우는
데 더 도움을 주었기 때문이다. 앞에서도 말했듯이 우리는 군대의
병영 내에서 자랐다. 아버지는 미 공군에서 부대 생활을 하셨고
우리는 그곳에서 많은 혜택을 받았다. 하지만 아버지의 직업 때
문에 우리는 남들보다 이사를 더 자주 다녀야 했다. 대략 4년마다
우리는 다른 도시로 옮겨 다녀야 했다. 실제로 나는 열여덟 살이
되기 전에 미국과 독일에서 살았고, 중간에 머물렀던 플로리다는
독립된 다른 나라처럼 느껴졌다.

이사를 자주 다니는 것을 장점이라고 말할 수는 없다. 특히 인터넷이 대중화되기 이전에는 장기적인 우정을 쌓는 것이 어려웠다. 결혼식 때 신랑 들러리를 서주는 그런 친구들 말이다. 어떤 집단에 뿌리를 내리거나 끈끈한 연대감을 느끼는 것은 불가능했다. 하지만 그런 단점을 보완하는 삶의 경험을 많이 할 수 있었다. 고등학교에 입학하기 전에 나는 유럽 전역을 여행해봤고 또래들보다 훨씬 더 많은 것들을 경험할 수 있었다.

아마도 우리 형제가 어렸을 때 이사를 자주 다녔던 경험이 문제 해결 능력과 큰 연관이 있었을 것이다. 매번 새로운 환경을 극복해야 할 도전 과제가 주어졌고 어린이였던 우리는 각각의 상황에서 많은 새로운 문제를 해결하는 방법을 배워야 했다. 4년마다 새로운 집의 구조를 익히고 새로운 이웃에게 인사하며 적응해야 했다. 새로운 친구들을 사귀어야 했고 새로운 선생님과 이전과는 완전히 다른 문화를 가진 새로운 학교에 대해 알아야만 했다. 독일로 옮겨 갔을 때는 완전히 새로운 언어로 말하는 법을 배워야 했고 또 외국에서 산다는 것이 어떤 의미인지를 깨달아야 했다. 이사 다닐 때마다 내 어린 세계는 흔들리고 부서졌고 해결해야 할 완전히 새로운 문제들이 한 무더기 주어졌다. 어떤 때는 성공했고, 어떤 때는 그렇게 잘 풀리지 않았지만, 성인이 된 뒤에는 아주 실력 좋은 문제 해결사가 됐다.

이런 내용이 아마도 대부분에게는 실용적인 조언이 되지 못한다는 사실을 알고 있다. 회복탄력성 있는 아이로 키우고 싶다고? 그래서 매번 4년마다 이사를 하라고?

하지만 우리는 평온한 일상을 살짝 뒤흔드는 데 따르는 잠재적인 이익을 찾아낼 수 있다. 도시나 나라를 옮겨 다닐 필요는 없지만 새로운 경험을 할 필요는 있다. 더 많이 경험할수록 우리 뇌는 새롭게 맞닥뜨리는 문제를 극복하고 대처하는 법을 더 많이 배운다. 자녀에게 새로운 스포츠나 악기를 배우고 그림을 그리거나 관심 있는 주제에 집중해보라고 격려해라. 사실 모든 연령대의 사람에게 도움이 되는 조언이다. 나는 어렸을 때 이사를 많이 다녔고 그런 생활방식이 내 회복탄력성에 많은 도움이 됐다고 느꼈다. 어떻게 도움이 됐는지 한 가지 사례를 소개하겠다.

아래 이야기를 대략 15년 전에 썼다. 그리고 이야기 속에 나오는 경험은 그때보다 다시 15년 전의 경험이었다. 2004년에 작은 잡지에 소개했던 것을 제외하면 이렇게 정식으로 출판하는 것은 처음이다.[5] 내 삶을 돌이켜보면 자주 바뀌는 환경을 어떻게 극복했는지를 보여주는, 표현 그대로든 은유적으로든, 좋은 사례가 될 수 있다.

고등학교 2학년에 간신히 적응하고 있을 때, 내 삶은 뉴욕에서 텍사스 오스틴 외곽의 시골 마을로 옮겨졌다. 도시 감성에 물들고 또 좋아했던 1 나는[실제로도 '빅 애플(뉴욕의 별칭-옮긴이) 스터디'라는 수업을 들었다] 갑자기 한적해진 환경에 적응하느라 꽤 힘들었다. 지금도 그때 받은 문화충격을 리히터 지진계로 측정해보고 싶은 마음이다.

챙이 넓은 모자를 쓰고 주렁주렁 줄이 매달린 옷을 입은 사람들이 지저분한 부츠를 신은 채 요란한 색깔의 랭글러 지프를 타고 다녔다. 한마디로 텍사스인들이었다.

그곳에서 2주째 되던 날, 담임 선생님은 다가오는 홈커밍데이 행사에서 2학년 반을 대표할 학생들의 명단을 발표했다. 나는 전혀 관심 없는 행사였다. 지루한 발표를 듣고 명단에 포함된 학생들이 하이파이브하는 걸 지켜봤다. 담임은 마지막으로 '할라피뇨 먹기 대회'에는 아직 지원자가 없다는 말을 덧붙였다.

음, 그렇구나. 먹는 건 내가 꽤 잘하는 일 중 하나였다. 아직 할라피뇨를 먹어본 적은 없었지만, 그렇다고 매워봤자 얼마나 맵겠어? 나는 번쩍 손을 들었고 선생님은 할라피뇨 먹기 대회의 선수로 내 이름을 명단에 넣었다. 이름이 교내에서 발행하는 신문에 실리자마자 나는 우리 반의 카우보이와 멕시코인들이 질문을 쏟아내는 기자회견의 주인공이 되어 있었다. "친구, 정말 괜찮겠어?", "뉴욕에는 고추가 없나?", "맵다는 건 알지?", ""Son muy calientes!(친구, 엄청 매울 거야!)"

담임은 그날 명단을 발표한 뒤 주말이 될 때까지 홈커밍데이 행사에 대해 아무 말도 하지 않았다. 나는 다시 익명의 아웃사이더로 돌아가 살았다. 어느 정도 익숙해진 학교 건물과 비포장도로를 지나다니면서 대개 텅 비어 있는 미술실에서 대부분 시간을 보냈다. 교실 바깥에서는 학생들이 대회를 준비하기 위해 가축들을 돌보는 소리가 들려왔고 대부분 다른 학생들 역시 자신들의 역할을 연습하며 흥분에 들떠 떠들어댔다. 나는 소녀들이 우스꽝스러울 정도로 큰 텍사스 사이즈 티셔츠를 입고 리본을 흔들며 다니는 광경을 지켜봤다. 나는 아무런 흥미를 느끼지 못했고 수업에도 전혀 신경 쓰지 않았다. 하지만 나는 그 빌어먹을 할라피뇨를 먹고 싶은 마음이 사라졌다…….

알고 보니 텍사스 홈커밍데이는 정말 큰 행사였다. 실제로도 엄청났다. 날마다 학교 안에서는 물론, 지역사회에서도 하루하루가 축하행사였다. 부모, 동문, 중퇴자, 그리고 모든 분야의 사람들이 대회에 나타난 것 같았다. 대회에 참가하기 위해 자리에 앉았을 때 나는 체육관에 모인 사람들의 바다를 올려다보며 입을 다물지 못했다.

내 왼쪽에는 신입생이 앉아 있었다. 키가 작고 둥근 얼굴의 멕시코 꼬마가 꽉 끼는 양복을 입고 있었다. 오른쪽에는 키가 크고 창백한 피부의 2학년 학생이 모자부터 발뒤꿈치까지 카우보이 복장을 차려입었는데 거대한 로데오 버클이 달린 허리띠로 맥주를 많이 마셔 부풀어 오른 배를 팽팽하게 조인 채 앉아 있었다. 돌이켜보면 고등학생이 맥주 배를 하고 있었다는 것이 이상하게 생각되기도 하지만 그런 체형은 학교에서 흔하게 볼 수 있었다. 선배들은 내 오른쪽 끝에 서 있었고 다른 학생들에 비해 별다른 기억이 없다. 그들은 약간 심드렁한 표정을 하고 있었다.

규칙은 간단했다. 우리는 각자 고추 한 그릇을 앞에 두고 60초 동안 최대한 많이 먹어야 했다. 고추 꼭지는 먹지 않아도 됐고 1분 후에 가장 많은 꼭지를 손에 쥔 학생이 우승하는 것이었다. 식은 죽 먹기처럼 쉬운 일이라고 나는 확신했다.

심사위원들이 거대한 할라피뇨 캔을 열었고 우리 앞에 놓인 접시에 그 작은 악마들을 던져 넣기 시작했다. 깡통에서 독한 기운이 풍겨오자 콧속에서 화학물질이 타는 것 같았다. 그 순간 나는 잔인한 고문 대회에 무심코 참가 신청을 했다는 사실을 깨달았다. 나는 평소 소금을 향신료라 생각했고 그때까지 경험했던 가장 강렬한 맛은 아마도 케첩 정도였다. 그런데도 나는 그곳에 서 있었다. 그 장면에서 가장 어울리지 않은 길 잃은 뉴요커였다. 잘 적응하지도 못하고 흥미도 없는 새로운 학교에서 괴기한 대회의 희생양이 되기 직전이었다.

"시작!"

갑작스러운 호루라기 소리에 놀라 나는 재빨리 첫 번째 할라피뇨를 입안에 밀어넣었다. 고추를 깨문 즙이 혀에만 닿지 않는다면 괜찮을 거라 생각하고 통째로 삼키려 했지만 그러기에는 고추가 너무 길었다. 나는 고추를 깨물어 두 조각으로 나눠 흘러나온 불꽃 느낌의 즙과 함께 꿀꺽 삼켰다. 그리고 혀를 흔들어 매운맛을 떨쳐내려 애쓰며 오른손에 남은 꼭지를 내려놓고 왼손으로 다른 고추를 집어 입에 쑤셔 넣었다.

일단은 내 계획이 효과가 있는 것 같았다. 혀에 최소한의 접촉만 하고 목구멍으로 넘기는 한 할라피뇨는 그렇게 나쁘지 않았다. 나는 땀에 흠뻑 젖은 채 고추를 정신없이 입에 쑤셔 넣었다. 약간의 메스꺼움을 느꼈지만 적어도 입에 불이 붙지는 않았다. 게다가 나는 경쟁자들과 비교해도 그리 뒤처지지 않은 것 같았다. 차례차례 할라피뇨를 목구멍 속으로 넘기면서 점점 심해지는 불편함을 잊기 위해 갖은 애를 썼다.

시간이 째깍째깍 흘러가면서 입속에 불이 붙는 것이 느껴졌다. 처음에는 성냥불이 타오르는 것 같더니 곧 잇몸 뒤에서 화재 경보가 울려대기 시작했다. 왼손이 내 의지와 상관없이 제멋대로 고추를 입속에 욱여넣는 동안 나는 전교생 앞에서 울음이 터져 나오지 않기만을 하느님께 빌었다.

"……, 자, 그만!"

그때까지의 내 인생을 통틀어서 가장 긴 60초였다. 대회가 끝난 후 나는 입안의 화재를 진압하기 위해 물을 마셔봤지만 별 효과가 없었다. 심사위원들이 각 참가자의 앞에 놓인 고추 꼭지를 헤아리기 시작했다. 고통 속에 땀을 흘리면서 무대 위에 서 있는 다른 참가자를 곁눈질로 살폈지만 나만큼 괴로워하는 사람은 없는 것 같았다.

최종 숫자가 발표되었을 때, 심사위원들은 내가 60초 동안 27개의 할라피뇨를 먹었다고 판단했다. 내가 우승자였다. 우리 반 아이들이 환호성을 질러댔다. 멕시코 남자가 2위, 카우보이가 그 다음이었다. 둘 다 내가 먹은 개수 근처에도 오지 못했다.

대회가 끝난 후 나는 마무리 청소 당번이었고 교실에 뒤늦게 도착했다. 같은 반 아이들은 진심 어린 표정으로 열렬하게 손뼉을 치며 나를 환영했다. 그들의 환호성은 거기서 끝이 아니었다. 그 날이 끝날 때까지 하이파이브를 하고 등을 두드리고 축하 인사를 건넸다. 내게는 한 무리의 새 친구들이 생겼다. 그 뒤로 나는 모든 종류의 놀이와 파티에 초대받았고 주인공 대우를 받았다. 물론 고통 속에 몸부림치긴 했지만(지금도 그때를 생각하면 입안이 얼얼하지만), 나는 뉴욕을 떠난 이후로 처음 동료로서 인정받은 기분이었다.

무슨 대단한 영웅담은 아니지만 나는 텍사스 사람들과 경쟁했고 이겼다. 심지어 그들만의 게임이었다. 아웃사이더에서 카우보이로 바뀌는 데 필요한 시간은 겨우 60초와 매운 고추 몇 개뿐이었다.

30여 년이 지난 지금 돌이켜보면 그 한 번의 사건이 내 인생을 바꾸거나 정확한 전환점이 되었다고 말할 수는 없지만, 무언가 커다란 영향을 미친 것은 분명하다. 나는 텍사스와 사랑에 빠졌고 고등학교 이후에 대학을 준비하는 기간에도 오스틴에 머물렀다. 카우보이 문화에도 젖어 들었다. 이 글을 쓰는 지금도 카우보이 부츠와 랭글러 청바지를 입고 있다. 옷걸이에는 카우보이모자가 걸려 있고 심지어 컨트리 음악까지 즐길 정도가 됐다.

> · 더 많은 경험을 할수록 우리 뇌의 문제해결 능력
> 은 더욱 향상된다.

게다가 이 이야기는 변화하는 환경 속에서 많은 것을 겪었던 경험이 내가 새로운 환경에 적응할 수 있도록 어떻게 도움을 주었는지를 보여준다. 새로운 학교에 적응해야 하는 과제에 직면한 아이가 기회를 발견하고 선택했다. 궁극적으로 그 사건은 나중에 내 삶에 큰 영향을 미칠 깨달음의 씨앗을 심었다. 나는 대중의 관심을 받는 것이 좋아졌고, 이후 교수와 강연가, 코미디언이 되는 데 도움이 되었을 것이다. 그리고 오늘날까지도 나는 여전히 할라피뇨를 좋아한다.

8장
긍정적 사고
연습하기

여기까지 읽었다면 이런 생각을 할지도 모른다. "그래서 스트레스는 전부 그저 머릿속에만 있는 거군요, 맞죠?" 물론 스트레스는 생각의 산물이다. 하지만 명심해야 할 것이 있다. 세상에는 진정한 스트레스의 원인이 존재한다. 곰의 습격이나 멕시코 오지에서 발생한 승합차의 갑작스러운 고장, 새로운 고등학교에 적응하는 일 등등. 이보다 더 나쁜 상황들도 많다. 때때로 삶은 우리를 정말로 막다른 골목까지 몰아붙인다. 또 정말 아무것도 할 수 없는 상황도 만난다. 하지만 자신이 어떻게 영향을 받을지는 바꿀 수 있다.

우리가 자발적으로 통제할 수 있는 뇌의 유일한 부분은 전전두엽 피질의 기능, 즉 생각이다. 생각은 우리의 감정과 행동 모두에 영향을 미친다. 그리고 어떤 변화를 만들기 위해서는 이를 이해하는 것이 중요하다. 당연하게 들린다면 정말 그렇기 때문이다. 우리 삶에서 중요한 변화를 만드는 열쇠는 생각하는 방식을 조정하는 것이다. 우리는 살아가면서 만나는 문제나 이슈들을 너무 복잡하게 생각하는 경향이 있다. 그리고 그런 문제들을 극복하는 데는 복잡한 해결책이 필요하다고 생각한다. 변화는 사실 간단하다. 하지만 쉽지 않을 뿐이다.

어떤 행동이 간단하다고 말하는 것과 그 행동이 쉽다고 주장하는 것은 같지 않다. 이 차이를 이해하는 것이 중요하다. 우리를 힘들게 하는 많은 문제의 해결책이 간단하지만, 이를 실행하기는 그렇게 쉽지 않다. 예를 들어, 스트레스와 관련된 질문을 제외하면 사람들이 내게 가장 많이 묻는 것이 어떻게 하면 살을 뺄 수 있느냐이다. 아이러니하게도 내 모습을 직접 본다면 체중 감량의 모범생이라고 하지는 않을 텐데 말이다. 하지만 꽤 많은 공부를 한 것은 사실이고 그래서 아는 것은 많다. 물론, 시중에는 특별한 식단과 이런저런 비법을 소개하는 책들이 아주 많이 출판돼 있다. 우습게도 이 책과 마찬가지로 자기계발 분야에 진열되어 있을 것이다. 그 책들이 무슨 내용을 주장하든, 살을 빼는 열쇠는 간단하다. 적게 먹고 더 많이 운동하는 것이다. 만약 이렇게만 적어서 책을 만든다면 모양새가 나오지 않을 테지만 말이다. 적게 먹고 운동을 더 많이 하는 것은 복잡하지 않다. 하지만 결코 쉬운 일이 아니며 어떻게 동기부여를 하느냐가 그런 책들의 진정한 가치일 것이다.

비슷하게 사람들은 내게 어떻게 담배를 끊었냐고 묻는데, 대답은 간단하다. 담배를 입에 물지 마라. 네, 그런데 어떻게 그렇게 하죠? 글쎄요. 담배를 사지 않으면 되지 않을까요? 이 책이 금연을 다루는 것은 아니다. 그런데 요점은 모든 흡연자의 100퍼센트가 담배 끊는 법을 정확하게 알고 있다는 것이다. 단지 아는 것을 실행하는 것이 어려울 뿐이다. 또 사람들은 내게 술이나 마약을 어떻게 끊을 수 있는지를 묻는다……. 여기서 정말 우리에게 더 많은 예시가 필요하다고 생각하는가? 답은 간단하다. 그 답을 실행하기가 어려운 것이다. 식욕이 발생하는 뇌의 메커니즘을 광범위하게 연구했을 뿐만 아니라 살을 빼는 방법을 정확하게 알고 있는 사람인데도 내가 넉넉한 살집을 가지고 있는 이유가 여기에 있다.[1] 한 세미나 참석자가 내게 살 빼는 방법에 대해 조언을 구했고 나는 항상 해주던 답을 건넸다. "적게 먹고 운동을 더 하세요." 그러자 그녀는 이렇게 되물었다. "다른 방법은 없나요? 저는 정말 먹는 걸 좋아하고 운동은 싫어하거든요!"

사람들은 내게 어떻게 하면 더 행복하게 살 수 있는지 묻고, 나는 그들에게 스트레스를 관리하라고 말한다. 스트레스 관리와 회복탄력성을 위한 해답은 간단하지만 절대 쉽지만은 않다. 지금까지 우리는 실제 위협적인 상황과 단지 짜증나거나 불편할 뿐인 상황을 구분하는 법과 통제할 수 있다는 감정의 중요성, 그리고 문제해결 능력의 개발에 관해 배웠다. 모두 이해하기 어려운 내용은 아니지만 반복해서 엄청난 노력과 연습을 통해 자신의 것으로 만들어야 한다. 우리가 얼마나 간절히 원하든 간에 하룻밤 사이에 마법처럼 침착한 대처 능력과 빠른 해결책을 선물하는 왕도는 없다. 만일 그런 방법이 있다면 얼마나 좋겠는가. 마법 같은 비밀이 있다면 멋진 일이겠지만 다이어트, 스트레스 회복탄력성 등 대부분의 변화는 그렇게 아름답지는 않은 자기 자신의 얼굴을 정면으로 응시하는 데서부터 시작한다. 불행히도 그것만이 유일한 방법이다.

비록 회복탄력적으로 되기 위해서는 시간과 노력이 필요하지만 비교적 쉽게 실천하는 방안들이 있는 것은 다행이다. 나는 이를 긍정적 사고를 실천하는 행위라고 부른다. 이 장에서는 스트레스를 최소화하고 동시에 회복탄력적인 사고를 증가시키는 데 도움이 되는 기술에 대해 다룰 것이다. 전전두엽 피질의 왼쪽이 약간의 추가 활동을 하게 만들도록 우리가 개입하는 정신적 운동이다.

더 회복탄력적이 될 수 있도록 도와주는 3가지 긍정적 사고법

· 더 낙관적으로 생각하기

· 가진 것에 더 감사하기

· 유머감각 키우기

알겠는가? 얼마나 간단하고 쉬운가! 좋다. 이제 더 자세히 설명해보겠다.

먼저 우리가 미래에 어떤 세상을 살아갈지를 상상해보자. 인구과잉, 자원분배, 폐기물 관리, 공해, 교통체증 같은 모든 긴급한 문제가 해결된 유토피아를 떠올렸는가? 아니면 이런 문제들이 너무 심각해져서 사실상 사람이 살기 힘든 디스토피아가 떠올랐는가? 다시 말해서 방금 상상한 미래가 <스타트렉>과 <월-E> 중 어느 편에 더 가까운가? 밝은 미래를 상상했다면 아마 당신은 낙관적인 성향일 테고, 황량한 세상이었다면 그 반대일 것이다. 나는 미래가 밝다고 생각한다. 기후변화나 경제적 양극화와 같은 심각한 문제에 직면하고 있다는 사실을 인정하지만, 인간이 하나의 종으로서 얼마나 회복탄력적인지를 알고 있기 때문이다. 우리는 팬데믹, 세계대전(그것도 두 번씩이나!), 경제불황과 온갖 종류의 자연재해를 이겨냈다. 마치 캡틴 아메리카가 "하루 종일도 할 수 있어 I can do this all day!"라며 집념을 보여주는 모습을 닮았다. 어떻게 문제를 해결할지는 모르겠지만 누군가가 무슨 수를 써서라도 해답을 찾아낼 것이라 확신한다. 이렇게 생각하는 걸 보면 나는 낙관주의자로 분류될 것이다. 인류가 저지른 잘못을 돌이킬 수 없거나 인간의 본성 자체가 자기 파괴적이어서 우리는 결국 멸망하게 되리라 생각하는 사람들 역시 나는 알고 있다.

나는 낙관적이고 회복탄력적인 사람이다. 낙관주의와 회복탄력성은 서로 높은 연관성을 가진다. 낙관주의는 어디로 연결될까? 우선 낙관적 사고는 행복감과 긍정적 상호관계를 보여준다. 희망을 품은 사람들은 더 행복하고, 행복한 사람들은 세상을 더 긍정적으로 바라본다. 그리고 긍정적인 사람들은 또한 더 회복탄력적이다. 당연히 스트레스에도 영향을 덜 받는다. 걱정하는 시간도 따라서 줄어든다. 이 모든 것이 지금까지 우리가 다뤘던 내용의 맥락에서 자연스럽다. 회복탄력성과 행복은 우리가 하는 생각의 한 형태이고 낙관주의는 생각의 한 방식이다. 그러니까 긍정적 사고는 회복력과 행복 둘 다에 기여한다. 비록 내가 아는 가장 낙관적인 사람이 나는 아니지만, 분명 나는 긍정적인 사람이다.

낙관주의는 반작용이기도 하다. 뇌는 굉장히 다양한 범주의 반응 방식을 가진다. 자극을 마주했을 때, 예를 들어, 어떤 단편적인 정보에 우리는 긍정적 전개를 추론하면서 반응할 수 있고, 또는 반대로 마냥 걱정할 수도 있다. 걱정은 부정적 사고의 형태이다. 어느 반응이 더 빈번한지에 따라 자신을 낙관주의자 또는 비관주의자로 식별할 수 있다. 대개는 그 중간의 어떤 지점에 있다. 작은 비밀 하나를 말하자면 긍정적인 사람 역시 자주 비관적 사고를 한다. 우리 중 가장 낙관적인 사람도 여전히 부정적 생각에 시달리긴 하는데, 중요한 차이점은 걱정거리에 연연하거나 오랫동안 머물러 있지 않는다는 사실이다.

나는 걱정에 시달리는 사람들이 낙관적인 사고가 전혀 도움이 되지 않는다고 생각한다는 사실을 발견했다. 그들은 내게 걱정해야 한다고 말한다. 나는 그 대답으로 진짜 걱정해야 할 일은 그리 자주 발생하지 않기 때문에 항상 걱정하지 말라고 이야기한다. 언제나 다른 반응의 가능성은 존재한다. 예를 들어 내가 어릴 적 자전거를 타고 나갔을 때 어머니가 했던 걱정에 대해 생각해보자. 만약 내가 제시간에 돌아오지 않는다면 어머니는 자동차에 치여 길가 도랑에 쓰러져 있는 내 모습을 상상하며 걱정할 것이다. 이 상황에서의 자극은 예상 복귀 시간이 지났고 내가 집에 없다는 사실을 깨닫는 것이다. 확실히 걱정은 합리적인 반응일 수 있다. 부모가 귀가하지 않는 자녀에 대해 걱정하는 것은 자연스러울 수 있지만 그렇다고 그 자극에 따른 단 하나의 가능한 반응은 아니다. 낙관적인 사람은 같은 자극에 다르게 반응할 수 있다. "아, 시간을 좀 봐. 우리 애가 아직 집에 오지 않았네. 분명 시간 가는 줄 모르고 놀고 있을 거야. 이제 슬슬 배가 고플 테니 곧 집에 들어오겠구나." 정확히 똑같은 자극에 매우 다른 두 가지 반응이다. 불분명한 단서에 굳이 걱정으로 반응할 필요는 없다.

아이가 평소에 늦는 일이 단 한 번도 없었다면 그때는 걱정해라. 나보다는 자신의 자녀를 잘 알 테니. 때때로 걱정은 적절한 반응이기도 하다.

만약 자신이 매사에 걱정하는 편이라면 아마도 낙관적인(행복하거나 회복탄력적인) 사람은 아닐 것이다. 하지만 초조해할 필요는 없다. 연습을 통해 긍정적으로 될 수 있다. 앞에서도 말했듯이 그렇게 어렵지 않다. 미래를 한번 상상해보라. 이번만은 모든 일이 내가 원하는 대로 정확히 이루어졌다고 상상하라. 어떨 것 같은가? 가능한 한 구체적으로 떠올려라. 그런 다음 그 모습을 일기장에 적고 다음 주에는 다른 측면에 초점을 맞춰(직업 또는 인간관계) 다시 같은 연습을 반복해라. 만약 이를 실행했다면(나는 정말 이를 실행한 독자가 많지 않을 것이라는 사실을 안다. 하지만 꼭 해야 한다!), 로라 킹(내 친척은 아니다) 박사의 '가능한 한 최상의 자기 활동the best possible selves activity'을 연습한 것이다.[2] 일주일에 한 번 글을 쓰면 되는 이 연습은 낙관적 사고 능력을 키우는 것으로 증명됐다.[3]

가장 좋은 자기 활동은 간단한 일기 쓰기다. 글쓰기에 능숙하지 않아도 좋다. 또 많이 쓸 필요도 없다. 미래를 정확하게 예측하라는 것도 아니다(그럴 수만 있다면 멋지겠지만). 당장 해야 할 일은 자신의 뇌가 미래에 대해 긍정적으로 바뀌도록 정기적으로 약간의 시간을 내는 것이다. 만약 자신이 무척 비관적이라면 긍정적인 미래를 잘 떠올리지 못한다는 사실을 깨달을 것이다. 실제로는 자신이 이런 연습을 할 필요가 없다고 생각할지라도 일기를 쓰면 생각을 집중하는 데 도움을 받을 수 있다.

이 연습이 하루아침에 자신의 삶을 근본적으로 바꾸는 만병통

치약은 아니라는 사실을 기억해라. 체육관에서 운동을 시작했다고 해서 곧바로 거대한 이두박근이 생겨나지는 않는 것과 마찬가지다. 원하는 결과를 얻기 위해서는 오랜 시간 아령을 수천 번 들어올려야 한다. 일기를 쓴다고 해서 곧바로 낙관적이 되는 것은 아니지만 규칙적으로 긍정적 사고를 실천하는 것은 생각하는 방식에 분명 영향을 미친다.

· 계획적인 일기 쓰기 연습은 긍정적으로 사고할 수 있게 도와준다. 이는 결국 더 적절한 스트레스 관리로 이어진다.

이제 우리가 가진 것에 더 감사하는 방법을 다뤄보자. 지난 수십 년 동안 행복에 관한 학문적 연구가 활발하게 이뤄졌다. 그 결과 우리는 어떻게 하면 더 행복해지는지에 대해 많은 것을 알게 됐다. 행복한 사람이 그렇지 않은 사람에 비해 더 자주 하는 한 가지 행동은 긍정적 감정을 표현하는 것이다. 예를 들어 사랑은 많은 이가 자신의 삶 속에 존재하는 상대에게 느끼는 감정이면서도 또 매우 긍정적인 감정이다. 하지만 우리가 모두 그 감정을 똑같은 정도로 표현하는 것은 아니다. 어떤 사람들은 거의 드러내지 않는가 하면 또 어떤 사람들은 적극적으로 표현한다. 우리는 자신의 사랑을 마음껏 표현하는 사람을 이렇게 부른다. "행복한 사람."

우리의 생각이 감정에 영향을 미친다는 사실을 기억해라. 말로 사랑을 표현하거나 누군가에게 고마워하는 것은 그런 감정을 자신의 머릿속에서 다시 생성하는 것이고 이는 다시 행복이라는 감정으로 이어진다. 달리 말하면, 사랑하는 누군가에게 사랑한다고 말하는 행위는 자신을 더 행복하게 만든다. 자신이 사랑처럼 강한 감정을 표현하는 데 서툴다고 하더라도 걱정하지 마라. 사랑이 아니더라도 감탄이나 감사, 칭찬 등의 긍정적 감정을 진심을 담아 다른 사람에게 표현하는 행위도 같은 효과를 가진다. 다른 사람에게 감정을 더 많이 표현하면서 자기 머릿속의 긍정적 사고를 늘릴 수 있다. 내가 사람들에게 가장 즐겨 하는 조언 중 하나가 이것이다. 게다가 보너스로, 상대방 역시 더 행복하게 만드는 멋진 부작용이 함께 발생한다.

여기서 '진심을 담아'를 강조하고 싶다. 실제로 정말 진심이 담긴 행위여야만 한다. 무작정 거리로 나서 낯선 사람들에게 사랑한다고 말하지는 마라. 그래 봤자 원했던 효과는 발생하지 않을 것이다. 내가 바람둥이에게 영감을 주려고 이 글을 쓰는 건 아니다.

내가 사랑과 감사를 표현하는 행위를 강조하는 것만큼 또 상대방이 불편해하지 않도록 지나치지 않아야 한다는 한계 역시 존재한다. 세상에는 분명 선을 넘어서는 안 되는 것들이 있다. 긍정적 감정을 표현하는 행위 역시 마찬가지다. 게다가 모든 사람이 자신의 삶에서 사랑하거나 감사하는 상대가 있는 것도 아니다. 그런 사람은 이런 식으로 감정을 표현하라는 권고가 매우 불편할 것이다. 심지어 두렵고 스트레스를 받을 수도 있다. 만약 행복해지기 위해 스트레스를 받고 있다면 올바른 방법이 아님을 명심해라. 행복해지려고 의도적으로 어떤 행위를 하는 것이 스트레스를 일으킨다면 긍정적 사고를 촉진할 수 있는 다른 행위를 찾는 것이 나을 수도 있다.

고맙게도 긍정심리학자들은 우리가 실천할 수 있는 정말 좋은 다른 연습 방법을 생각해냈다. 그중 내가 강연회에서나 상담 시간, 심지어 사적으로 만나는 사람들에게 가장 자주 추천하는 방법은 감사일기를 쓰는 것이다. 형식은 다양하지만 매일 그날 감사했던 일을 세 가지 이상 적는 단순한 형태를 선호한다. 흔히 이를 "세 가지 좋은 일 적기 연습"이라고 부르는데, 뭐 달리 부를 이름도 없다.4 어떤 사람들은 감사하는 일 세 가지를 쓰고, 또 어떤 사람들은 행복한 일을 찾아 쓰는 것을 더 좋아하지만 모두 같은 연습의 변형일 뿐이다. 이런 연습은 엄청난 인기를 끌었기 때문에 아마 벌써 들어봤을 확률이 높다. 심리치료사들이 일반적으로 추천하는 방법이고 또 유명인사들도 공개적으로 관련 글을 SNS에 올리기도 한다. 예를 들어 유명한 시트콤인 <프레이저Frasier>

의 배우 켈시 그래머와 <가디언즈 오브 갤럭시Guardians of the Galaxy>
의 배우 크리스 프랫이 감사 연습에 참여하고 있다.[5] 자랑스러운
텍사스 주민이자 오스틴이 자랑하는 시민인 음악가 윌리 넬슨은
이 연습이 자신의 삶을 바꿔놓았다고 주장했다.[6] 여배우 엠마 왓
슨은 일기 쓰기 연습에 대해 이렇게 말했다. "저는 세 가지 감사한
일을 꼽아보면서 하루를 시작하는 것을 좋아합니다. 그리고 그날
일어났던 세 가지 놀라운 일들을 생각하면서 잠자리에 듭니다. 저
는 감사 연습이 삶을 바꿔준다고 굳게 믿습니다."[7] 헤르미온느 그
레인저의 말이 충분한 자극이 되지 못한다면 오프라 윈프리가 10
년 넘게 감사 연습을 실천해왔고 믿을 수 없이 바쁜 일정에도 불
구하고 무려 하루에 다섯 가지 감사한 일을 찾아 기록한다는 사
실을 참고해라.[8]

　개인적으로 행복을 위해 하루를 보내면서 세 가지 좋은 일을 꼽
아보는 것만큼 쉬운 방법은 없다고 생각한다. 겨우 5분 정도의 시
간이면 충분할 테고, 그 정도의 노력으로 믿을 수 없을 정도의 대
가를 기대할 수 있기 때문이다. 살아가는 환경이 어떻든 간에 우
리는 모두 하루에 감사할 만한 일 세 가지 정도는 찾을 수 있다.
정말 최악의 하루였더라도 감사할 일은 있다. 사실 그런 날에 이
연습은 가장 도움이 된다. 견뎌야 할 일이 많긴 하지만 우리 삶에
좋은 부분이 있다는 사실을 상기시켜주기 때문이다.

　전국을 돌아다니며 강연 활동을 이어가면서 나는 매번 이 연습

을 참석자들에게 추천한다. 그러던 중 이런저런 형태의 '감사일기 쓰기 도전'이 페이스북 피드에 나타나기 시작하는 것을 봤다. 대개는 7일 기한으로 시작하는 경우가 많지만 때때로 20일이나 30일의 기한으로 시작하는 사람들도 있었다. 나는 왜 먼저 이런 아이디어를 개발하지 못했을까 질투심이 느껴졌다. 얼마나 기발한 생각인가! 어차피 페이스북을 훑어 내리면서 시간을 보낼 거라면 이런 식으로 자신을 행복하게 만드는 데 활용할 수 있을 것이다. 멋진 풍경이나 음식 사진을 올리는 사이사이에 감사 글을 끼워 넣을 수 있다. 아니면 합쳐서 멋진 게시물을 만들 수도 있다. 이런 사람들도 있다. "내가 먹은 브런치……, 다음은 내가 먹은 점심……, 이건 내가 먹은 저녁…… 오늘 감사할 일 세 가지: 아침식사, 점심식사, 저녁식사"

정말 일리 있는 생각이다. 페이스북은 원래 짧은 글을 게시하기 편하게 설계되었다. 페이스북에서는 업데이트라고 표현하지만 그런 형식으로 쓰는 글이 바로 일기다. 더구나, 내 생각에 정말 장점은 내가 표현한 감사의 마음이 가족과 친구들에게(그리고 고등학교 때는 친하지 않았지만 자신이 친구 요청을 수락한 그 남자, 그 여자에게도) 공유된다는 점이다. 감사일기는 자신의 행복에 도움이 되지만, 이를 공유하면 또 다른 일들이 생겨난다. 사람들이 댓글을 달아주고, 자신의 경험에 공감하며, 그들만의 감사일기가 시작될 수도 있다.

이후로는 내 강연회의 참석자들에게도 페이스북에 감사일기를 올리라고 권유하기 시작했다. 그리고 나는 강연 내용을 직접 실천하기 때문에 내 감사일기의 공간 역시 페이스북으로 옮겼다. 원래는 내 강연 참석자들에게 감사일기를 어떻게 쓰는지 모범을 보여주려는 마음이 컸지만 만족감뿐만 아니라 재미까지 느껴져서 3년 동안 거의 매일 감사 게시물을 올렸다. 사실 이 책을 쓰기 시작하면서 페이스북 감사일기를 중단했고 원고를 완성하면 다시 시작할 생각이다. 아, 오해하지 마시라. 여전히 감사일기는 쓰고 있지만 단지 일을 하기 위해 소셜미디어 사용 시간을 줄였을 뿐이다. 아래에 내가 쓴 오늘의 감사일기가 있다. 어떻게 쓰는지 참고해라.

12월 4일, 오늘 감사한 일 세 가지.

1. 우리가 임차한 아파트 가까운 곳에 몇 군데 멋진 공원과 놀이터가 있다. 나는 덴버의 겨울 날씨가 오락가락하는 걸 알고 있었기 때문에 오늘 기온이 비교적 따듯해서 알리사와 함께 공원에서 시간을 보내고 놀이터에서 즐겁게 놀았다.

2. 사라는 플로리다에서 보낼 한 달 동안 머물 멋진 장소를 찾아냈다. 플로리다 북부의 시골 농장이었는데 여러 종류의 동물들을 키웠다. 우리 가족은 농장에서 살아본 적이 없어서 몹시 기대된

다. 특히 알리사에게는 매우 재밌는 경험이 될 것이다.

3. 동생 존이 최근에 부모님과 함께 방문한 적이 있었지만, 크리스마스를 우리와 함께 보내기 위해 다시 콜로라도로 돌아올 계획이다. 휴일을 동생과 같이 즐길 수 있게 되어 무척 기쁘다.

이게 전부다. 언제나 각 항목에 대해 왜 감사해하는지 약간의 설명을 덧붙이는 것이 도움이 된다. 이 연습에서 중요한 점은 자신의 현재 상황에 집중하게 해준다는 것이다. 만약 하루 세 가지 감사한 일을 나열한다면, 어쩌면 대상이 매일 같을 수도 있다. 예를 들어 나를 페이스북으로 이끈 사람은 "내 건강, 내 남편, 내 아이들"을 대상으로 날마다 감사의 글을 올린다. 이제 이유를 설명하려면 그 사람은 최근 경험한 모든 긍정적인 요소를 찾기 위해 뇌를 사용해야 한다. 전전두엽 피질의 왼쪽 부분에 일거리를 던져주는 것이다. 이것이 핵심 요점이다.

아직도 그 효과에 대해 긴가민가하는 상태라면 나는 공식적으로 당신에게 페이스북 감사일기 도전을 제안하고 싶다. 최소한 7일 동안 하루가 끝날 때쯤 그날 감사한 일 세 가지를 게시해라. 주말에는 자신이 더 행복하다고 느낀다는 사실을 깨닫게 될 것이다. 다음 주가 시작되면 자신이 이 도전을 계속하겠다고 결심할지도 모른다. 내 친구 중 한 명은 1년 이상을 이어오고 있다. 내 강연회의 참석자들 역시 많은 사람이 감사 게시물을 올린다. 시작하려니 아무래도 어색하다면 내 탓을 해도 괜찮다. 그리고 이미 페이스북을 사용하는 경우에만 이 연습을 하는 것이 좋다. 만약 페이스북 계정이 없다면 이를 위해 새로 가입하지는 마라. 지금까지 어떻게든 소셜미디어를 피해왔다면 제발 앞으로도 계속해서 실제 인생을 즐기는 삶을 이어가라.

지금 대다수와 다르게 소셜미디어에 중독되어 있지 않다면 고전적인 방식으로 감사일기를 쓰는 것이 좋다. 많은 시간이 걸리지 않으며 쉽게 할 수 있고 자신의 삶에 긍정적인 영향을 미칠 것이다.

- 사랑이나 감사 같은 긍정적인 감정을 상대방에게 말로 표현하면 더 행복해지고 그에 따라 스트레스도 잘 관리할 수 있다.
- 감사일기를 계속 써라. 날마다 구체적으로 세 가지 그날 감사했던 일을 설명하면 우리는 더 행복해진다.

이 연습을 통해 우리는 더 낙관적으로 되는 법과 지금 가진 것에 감사해하는 법을 모두 배울 수 있다.

세 번째 간단하고 쉬운 연습은 유머에 대한 이해도를 높이는 것이다. 물론 유머가 무엇인지는 알고 있을 것이다. 하지만 이곳에서 이야기하려는 맥락은 잠재적으로 위협적인 자극을 재미있거나 극복할 수 있는 가벼운 상황으로 인식하는 우리의 두뇌 능력이다. 또 한 방향의 자극을 만났을 때 재빨리 다른 방향으로 재해석하는 능력을 포함한다. 뇌는 이런 과정을 유머러스하게 인식한다.[9] 잘 이해되지 않을 수 있을 테니 사례를 들어보겠다.

내가 좋아하는 오래된 농담이 있다. 아마도 들어봤을 것이다. 헤니 영맨(미국의 유명한 코미디언-옮긴이)의 짧은 유머다. "내 아내를 데려가……, 제발." 단순하지만 뇌가 유머를 어떻게 처리하는지에 관해 내가 말하려는 의미를 이해하는 데 도움이 됐으면 한다. 처음 세 단어가 농담의 구조를 세운다. 전제를 설정하는 것이다. "내 아내를 데려가"라는 문구는 화자가 자신의 아내에 관해 이야기하기 시작한다는 신호를 듣는 사람의 뇌에 보낸다. 화자는 말을 잠시 멈추고 상대방은 농담이 이어지기를 기대한다. 그런데 "제발"이라는 단어가 나오면 문장의 의미가 완전히 바뀌고 듣는 사람은 즉시 이를 재해석해야 한다. 재빠르게 다른 이해를 시도하면 우리 뇌는 이를 우스꽝스럽게 받아들인다. 우리 뇌가 처음 가정이 잘못됐다고 인식하기 때문에, 지금 상황이 위협적이지 않다는 것을 깨닫고 즐거워한다. 나는 이 책에서 최근에 아빠가 되었다는 내용을 말하면서 같은 시도를 했다. 사실 내가 무대에서 자주 하는 농담이기도 하다. 내가 "저는 마흔다섯에 아빠가 되었습니다……. 여러분이 무슨 생각을 하는지 압니다." 듣는 사람은 한 방향의 내용이 이어질 거라고 예상한다. 그런데 나는 이렇게 끝맺는다. "아이가 아기를 낳았군! 이 남자는 자녀를 갖기에 너무 철이 없어!" 완전히 처음 내용의 방향이 바뀐다.

대부분의 조크는 뒷부분의 의미를 바꾸기 위해 문장의 끝에 단순히 단어나 문구 한마디를 덧붙이는 것보다는 복잡하게 이루어진다. 하지만 앞의 간단한 사례가 첫 인식을 바꾼 결과가 유머라는 것을 이해하는 데 도움이 되었으면 한다. 내가 로키산맥의 오솔길을 산책하고 있다고 가정해보자. 수풀 사이로 멀리 곰이 보이는 것 같다. 본능적으로 나는 공포에 질릴지도 모른다. 내가 공격을 받을지 곰이 나를 그냥 무시하고 지나칠지 알 수 없기 때문이다. 그런데 곰이 점점 가까워지면서 내가 다가오고 있다는 사실을 인식한다. 그러다가 갑자기 나는 그 흐릿했던 형체가 커다란 검은색 겨울 잠바를 입은 내 사촌 숀이라는 사실을 깨닫는다. 내 뇌가 오류를 깨닫고 곰에게 습격받지는 않으리라는 사실에 안도감을 느끼며 웃음이 터져 나온다. 숀이 이 글을 읽으면 내 엉덩이를 걷어찰지도 모르지만 그건 위협으로 느껴지지 않는다. 그리고 숀, 너는 정말 털북숭이잖아.

유머감각을 갖는 것은 하나의 상황을 여러 방식으로 해석할 수 있는 능력과 관련이 있다. 그리고 이는 스트레스를 극복하는 데 믿을 수 없을 정도로 도움을 준다. 앞에서 말했듯이 우리 뇌의 내부 영역들은 어떤 자극을 위협으로 잘못 해석하고 스트레스 반응을 가동할 수 있다. 하지만 전전두엽 피질은 다른 방향의 생각으로 이 시스템을 압도할 수 있는 능력이 있다. 나는 유머의 정신적, 육체적 장점에 관한 내용으로만 한 권의 책 완성한 저자를 알지만, 내 관점에서는 이것이 유머의 정확한 목적이다.[10] 유머는 뇌가 불필요하게 스트레스를 받지 않게 도와준다. 유머와 관련한 대부분 이론이 긴장 완화나 방어기제라는 역할을 주장하기도 하지만 내 관점과 모순되지 않는다. 심지어 다른 동물들도 집단 내 경쟁 개체의 공격성을 줄이는 수단으로 유머를 사용한다.[11] 유머의 장점은 많지만 나는 스트레스 관리가 가장 중요하다고 생각한다.

잠재적으로 부정적인 뇌의 활동 방향을 재조정하는 것과 더불어 유머는 우리에게 웃음을 터뜨리는 계기를 준다는 멋진 장점이 있다. 아마도 "웃음이 명약이다"라는 말을 들어본 적이 있을 것이다. 많이 회자되는 문구지만 사람들은 이를 깊이 생각하지 않는다. 나는 심리학 학위를 가진 코미디언이기 때문에, 그리고 바로 이 주제를 다룬 책을 쓴 저자이기 때문에 때때로 사람들은 이 말이 사실인지를 묻는다. 그렇다고 말하고 싶은 내 마음만큼, 실제로 그렇지는 않다. 웃음이 독감을 물리치는 데 도움이 되는 것은 아니며, 발가락 사이의 곰팡이를 치료하지도 않는다. 물론 부러진 팔을 다시 접합하지도 않는다. 그렇지만 암을 예방하거나 회복하는 데 도움을 줄 수 있고[12], 혈압을 낮추어 심혈관 질환을 피하도록 도울 수도 있다.[13] 또 당뇨병을 관리하는 데 도움을 줄지도 모른다.[14] 마지막으로 스트레스 관리에는 확실한 도움을 줄 것이다.

스트레스는 위협에 대한 뇌의 반응으로 어떤 행동을 준비하게 만든다. 스트레스를 받으면 몸으로 코르티솔이 분비되고 온갖 종류의 생리적 변화를 초래한다. 문제는 우리 몸이 모든 가능성 있는 행위를 위해 호르몬을 분비하면서 준비하는데, 그 후 아무런 행동도 하지 않을 때 발생한다. 하지만 신체적으로 웃는 행위는 뇌의 다른 영역에서 일어나는 어마어마한 양의 움직임과 관련이 있다. 유머를 처리할 때 뇌에서 발생하는 전기적 활동에서부터, 미소를 짓는 얼굴 근육, 숨을 들이마시고 내뱉게 하는 횡경막의 운동, 박수를 치고 발을 구를 때 맞물리는 팔과 다리의 근육 운동에 이르기까지, 웃음은 엄청난 신체 활동의 연쇄적 반응을 일으킨다. 웃음은 코르티솔을 줄이고 기분이 좋아지는 보너스를 주면서 스트레스를 전면적으로 감소시킨다.

웃음은 우리 행복의 표현일 뿐만 아니라 기여자이기도 하다. 내가 앞서 간략하게 설명했던 제임스-랑게 정서 이론을 다시 떠올려보자. 우리 뇌는 생리적 신호로부터 감정 상태를 해석한다. 만약 우리 몸이 미소를 짓고, 웃음을 터뜨리고, 박수를 치고 있다면 어떤 종류의 감정을 느끼기 시작할까? 힌트를 주겠다. 그 단어는 'ㅎ'으로 시작한다. 맞다. 히스테리아, 과잉 흥분 상태의 행복감이다. 그러니 알리사가 유머감각을 보여주기 시작했을 때 내가 얼마나 행복했을지 이해할 수 있을 것이다. 아이는 8개월쯤 되자 웃음을 터뜨리기 시작했다. 따라 웃으라고 거의 강요하는 것처럼 들리는 "하하하" 유형과 훨씬 더 진짜처럼 들리는 낄낄거리는 웃음이었다. 그리고 1년쯤 지나자 아이의 유머감각은 더 멋지게 발달하는 것 같았다. 심지어 농담을 건네기도 했다. 물론, 확실한 언어 능력을 갖추기 전이라 대개 슬랩스틱이었지만 내게는 분명 농담이었다. 기억나는 첫 번째 농담은 우리 세 가족이 차 안에 있을 때 아이가 카시트에 앉아 사라의 어깨를 두드렸을 때였다. 사라가 돌아보자 알리사는 자신의 장난감 중 하나를 입안에 집어넣고 웃기 시작했다. 따라서 웃다 보니 배가 아플 지경이었다. 좀 더 최근에는 산책하러 가자는 듯이 내 손을 신발로 이끌었다. 그래서 신발을 신으려고 손을 뻗었는데 아이의 장난감 중 하나가 그 안에 박혀 있는 것을 보았다. 내가 사정을 알아차리는 모습을 보더니 알리사가 큰 소리로 웃음을 터뜨렸다. 웃음을 주는 존재가 자신의 행복과 건강의 중심이다. 나는 내 딸을 사랑한다.

그래서 이 지식으로 무엇을 할 수 있을까? 가장 분명한 대답은 유머가 스트레스에 미치는 영향을 깨닫고 웃음을 주는 상황을 더 자주 만들려고 노력하는 것이라고 생각한다. 농담은 스트레스를 주는 요인에 대처하거나 또 자신에게 미치는 영향을 줄이는 가장 좋은 방법이다. 사실 많은 유머는 부정적 경험이나 어두운 생각에서 생산된다. 시트콤과 코미디 영화는 자주 힘든 상황을 유머러스하게 그려내고, 스탠드업 코미디언들은 온갖 고통을 소재로 가져와 무대 위에 선다. 유머는 훌륭한 반응 메커니즘이고 '웃어넘기는' 것은 현실 생활에서도 유용한 기술이다. 우리가 모두 똑같은 유머 능력이 있는 것은 아니지만, 고맙게도 코미디를 보고 듣는 것만으로도 같은 효과를 볼 수 있다.

- 유머는 자연스러운 스트레스 관리 도구이다.
- 농담을 하기 위해 상황을 재평가하는 것은 부정적 사고를 줄이는 데 도움이 된다.
- 웃음에 따르는 신체적 행위는 스트레스뿐만 아니라 관련된 생리학적 증상까지 줄여준다.

나는 대중 강연가가 되기 1, 2년 전부터 스탠드업 코미디를 공연하기 시작했다. 평생 코미디언이 되고 싶었지만 이런저런 이유로 계속 뒤로 미뤄왔었다. 오스틴의 대학생 시절에는 코미디 쇼에 자주 가곤 했다. 나는 텍사스에 매료되었고 전설적인 빌 힉스(미국의 스탠드업 코미디언, 사회운동가, 음악가-옮긴이)가 마지막 앨범을 녹음했던 공연을 지켜보기도 했다.[15]

나는 론 화이트(미국의 배우, 텔레비전 배우, 정치인, 작곡가 겸 작사가, 성우-옮긴이)가 아직 유명해지지 않았을 때 오스틴 클럽에서 활동하는 모습을 봤다. 현재는 코미디 클럽의 메카인 벨베타룸 클럽이 내가 그곳에 살 때 6번가에 문을 열었고 그곳에 뻔질나게 드나든 덕분에 지역 코미디언 몇 명을 알게 되었다. 그들은 내게 스탠드업 코미디 무대에 서라고 늘 격려했지만 나는 왠지 아직 준비되지 않았다고 느꼈다. 나는 대학원 진학을 위해 오스틴을 떠나 뉴올리언스로 향했고 그다음에는 오하이오에서 내 학업의 대부분을 마쳤다. 그 후 무엇이 나를 무대에 오르지 못하게 했는지 모르겠지만 마침내 무대에 오르게 한 것이 무엇인지는 알 수 있었다. 스트레스였다.

마침내 나는 샌프란시스코로 옮겼고 절대적으로 싫어하는 일을 하고 있는 자신을 발견했다. 그건 물론 회사의 잘못이 아니었다. 단지 내가 인생의 잘못된 시기에 잘못된 환경에 놓여 있을 뿐이었다. 나는 동료들과 제대로 소통하지도 못했고 하는 일도 만족스럽지 않다는 것을 깨달았다. 업무에 따른 스트레스가 나를 힘들게 했고 가벼운 우울증마저 생겨났다. 추가적인 스트레스의 원인은 샌프란시스코에 사는 생활비였다. 싫어하는 일을 내가 떨쳐버리지 못한 이유이기도 했다. 같은 상황에 처한 많은 사람처럼 나도 막다른 골목에 갇힌 기분이었다. 역시 심리학을 전공한 내 친구가 스탠드업 코미디를 해보자고 제안했을 때, 내 평생의 소망이 떠올랐다. 나는 돌아오는 주에 첫 번째 오픈마이크(코미디 클럽에서 누구나 무대에 오를 수 있는 마이크 개방 시간-옮긴이)를 신청했다. 그 즉시 우울감이 사라지고 기분이 고조되는 것을 느꼈다. 그래서 나는 오픈마이크를 계속 시도했다. 한 달 후 나는 싫어하던 회사일을 그만뒀고, 정기적으로 공연을 했으며 그보다 더 행복할 수가 없었다. 이제 이 글을 본 누군가가 잘 다니던 직장을 그만두고 무대를 향해 달려가기 전에 미리 말해둘 것이 있다. 코미디 업계는 레드 오션이며 성공할 확률이 극히 희박하다는 사실이다. 나는 아직은 코미디언으로서보다 대중 강연가로서 더 성공했다. 코미디언이 되기 위해서는 믿을 수 없을 정도의 회복탄력성이 필요하고 아마도 다른 뒷받침도 필요하다. 나는 선택할 만한 직업이라고 절대 추천하고 싶은 생각은 없다. 하지만 내게는 인생에서 가장 스트레스를 많이 받던 시기에 정확히 필요한 시도였고 결코 뒤를 돌아보지 않았다. 심지어 내일 저녁에도 나는 덴버의 지역 코미디 쇼에서 공연하기 위해 이 책 쓰는 것을 잠시 쉴 예정이다.

웃음 터트리기

이번 장에 들어가기 전에 오늘 아침 알리사가 깨어나더니 자신의 바지를 집어 들고 다리를 반쯤이나 꿰어, 스스로 옷을 입는 데 성공할 뻔했다! 너무 많이 떠들어대는 것 같긴 하지만, 나는 내 딸이 자랑스럽다.

코미디언으로서 내가 유머를 다루기 위해 이 책에 더 많은 지분을 할애할 것이라 생각할 수도 있다. 우리 목표를 위해 유머의 장점에 대해 계속해서 이야기할 수 있지만 웃음이 스트레스를 줄여준다는 점에 대해서는 충분히 이야기했다. 코르티솔과 혈압까지 낮춘다는 여러 연구결과가 있다. 웃음이 자연이 선물한 스트레스 관리 시스템이라는 결론을 내릴 수 있다.

스탠드업 코미디는 내가 인생에서 가장 힘들었던 시기를 극복하는 데 도움을 주었고 내 유머감각은 예고 없이 맞닥뜨린 모든 상황을 헤쳐나갈 수 있게 해주었다. 또 텍사스의 새로운 고등학교 문화에 적응하는 데 도움을 주었고 프렌치 쿼터에 거주하는 동안 승용차가 반복적으로 도둑맞을 때 내가 잘 반응할 수 있게 해주었다. 그리고 최근에는 1,500마일 떨어진 곳에 있는 내 콘도를 수리할 때도 내 두통이 심해지지 않도록 해줬다.

내가 박사학위를 가진 코미디언이라는 걸 사람들이 알면 대개 참 드문 조합이라고 말하곤 한다. 흔치 않은 일이지만 개인적으로 나는 자신의 예명에 '박사'를 붙일 수 있는 권리를 당당히 따낸 많은 사람을 알고 있다. 유명한 사례가 많다. 코미디언이자 배우 그리고 의사인 켄 정이 가장 먼저 떠오르는 이름일 것이다. 나는 고급 학위가 있으면서도 파트타임으로 코미디를 하거나 직업을 완전히 바꾼 사람을 많이 만났다. 그렇긴 하지만 대개의 쇼에서는 박사학위를 가진 사람은 내가 유일하다. 코미디언 데이브 델루카와 내가 로스앤젤레스에서 함께 쇼를 진행했을 때, 그는 공연자들의 시간표를 짰고 나는 사회자로 일했다. 로라 헤이든 박사는 전에 만난 적이 없었지만, 우리 무대에서 공연하면서 미친 듯한 폭소를 안겨준 뒤 나는 그녀의 팬이 되었다. 아래는 그녀의 이야기다. 나중에 알았지만 그녀와 나는 우리가 생각했던 것보다 공통점이 더 많았다.[16]

코미디가 내 물리치료사로서의 경력을 구원했다.

나는 치료사 일을 시작한 지 1년이 되었다. 학교를 졸업하자마자 실력 있는 정형외과 스포츠클리닉에서 꿈의 직업을 구했다. 신입이 얻기 힘든 자리였다. 8년간의 고된 대학 생활과 수백 시간의 인턴십을 거쳐 구한 직업이었음에도 1년간의 업무는 나를 지치게 했다.

내가 아는 어떤 의과대학이나 프로그램도 환자를 치료하면서 얻게 되는 감정적, 정신적, 육체적, 심지어 영혼의 고갈을 적절하게 처리하는 방법을 알려주지 않았다. 나는 직장 생활 1년 만에 녹초가 되었다. 학자금 대출을 갚으려면 10년이 걸릴 텐데 좋지 않은 신호였다.

나는 거의 영원 같은 학교생활을 거쳤기 때문에 생계를 위해서 마찬가지로 영원 같은 웨이트리스 일을 해야 했다. 최종적으로 나는 19개 대학에서 성적표를 받았고 6개 대학의 학위를 취득했다. 똑똑한 사람은 절대 나를 본받아서는 안 된다. 하지만 나는 위기에 강하다. 나는 두 가지 이유로 학교생활을 하면서 일찍부터 웨이트리스 일을 시작했다. 첫 번째 이유는 무기력한 나의 수줍음을 극복하기 위해서, 두 번째는 쇠락한 소매점에서 일하는 것보다는 더 많은 돈을 벌기 위해서였다. 단골손님들은 종종 내가 재미있다는 말을 하곤 했다. 솔직히 나는 자신을 한 번도 재미있다고 생각해본 적이 없었다. 그저 생각이 빠르고 솔직한 편이라고 스스로를 평가하는 정도였다. 그래서인지 나는 팁을 후하게 받는 편이었다.

물리 치료를 위한 대학원 프로그램은 엄청난 양의 프레젠테이션을 요구했다. 그들은 학생 모두가 커뮤니케이션 전문가가 되기를 원했다. 돌이켜보면 실제로는 좋은 훈련이었다고 생각한다. 수업 동료들은 내가 발표할 때마다 항상 웃음을 터트리며 재미있어했다. 분명 나는 척추수막염이나 비슷한 심각한 질환을 소재로 농담을 하려는 의도가 없었다. 하지만 내가 발표를 시작하면 매번 웃음이 터져 나왔다. 그 때문인지 졸업반 학생들은 나를 졸업식 연설자로 뽑았다. 다시 한 번 말하지만 나는 누군가를 웃기려고 시도하지 않았다. 그저 졸업식 연설이 매우 지루하기로 악명이 높았기 때문에 듣기에 너무 힘들게는 하지 않으려 했다. "우리는 먼저 교수진에 감사 말씀을 드리고 싶습니다⋯⋯ 어쩌고저쩌고." 대개 모든 참석자는 빨리 연설이 끝나서 축하 케이크를 먹으러 갈 수 있기를 바란다. 정말이지, 졸업식에 가는 유일한 이유는 케이크 때문이었다. 나는 주눅이 들었지만 연설은 성공적이었다. 나는 연설을 중간중간 멈춰야 했다. 사람들이 너무 웃어댔기 때문이다. 나중에 내가 너무 천연덕스럽게 연설을 잘했다는 칭찬이 쏟아졌다. 하지만 사람들은 내가 연단에 올라서기 전에 두 번이나 토했다는 사실은 알지 못했다. 극도로 내향적인 사람들의 특성이었다.

짧게 줄이자면 나는 새해마다 무언가를 하지 않겠다고 다짐하는 대신 새로운 것을 시도하려고 하는 편이다. 절대 먹고 마시고, 욕설을 내뱉는 행위를 자제하기 못하기 때문이다. 나는 스탠드업 코미디를 해볼지 아니면 요트 수업을 들을지를 선택하기 위해 동전을 던졌다. 앞면이 나왔고 선택은 스탠드업 코미디였다. 나는 강의를 듣고, 쇼케이스를 하면서 살아가보려 계획만 했을 뿐인데 뭔가 내가 잃어버렸다고 느끼지도 못했던 어떤 것이 채워지는 기분이었다. 장난처럼 시작했지만 쇼를 할 때마다 기분이 좋아졌다. 일이 끝나면 나는 정신적으로, 육체적으로 기진맥진했다. 어떤 날은 차까지 걸어가기도 힘들 정도였지만, 어쩐 일인지 나는 계속해서 오픈마이크에 참석해 코미디를 보고 공연을 하곤 했다. 그러면 저녁 일곱 시 때보다 더 기분이 나아져서 자정에 코미디 공연장을 떠날 수 있었다. 이런 일이 몇 번이고 반복되었다. 코미디는 말그대로 심각한 탈진 상태에서 나를 구해냈다.

나는 학창 시절 내내 외골수에 외톨이였기에 웃음은 내 인생에 깊은 영향을 미쳤다. 그래서 나는 웃음의 치유력에 관한 연구를 시작했다. 놀랍게도 그로 인해 나는 다시 대학으로 돌아갔고, 스트레스와 번아웃과 관련된 웃음의 치유 측면에 관한 논문으로 박사학위를 받았다.

코미디는 내 인생에 가장 긍정적인 영향을 미쳤다. 무려 31개국에서 공연할 수 있었고 놀라운 사람들을 만나 친구가 될 수 있었다. 그리고 물리치료사 일자리까지 구원할 수 있었다. 내 782쪽짜리 논문을 읽을 필요는 없다. 내가 요약해주겠다. 코미디는 모두에게 좋다. 정말로 진짜로 좋다. 바깥으로 나가서 웃어라. 실제로 우리 건강은 여기에 달려 있다.17

나는 번아웃이 얼마나 끔찍한지 경험해봐서 안다. 물리치료나 간호와 같은 의료 업무 종사자는 가장 높은 비율로 번아웃 증상을 겪는다. 다른 형태의 스트레스와 마찬가지로 우리에게 정신적, 육체적 피해를 준다. 번아웃이 좀 더 힘든 이유는 대부분에게 직업은 필요하기 때문이다. 그래서 무작정 스트레스의 근원에서 떠날 수가 없다. 덫에 갇힌 것이다. 도망칠 수도, 싸울 수도 없어서 웅크린 채 아무것도 하지 못한다(얼어붙기). 이는 상황을 갈수록 더 악화시킨다. 고급 교육을 받거나 전문 기술을 가진 이들에게는 스트레스가 더 증폭된다. 경력을 쌓아 올리기 위해 정말 많은 시간과 에너지를 투자했다고 느끼기 때문이다. 살아오면서 몇 번의 시기에 번아웃으로 고통을 받은 적이 있어서 나는 그 해로운 영향에 대해 종종 이야기한다. 번아웃 극복, 얼마나 매력적인 구호인가! 나는 그 비밀의 봉투를 열기 위해 매진하고 있다.

우리 중 거의 모든 사람은 일을 해야 하고, 은퇴하기 전까지는 성취감과 보람, 재미를 느끼며 경력을 이어갈 수 있기를 바란다. 하지만 모든 직업이 그렇게 만족스럽지는 못하다. 때때로 우리는 단지 먹고살기 위해 동경하던 일을 포기해야만 한다. 생계를 위해 하는 일이더라도 최소한 자신을 아프게 하지는 않아야 한다. 그렇게 무리한 기대는 아니라고 생각하지만, 그럼에도 우리 중 많은 사람이 실제 고통을 겪는다. 번아웃을 겪는 사람이 우울증까지 생긴다고 상상해보라. 직장에서의 업무뿐만 아니라 그 밖의 다른 생활에도 영향을 받을 것이다. 고맙게도 우울증은 치료법이 존재한다. 치료를 받는다고 해보자. 아마도 상황을 개선하기 위해 항우울제 처방을 받을 것이다. 이제는 형편없는 직장에서, 형편없는 일을 계속하기 위해, 형편없는 직장 때문에 생긴 병을 치료하려고 약을 복용해야 한다. 하지만 이제는 약값을 지불하기 위해 우울증의 원인인 직장을 그만둘 수도 없다! 확실히 인생은 그리 간단하지 않다. 그렇지만 이제는 어떻게 사람들이 사악하고 건강하지 못한 악순환에 갇히게 되는지를 안다.

악순환을 깨트리기는 쉽지 않다. 하지만 로라와 나의 경우, 유머감각이 도움을 줬고, 심지어 정말 흥미로운 일을 할 수 있게 이끌었다. 코미디언이 되는 것이 모두에게 실행 가능한 해결책은 아니지만, 약간의 농담을 통해 긴장을 푸는 것만으로도 형편없는 직장에서 오는 스트레스를 관리하는 데 도움이 된다.

나는 코너 켈리커트를 샌프란시스코에서 처음 만났다. 당시에 그는 이미 잘 알려진 코미디언이었다. 그는 코미디언 계급도에서 나보다 더 높은 위치였기 때문에 같은 무대에 자주 오르지는 못했다. 그보다는 내가 그의 무대를 종종 지켜보는 쪽이었다. 이 도시의 프로 코미디 클럽 중 한 곳인 펀치라인은 매주 지역 코미디언들의 쇼케이스를 열었다. 기성 배우에게는 즐거운 무대를 준비할 수 있는 멋진 곳이었고 신입에게는 관찰을 통해 인맥을 쌓고 코미디를 배울 좋은 기회를 주는 곳이었다. 내가 처음 시작할 때는 그저 공연을 보기 위해서 가능한 한 매주 찾아갔다. 코너는 정규 출연자였고 나는 그의 스타일이 정말 좋았다. 결국 우리는 소셜미디어를 통해 서로 연결됐고, 개인적으로 서로 만난 지 몇 년이 지났지만 그의 유머가 가득한 게시물들을 지금까지도 즐겨 보고 있다. 그 세월 동안 그는 나를 웃게 만드는 데 한 번도 실패한

적이 없었다. 심지어 상상하기 힘든 비극을 겪었으면서도 말이다. 아래에 그의 사연이 있다.[18]

코미디언으로서 내게 유머는 인생에서 큰 비중을 차지하고 있었다. 나는 어려운 시기를 헤쳐나가기 위해서 농담을 자주 사용하곤 했다. 학생 시절 반의 오락부장으로서 내 나쁜 성적에 대한 부정적 관심을 피하기 위해서도 농담을 사용했다. 알코올 중독자가 있는 이혼 가정에서 자라면서도 끔찍한 현재를 잊기 위해서 농담을 하곤 했다. 심지어 여러 번의 주먹다짐도 농담으로 피할 수 있었다.

인생의 어느 시점엔가 나는 아내 그리고 두 명의 자녀와 함께 집에서 쫓겨날 위기에 처해 있었다. 그 당시에도 나는 스탠드업 코미디 공연을 계속 이어갔다. 관객들에게 삶이 얼마나 힘든지 농담을 던지면 그들뿐 아니라 내 스트레스도 줄어드는 것 같았다. 끔찍한 돈 문제에 따르는 스트레스에 내가 무너지거나 미치지 않게 지켜줬다.

나는 긴장을 풀고 스트레스를 풀기 위해 종종 유머를 사용해왔다. 한번은 내가 인생에서 가장 최악의 상황에 빠져 어떤 사는 재미도 찾지 못할 때 친구가 나를 도와주려고 농담을 건넨 적이 있다.

2011년, 14년을 함께한 아내 신디가 두 자녀, 열한 살 셰인과 열세 살 한나를 남겨두고 갑자기 세상을 떠났다. 나는 아내 없는 세상이 어떨지 상상조차 해본 적이 없었다. 모든 현실이 무너져 내렸다. 말은 의미를 바꾸고, 사람들은 다르게 보였고, 세상은 우리의 미래를 파괴했다. 감정도, 시간도, 아무것도 존재하지 않았다. 모든 것이 의미가 없었다. 나는 그저 마리화나를 일주일에 거의 1온스씩(잘 모르는 사람도 있겠지만 정말 많은 양이다) 피워댔지만, 정말이지 아무런 도움이 되지 않았다.

지옥 속에서 보내는 일주일 동안 대부분의 사람들이 슬픔과 절망에 빠진 나와 아이들에게 다가와 상투적으로 "유감이네요" 하고 말을 건넸지만 정말 아무런 의미도 느껴지지 않았고 위로도 되지 않았다. 그건 신경 쓸 여력이 없는 자신들의 감정에 관한 말일 뿐이었다. 그렇게 나는 지옥 속에 앉아 다가오는 매 순간을 공포에 짓눌려 있었다. 이제 내 아이들을 어떻게 해야 할 것인가? 이렇게 엉망진창인 상태에서 어떻게 아버지 노릇을 할 수 있을까?

그때 친구이자 동료 코미디언인 제이콥 시로프가 우리 집 앞마당에 서서 내가 어떻게 지내는지를 묻는 전화를 했다. 그는 아내와도 소중한 친구였다. 그는 다짜고짜 물었다. "홀아비 연기가 끝내준다던데, 여자들 좀 꼬셔보려고 그러는 거 맞지?" 일주일 만에 처음으로 나는 폭소를 터뜨렸다. 내 평생 한 번도 웃지 않고 일주일을 보낸 적은 아마 그때가 처음이었을 것이다. 제이콥은 나중에 내가 웃음으로 반응할지 확신하지 못했다고 말했다. 나는 그에게 지난 몇 년 동안 내게 일어난 일 중 가장 소중한 순간이었다고 말해줬다. 그 분출은 내가 생각을 똑바로 하기 위해 가장 필요한 것이었다. 그 순간 나는 앞으로 괜찮아질 수 있다는 걸 알았다. 홀로 아이들을 키워낼 수 있다는 것 역시 알 수 있었다.

다음 몇 년 동안에도 여전히 많은 스트레스를 견뎌야 했지만, 그리고 두 아이도 충격이 컸지만 우리는 어떻게든 극복해나갈 수 있었다. 처음에는 아내에 관한 이야기를 눈물 속에서 했지만 이제는 웃음 속에서 나눌 수 있게 됐다. 마치 내가 일을 끝내고 집에 돌아왔을 때 신디가 섹시한 하이힐 한 켤레만 신고서 옷을 다 벗은 채 진공청소기를 돌리고 있던 것처럼 말이다. 그녀는 "어서 와, 자기"라고 말했었다. 그녀는 언제나 나를 빵 터지게 만들곤 했다.

웃음을 터뜨리지 못한다면, 그건 정말 구린 인생이다.[19]

강연을 다니다 보면 자신이 빠져 있는 끔찍한 상황과 스트레스를 설명하면서 어떻게 유머를 발휘할 수 있는지를 묻는 사람들을 만나곤 한다. 나는 언제나 그들의 상황을 가볍게 여기고 싶지도 않고 또 처지를 더 자세히 알지 못한다면 나 역시 가능한 유머를 찾을 수 없다고 대답한다. 그들이 찾는 대답이 아니라는 걸 알지만 내게도 무척 곤란한 질문이다. 코미디언으로서 나는 어떤 주제이든지 코미디의 소재가 될 수 있다고 믿지만, 또 모든 사람이 어떤 소재에든 웃을 준비가 되어 있지 않다는 사실 역시 알고 있다.

때로는 시간이 필요하다.

나는 코너가 아내의 죽음 이후 느꼈을 고통을 상상할 수조차 없다. 만약 비슷한 비극을 견뎌야 한다면 내가 어떻게 행동해야 할지 아무런 생각도 떠오르지 않는다. 한 가지 확신하는 것은, 코너처럼 내게도 멋진 웃음이 필요할 거라는 사실이다.

독이 든 딸기를 먹지 마라

언제나 긍정적으로 생각하기는 어렵다. 곰이든 유니콘이든, 나쁜 일은 일어나기 마련이고, 또 부정적 생각을 피할 수는 없다. 때때로 부정적인 생각이 머릿속에 떠오르는 것은 지극히 자연스러운 일이다. 사실 우리 뇌는 부정적인 측면에 집착하는 경향이 있다. 심리학자들은 이런 현상을 '부정적 편향'이라고 부른다.[20] 기본적으로 우리는 두 가지 자극, 즉 하나는 긍정적이고 또 다른 하나는 부정적인 것을 마주친다면 우리 뇌는 부정적인 자극에 더 집중하고 영향을 받을 가능성이 크다. 젠장맞을 일이지만 우리 뇌는 그렇게 엮여 있다.

두뇌가 지금까지 어떻게 세상에서 정보를 모으고 발달해왔는지를 생각해보면 그런 작동방식이 일리가 없는 것은 아니다. 이를 설명하기 위해 나는 수백만 년 전 북아프리카 사바나에서 첫 번째 인류가 직면했을 도전을 상상해보고 싶다. 자신이 먹을거리를 찾기 위해 그 지역을 탐험한 최초의 인류 중 한 명이라고 상상해보라. 이상하게 매력적으로 보이는 신선한 딸기가 주렁주렁 매달린 덤불을 발견했다고 가정해보자. 이제 한 움큼을 따서 철저히 살펴보고 입안에 몇 개를 넣어보기로 한다. 그랬더니 그 딸기들은…… 정말 맛있다! 달콤한 즙이 입안에 흘러넘쳤다. 맛만 좋은 것이 아니라 영양소가 몸 전체를 순환하기 시작하면서 갑자기 기운까지 솟는다. 방금 맛있는 음식의 근원지를 발견했고 앞으로 배고플 때를 대비해서 일단 이 딸기들을 기억하는 것이 중요하다.

이제 다른 딸기가 매달린 수풀을 마주쳤다고 상상해보자. 하지만 이번에는 입안에 넣어봤더니 맛이 끔찍했다. 실제로 몸에서 기운이 빠져나가며 불편했다. 자신보다 더 많은 양을 먹었던 친구는 병에 걸려 죽을지도 모른다. 그 열매는 알고 보니 독성이 매우 강했다.

어떤 딸기가 맛있고 영양가가 높은지 기억하는 것도 중요하지만 자신을 죽일 수도 있는 딸기를 기억하는 것은 목숨이 달린 절대적으로 중요한 사실이다. 생존을 위해서는 꼭 필요하면서도 간명한 문제다. 나는 부정적인 편향을 이렇게 독이 든 딸기에 빗대어 설명한다.

맛있는 딸기를 확실히 기억하기 위해서는 우리 뇌가 몇 번의 경험을 반복해야 할 수도 있다. 하지만 독이 든 딸기는 훨씬 적은 경험만으로도 분명하게 기억에 남는다. 비슷하게 요리하는 행위에 대해서도 생각해보자. 어떤 음식을 요리하는 법을 배우려면 많은 연습이 필요하지만 뜨거운 냄비 뚜껑을 만져서는 안 된다는 사실은 단 한 번만 데어보면 된다. 독이 든 딸기도 마찬가지다. 가능한한 빨리 잠재적 위협을 식별하는 법을 배우는 건 나의 생존과 관련 있기 때문이다. 우리는 자연스럽게 긍정적 자극보다는 부정적 자극에 더 많은 관심을 기울인다. 숲속의 아름다운 풍경보다는 우리를 향해 달려오는 곰에 더 주목하고 기억할 가능성이 크다는 것은 그래서 일리가 있다.

현대 세계에서는 우리 중 극소수만이 생존을 위해 먹으면 안 되는 열매를 찾아야 하는 역할을 맡고 있다. 지금 당장 딸기가 먹고 싶다면 차를 몰아 한 블록 아래에 있는 슈퍼마켓에 가서 한두 상자를 사 오면 된다. 고맙게도 맛이 좋은지, 아니면 최소한 독이 들어 있지는 않은지 나보다 먼저 누군가에 의해 미리 선별되고 키워진 열매다. 그런데도 여전히 부정적 정보에 대한 우리의 선택적 편향은 다양한 방식으로 우리 생각에 영향을 미치고 있다.

누군가와 연애할 때 이런 선택적 선호의 좋은 사례를 발견할 수 있다. 대개 우리는 특별한 누군가를 찾거나 그나마 견딜 만한 누군가를 찾아 장기적 관계를 맺기 전에 몇 번의 이별을 거친다. 함께 사는 생활이 정말 멋지고 건강할 수도 있지만 또한 끊임없이 다투며 스트레스를 유발할 수도 있다. 얼마나 대단한 사람인지와는 상관없이 누구나 자신의 감정에 상처를 주거나 관계를 망칠 가능성이 있다. 나 역시 관계를 망친 적이 여러 차례 있다. 만약 자신이 파트너의 감정에 극심한 상처를 준 적이 있다면 앞으로 두 사람 사이에 오래도록 기억될 것이라는 사실을 알 것이다. 둘 사이에 있었던 완벽한 수천 번의 순간은 모두 잊고 관계를 망친 단한 번의 순간에만 집중하는 것처럼 보인다. 그것이 바로 독이 든 딸기이다.

내가 개최한 한 강연회에서 나는 사라를 처음 만났다. 최근에 우리는 몇 개의 오래된 상자를 뒤지고 있었는데 그녀가 남겨놓은 메모를 우연히 발견했다. 신기하게도 그녀는 여백에 '독 딸기'라고 쓰고 밑줄을 그어두었다. 지금까지도 그 이유는 잘 모르겠지만 나는 그녀를 화나게 하지 않으려고 열심히 노력하고 있다.

흔한 부정적 사고의 다른 형태는 우리가 종종 최악의 시나리오가 발생할 확률을 과대평가한다는 것이다. 내가 대학원생이었을 때, 강의 하나를 맡아 가르친 적이 있다. 어느 날 나는 학생들에게 도시의 외곽 지역을 떠올린 뒤 늦은 밤에 찾아가는 상상을 해보라고 했다. 그리고 결과적으로 어떤 식으로든 공격받을 가능성이 얼마나 되는지 가늠해보라고 했다. 또한 그들에게 자신의 낙관성을 측정하게 했다. 놀랄 것도 없이 낙관성이 낮은 사람이 자신이 범죄에 희생될 확률이 더 높다고 추정했다. 여기서 정말 흥미로웠던 점은 따로 있었다. 평균보다 낙관성이 낮은 학생들이 밤에 도시 외곽에서 공격받을 확률을 50퍼센트라고 예상했다는 사실이다. 그 특정 지역의 실제 범죄율이 얼마인지 전혀 모르지만, 나는 학생들의 예상이 50퍼센트에 육박했다는 것을 믿을 수가 없었다. 이는 이웃 사람들의 절반이 매일 밤 범죄의 희생양이 되고 있다는 의미다. 거의 특공대가 출동해야 할 지경이었다.

그들은 왜 그렇게 범죄율이 높다고 추정했을까? 다시 말하지만 독 딸기에 대한 우리의 편견과 스트레스의 목적은 안전을 위해서다. 만약 범죄 확률을 과대평가하거나 곰의 습격을 걱정해 도시나 숲에 가지 못한다면, 그건 불행한 일이 되겠지만 적어도 목숨의 위협을 받지는 않을 수 있다.

때때로 우리는 어떤 행위와 관련된 불편을 무작정 과대평가한다.

사라와 내가 함께 여행을 시작하기 전에 나는 로스앤젤레스에 살았다. 정확히는 웨스트 할리우드였다. 웨스트 할리우드는 로스앤젤레스로 완전히 둘러싸인 별개의 도시다. 알고 보면 놀랄 수도 있지만 웨스트 할리우드는 말 그대로 할리우드의 서쪽에 자리 잡고 있다. 선셋 스트립을 운전해본 적이 있다면 웨스트 할리우드에 있었던 것이고 아마 다른 도시라는 사실조차 깨닫지 못했을 것이다. 나는 그곳에 사는 것이 좋았다. 믿을 수 없을 정도로 활기차고 흥미로운 곳이며 매우 자유로운 분위기의 이웃들이 산다.

나는 많은 사람과 같은 이유로 로스앤젤레스로 이사했다. 영화와 TV 분야에 뛰어들기 위해서였다. 그곳에서 3년을 보냈지만 나는 출연 시간을 많이 얻지 못했다(DVD로 출시된 쓰레기 영화에 내얼굴을 2초가량 담는 데 성공했다). 하지만 멋진 사람들을 만나 인맥을 쌓을 수 있었다. 때때로 시사회나 파티, 공개 캐스팅 오디션에초대받기도 했다. 대부분 할리우드 안에 있거나 집에서 그리 멀지않은 곳에 있었다. 일부러 그곳을 찾아가 사는 이유이기도 했다. 가끔은 로스앤젤레스 시내의 행사에도 초대받곤 했다.

　다운타운 거리는 웨스트 헐리우드에서 대략 10마일쯤 떨어진곳이었는데, 이는 차가 막힐 때는 한 4주가량 걸릴 거라고 마음을먹어야 한다는 의미였다. 시내에서 개최되는 어떤 이벤트에 참석할 기회가 있을 때마다 내 뇌의 부정적 측면이 발동되면서 참석을 포기하라고 적극적으로 말리기 시작했다. 나는 자신에게 이렇게 말하곤 했다……

　이런, 시내까지? 교통체증을 생각하면 엄청 일찍 나가야 할 거야. 도착하더라도 골치 아프게 주차장을 찾아야 하고 주차비도 만만치 않겠지. 게다가 내가 아는 사람은 몇 명이나 있을까? 과체중에다가 나이는 중년인 코미디언에게 실력 있는 영화 제작자가 관심을 기울일까? 나는 정말 매력 없는 상품일 거야. 도로 위에서한 시간을 보내고 또 주차할 곳을 찾으려고 30분은 헤매겠지. 그리고 언제 다시 만날지도 모르는 사람들과 수다를 떨기 위해 두어 시간 보내다가 집으로 돌아오는 데 또 한 시간 넘게 도로 위에 갇혀 있어야 할 거야. 이런, 정말 갈 마음이 있으면 지금쯤 바지를 찾아 입어야 하는데…….

이렇게 불편한 사정만을 과대평가해서 내가 로스앤젤레스로 이사하면서까지 하려고 했던 일을 할 수 없게 되었다. (그나저나 로스앤젤레스 다운타운은 내가 가장 좋아하는 장소 중 하나였다. 훌륭한 역사 유적과 브로드웨이를 따라 늘어선 놀라운 시장들, 정말 멋진 예술가의 거리, 차이나타운, 리틀 도쿄 등등. 노파심에 하는 소리지만 내 바보 같은 이야기 때문에 로스앤젤레스의 멋진 도심을 가보는 것을 미루지 마라. 대개 로스앤젤레스를 방문하는 사람들은 그저 할리우드를 구경하고 해변에서 시간을 보내다가 돌아가는 거로 알지만 다운타운에 가면 적어도 맛있는 딸기나, 아니면 죽이는 타코를 맛볼 수 있을 것이다.)

긍정적 마음을 갖는 것이 어렵더라도 자책하지 말아야 한다(스스로 자책하는 것이야말로 우리가 가려는 방향의 정확히 반대 행동이다).

우리 뇌는 일반적으로 부정적인 것에 더 집중한다. 우리 중 가장 긍정적인 사람들도 부정적인 생각으로 힘든 순간이 찾아온다. 하지만 부정적 생각에 온전히 붙들리면 우리의 목표인 스트레스 관리에 방해가 되기 때문에 심각한 편향에 빠지기 전에 부정적 생각을 줄이기 위해 할 수 있는 일들을 시도해야 한다.

낙관주의자가 되기 위한 하나의 방법은 부정적 생각을 억누르는 것이다. 낙관주의자 역시 언제나 비관적인 생각이 떠오르지만 붙들리지는 않는다. 앞에서도 말했듯이 생각의 흐름을 바꾸려고 시도하면 도움이 된다. 말 그대로, 무엇이든 상관없다. 이는 걱정에도 효과가 있고 대부분 부정적 사고에도 역시 효과가 있다.

내가 추천하는 한 방법은 '데카타스트로피화decatastrophization(불안 장애 및 정신병과 같은 심리적 질환에서 흔히 볼 수 있는 부정적 사고에의 집중 및 확대 같은 인지 왜곡을 치료하기 위한 인지 재구성 기법)'이다.[21] 이 기법을 사용하면 최악의 시나리오가 벌어질 가능성을 우리가 얼마나 확대해석하는지를 파악하여 현재 상황을 이해하는 데 도움이 된다. 심리학자들이 이런 용어를 사용한다는 것을 배우기 전부터 나는 실제로 이를 실행해왔다. 스트레스를 받으면 나는 자신이나 다른 사람에게 이렇게 묻곤 한다. "그래서 일어날 수 있는 최악의 일이 뭐지?" 또는 "그런 일이 일어날 가능성은 얼마나 될까?" 이는 상황을 객관적으로 받아들이고 부정적 생각을 줄이는 좋은 방법이다.

예를 들어보겠다. 만약 꽉 막힌 도로에서 절망하며 분비되는 코르티솔에 영향을 받고 있다고 상상해보라. 스트레스를 점점 더 받을수록 부정적 생각이 슬금슬금 떠오르기 시작한다. 교통체증으로 발생할 최악의 시나리오는 무엇인가? 내게는 교통체증이 사소한 스트레스 요인이기 때문에 최악의 시나리오를 설정하기조차 어렵다. 내 생각에, 가능한 최악의 상황은 영원히 도로 위에 갇혀 있어야 한다는 것이다. 경적을 울려대는 차들에 둘러싸여 굶어 죽는 상황이다. 하지만 그런 일이 일어날 가능성은 극히 희박하다. 게다가 나는 그런 상황이 오기 전에 차를 버리고 샌드위치를 사러 나서거나, 고속도로로 피자를 배달해달라고 전화할 것이다. 나는 실제로 교통체증 속에서 이런 정신적 연습을 한 적이 있다. 그리고 그런 결과를 상상하는 것은 회사에 몇 분 늦는 스트레스를 줄이는 데도 도움이 된다.

· 우리는 부정적인 것에 집중하는 경향이 있다. 하지만 생각의 흐름을 바꾸거나 상황을 객관적으로 바라보면 바람직하지 않은 부정적 생각을 억누르는 데 효과가 있다.

일어날 수 있는 최악의 일이 이미 일어났다면? 음, 우선 그런 힘든 일이 일어난 것과 그 일이 무엇이든지 간에 처리해야 한다는 사실에 유감을 전하고 싶다. 하지만 그렇다면, 내면의 대화를 다시 시작해라. 세상이 끝난 것은 아니다. 때때로 최악의 상황은 벌어지지만, 다르게 생각하면 이제 더 벌어질 나쁜 일도 없고 앞으로는 나아질 일만 남았다. 최악의 상황보다 더 최악은 없으니까. 말 그대로다. 최악의 시나리오를 상상함으로써 우리는 다시 낙관적인 사고방식으로 돌아갈 수 있는 위치에 놓이게 된다.

요약하자면 인간은 부정적 가능성과 결과에 집중하는 타고난 경향이 있다는 것을 이해한 뒤, 실제 문제가 발생할 때 대응할 수 있는 조치를 생각해놓는 것이 중요하다. 생각의 흐름을 바꾸고 상황을 객관적으로 바라보는 것은 부정적 생각을 억제하는 데 도움이 된다.

9장

지치고 좌절했을 때

———

이 책을 처음 쓰려고 했을 때, 나는 공유하고 싶은 조언이나 경험뿐만 아니라 사람들이 가장 많이 물어오는 질문을 생각했다. 또한 친구들에게 궁금한 점을 적어달라고 해서 최대한 정리했다. 하나의 장으로 써볼 만하다고 생각한 것 중 하나는 친구 제시카에게서 온 질문이었다. 그녀는 이렇게 물었다. "지치고 좌절한 사람에게 어떤 조언을 해줄 수 있을까? 스트레스의 하강곡선을 돌려 어떻게 평온한 방향으로 움직이게 할 수 있을까?"

훌륭한 질문이었고 매우 적절했다. 본격적으로 들어가기 전에 미리 말해둘 것이 있다. 나는 좌절하고 지치는 것은 장기간의 스트레스가 서서히 누군가를 무너트리고 건강을 해친 결과가 아니라 일시적이거나 단기간의 스트레스 상황이라고 가정한다. 장기적인 스트레스 문제는 여기서 내가 다루는 조언을 넘어 의학적 치료가 필요할 수 있다. 또한 신경쇠약이나 신부전 등 치료약이 필요한 다른 상태를 겪고 있지 않다고 가정한다. 대신 일상적인 스트레스 반응으로 야기되는 감정적 피로의 흐름을 깨트리기 위해 우리가 무엇을 할 수 있는지를 알아본다. 더 극심한 문제를 겪는 사람들도 여기서 다루는 내용의 도움을 받을 수 있지만 반드시 의사와 상담하는 것이 좋다.

이 책에서 많은 조언을 다뤘지만 내가 제안한 대부분은 장기적으로 스트레스를 관리하는 능력을 키우기 위한 것이다. 스트레스 관리 기법을 개발하는 데 집중할 수 있는 가장 좋은 시기는 스트레스를 받지 않을 때이다. 곰이 달려들 때까지 기다린 후 이 책을 집어 들어서는 안 된다. 불행히도 사람들은 때때로 필요할 때가 되어서야 해답을 구하려 든다. 상황이 좋고 시간이 넉넉할 때는 그저 가만히 있다가 말이다. 하지만 압박감을 느끼고 즉시 구원책이 필요할 때는 평온함으로 가는 길을 찾기가 쉽지 않다.

첫 번째는 이미 들어봤을 거로 생각하지만 그렇다고 나를 막지는 마라. 바로 '숨을 쉬는 것'이다. 집중해서 심호흡을 계속해라. 맞다. 이미 알고 있는 것들을 읽기 위해 여기까지 왔다. '호흡은 정말 간단한 거야'라고 생각하고 있을지도 모른다. 그래서 그 중요성을 이야기하려니 나는 좌절감이 느껴진다! 하지만 호흡을 조절하는 것은 스트레스의 영향을 줄이는 데 정말로 큰 도움이 된다.

호흡은 많은 신체 기능과 다르다. 보통 자신이 원하든 원하지 않든, 그리고 거의 무의식적으로 이뤄진다. 하지만 자발적으로 통제할 수도 있다. 스트레스 반응으로 일어나는 모든 생리학적 변화 중에서 우리가 의식적으로 통제할 수 있는 것은 드물다. 호흡은 어느 정도 통제할 수 있지만, 자신의 혈류량이나 혈관 수축을 조정해보라. 앞 장에서 설명했듯이 스트레스를 받을 때 우리 몸은 행동할 준비를 하기 위해 교감신경계를 작동시킨다. 여기에는 빠른 호흡도 포함된다. 우리가 의도적으로 호흡을 늦추면 연쇄작용으로 부교감신경계가 활성화되어 진정 작용이 이루어진다. 그리고 시스템이 작동하면서 스트레스에 의해 야기된 다른 생리학적 변화들도 감소한다. 심호흡은 탁월한 진정 도구로 널리 알려져 있으며, 명상에서도 중요한 수단이다. 이미 들어봤다는 것은 그 방법이 효과가 있기 때문이다.

두 번째 추천은 운동이다. 신체적 활동은 그것이 어떤 행위이든지 간에 우리 몸을 빠르게 진정시켜줄 것이다. 여기까지 주의를 기울여 이 책을 읽었다면 충분히 이해할 수 있어야 한다. 스트레스는 위협의 인식에 대한 뇌의 반응이고, 이는 신체에 행동할 준비를 하게 만든다. 그러니 무언가 행동을 해주면 된다. 기능적으로 설명하자면 신체 활동은 스트레스를 위해 디자인된 것이다. 모든 싸울 준비와 몸을 피할 준비를 했는가? 맞다. 그것이 운동이다. 스트레스를 빠르고 효과적으로 줄이는 절대적인 최고의 방법이 운동이다. 내게는 스트레스와 분노 조절로 힘들어하는 룸메이트 친구가 있었다. 그는 무척 놀라운 대응 전략을 가지고 있었다. 그는 흥분하려고 할 때마다 바로 몸을 엎드려서 팔굽혀펴기에 몰두하곤 했다. 다시 일어선 뒤에는 침착한 상태로 돌아와서 자신을 흥분시킨 자극이 어떤 것이었든지 간에 대처할 준비가 되어 있었다. 그렇다고 우리가 꼭 팔굽혀펴기를 할 필요는 없지만, 어떤 종류든지 격렬한 활동을 할 수 있다면 축적된 코르티솔을 효율적으로 태워버릴 수 있다. 실제로 스트레스가 발생하고 몸을 움직일 수 없는 상황일 때 무슨 일이 일어나는지 생각해보라. 예를 들어 꽉 막힌 도로에 갇혀 있다고 상상해보자. 스트레스를 받고 몸속에는 호르몬이 치솟는다. 그런데도 마냥 앉아서 온몸이 코르티솔에 젖어가도록 내버려둘 수밖에 없다. 그렇다. 운동은 스트레스로부터 즉각적으로 해방되는 가장 좋은 구원책이다. 실제로 이를 활용하는 사람이 거의 없다는 건 안타까운 일이다.

　세 번째는 억지로라도 웃어보라는 것이다. 앞서 다뤘던 제임스랑게 정서 이론에 따르면 미소와 웃음이 행복감을 높인다고 추론할 수 있다. 뇌는 감정 상태를 결정하기 위해 신체에서 나오는 생리학적 신호를 해석한다는 사실을 기억하라. 자신이 웃고 있다고 뇌를 속임으로써 기분을 고양시킬 수 있다는 몇 가지 연구결과가 있다. 효과가 좋은 한 가지 방법은 연필 또는 비슷한 모양의 물체를 입으로 물고 있는 것이다.[1] 이렇게 하면 미소와 비슷한 얼굴 형태가 만들어지고 곧바로 대부분 기분이 고조된다. 제임스 랑게 이론이 이를 증명했고, 부정적 감정에 개입하기 위해 내가 사용하는 가장 좋은 방법이기도 하다. 누구든 이를 직접 시도해볼 수 있다. 기분이 우울해졌는데 어찌해야 할지를 모르겠다면 펜을 이빨로 물어라! 해보라. 아프지 않다. 너무 세게 물지만 마라.

물론 개인차는 있지만 일반적으로 더 많이 웃을수록 우리는 더 행복해진다. '성공할 때까지 성공한 척해라'라는 말을 들어본 적이 있는가? 같은 맥락에서 이는 절대적으로 진실이다. 심지어 눈썹을 찌푸리지 못하도록 보톡스 주사를 놓아서 행복감을 높일 수도 있다.[2]

나는 이 세 가지 방법을 강연회를 할 때마다 추천한다. 청중들이 제일 공감하는 것은 펜을 이용한 방법 같았다. 실제로 캘리포니아 팜스프링스에서 강연회가 끝난 후 남부 캘리포니아 지역의 교통체증에 시달리는 참석자로부터 이 방법을 사용한 효과에 관한 이메일을 받았다. 그녀는 다음과 같이 썼다.

다음날 나는 로스앤젤레스로 차를 몰았다. 남편이 집에 남아 있었기 때문에(보통은 같이 여행하는데), 나는 불안했다. 좋은 일로 찾아가는 것이었지만 스트레스를 받을 일도 많았다. 운전대를 잡고서 강연회에서 배운 대로 내가 좋아하는 가수의 노래를 들으면서 걱정하지 않으려고 집중했다!

도로는 혼잡하지 않았고 노래는 흥겨웠다. 보몽에 도착했을 때 내 신경이 갑자기 곤두섰다. 심장박동이 빨라지고 숨이 막혔다. 몸까지 떨리기 시작했다. 불안발작이 나를 습격했다! 코르티솔이 내 몸을 타고 흘렀다. 나는 강연회에서 들은 방법을 떠올렸지만 손에 잡히는 펜이 없었다. 그래서 대신 나는 앞니를 맞대고 억지로 미소를 지었다. 그러자 단 한 번의 시도로 불안이 즉시 멈췄다! 코르티솔이 흐르지 않았다. 나는 다음 20마일가량 연습을 계속했다. 그리고 나머지 여행 동안 조금이라도 불안한 기미가 느껴지면 그저 미소를 짓기만 해도 모든 것이 괜찮았다.

그 이후 팜스프링스 지역을 지나면서 사라와 알리사, 나는 이메일을 보낸 수잔이라는 여성을 만나 서로 친구가 되었다.

자신을 진정시켜야 할 때 사용할 수 있는 세 가지 방법

· 심호흡

· 신체적 운동

· 억지로 미소 짓기

돈으로 행복을 살 수는 없지만 빚은 불행을 부른다

고등학교 시절 어느 때인가 나는 하나의 통찰을 얻었다. 많은 사람들이 성인이 된 뒤 만족을 느끼지 못하고 고등학교나 대학 시절을 인생 최고의 시기로 돌아보는 것 같았다. 어쩌면 꿈을 이루지 못한 사람들의 사례만 너무 많이 보았는지 모르지만, 나는 고등학교나 대학교, 그리고 과거의 어느 시점을 인생의 절정이었다고 생각하며 살고 싶지는 않았다. 나는 모든 연령대에서 최선을 다해 살고 싶었고, 만약 누군가 내 인생에서 가장 좋은 시기가 언제인지를 묻는다면, 주저하지 않고 현재라고 대답하고 싶었다. 나는 과거를 그리워하거나 아직 오지 않은 미래를 가리키고 싶지 않았다. 지금도 나는 그 생각에서 완전히 벗어나 살고 있지는 않다.

스트레스를 줄이는 데 많은 도움이 된다고 증명된 마음챙김과 같은 명상은 사람들에게 지금 현재에 집중해서 살아가라고 가르친다. 불행하게도 대학에 들어갈 무렵 내가 깨달았던 선(禪) 느낌의 통찰은 다른 무언가에 의해 뒤틀려버렸다. 아마도 점점 직장을 구해야 하는 시기가 가까워져서일 수도 있겠지만 나는 특이한 패러독스를 깨닫기 시작했다. 돈과 시간은 반비례한다는 사실이었다. 젊은 대학생이었던 나는 시간은 많았지만 돈은 없었다. 바쁜 직장에 다니게 되면 운이 좋아야 1년에 2주간의 휴가를 갈 수 있을 것이다. 하지만 나는 어른이 되면 마음대로 쓸 수 있는 돈을 많이 벌 수 있을 거로 생각했다. 내 해결책은 시간이 있을 때 최대한 경험하고 나중에 소득이 있을 때 돈을 내자는 것이었다. 지금은 그때 내가 미래를 대가로 현실을 누리는 바보 같은 짓을 하지 않았어야 한다고 생각한다. 많은 경험을 한다는 핑계로 분수에 넘치는 삶을 살았기 때문이다. 다른 대학생들이 라면과 값싼 맥주로 살 때 나는 패스트푸드점 아르바이트생치고는 너무 많은 돈을 쓰며 살았다.

신용카드 회사들은 나 같은 소비자를 사랑했다. 그들은 학생회를 통해 사전 승인된 신용카드를 나눠줬고, 나는 하나도 빠트리지 않고 다 발급받았다. 지갑에 한도 초과된 신용카드가 가득 들어차기까지는 얼마 걸리지 않았다. 나중에는 그저 이 카드 저 카드로 돌려막기를 하느라 정신이 없었다. 나중에 학자금 대출을 받을 수 있었는데 학비를 충당하고 남은 돈으로 고금리의 신용카드 부채를 갚을 수 있었다. 학자금 대출 이자는 졸업 후에 발생하기 때문에 나는 시간을 벌 수 있는 좋은 방법이라고 생각했다. 하지만 그런 생각이야말로 내가 내린 돈과 관련된 최악의 판단이었다. 나는 대학 시절 현실을 누리기 위해 큰 빚을 졌다.

'돈으로 행복을 살 수 없다'는 말은 여기저기서 자주 들려오는 흔한 말이다. 이 말은 주로 물질주의나 탐욕에 깊숙이 빠지지 말고 자신을 진정으로 행복하게 해주는 어떤 것이나 다른 사람과의 관계에 집중하라는 의미로 사용된다. 실제로 돈이 대부분 사람에게 행복을 주지 않는다는 사실을 확인한 결과들이 많다. 소득의 증가는 행복의 증가와 상관관계가 없다.[3] 하지만 팻 번스(《뉴요커》지의 유명한 만화가−옮긴이)의 삽화에서 부유한 프로 골프 선수가 이런 결과를 발표하는 연구원에게 묻는다. "내가 부자여서 더 행복하지는 않다고 말하는데, 그래서 당신은 한 달에 얼마나 벌어?"

나는 돈과 행복과의 상관계수가 높지 않은 사람들을 '대부분'이라고 한정했다. 왜냐하면 연구결과는 특정 그룹의 사람들은 소득이 증가하면 높은 행복지수를 보인다고 말하기 때문이다. 이들은 빈곤선 이하에서 사는 사람들이다. 파산한 사람에게는 더 많은 돈은 더 많은 행복이다. 간략하게 줄이면 돈은 빈곤에 따른 스트레스를 해소하는 데 도움이 되기 때문에 가난한 사람들을 더 행복하게 만든다. 음식이나 주거지, 그리고 안전과 같은 기본적 욕구에 대한 걱정이 많을 때 행복해지기는 쉽지 않다. 그건 실제 공격하려고 달려드는 곰과 같다. 최근 연구는 소득의 증가와 행복의 상관관계가 빈곤선을 벗어나는 것보다는 더 높은 소득까지 이어진다고 시사하는 것 같지만, 나는 이를 부채 비율 때문이라고 추정한다. 빚이 많을 때는 높은 소득도 기본 욕구의 스트레스를 완화하기에 충분하지 않다. 샌프란시스코와 같은 대도시에서 꽤 높은 연봉을 받으면서도 여유를 찾지 못하고 각박한 모습으로 살아가는(내가 경험해봐서 안다) 사람들이 많은 이유다. 어쨌든 가난이

나 부채에 대한 스트레스가 없다면 추가적인 수입이 추가적인 행복을 가져오지 않는다.

이는 많은 사람의 직관과 들어맞지 않는다. 우리는 더 많은 돈이 기쁨을 준다는 사실을 직접 겪어봐서 알기 때문이다. 처음 일하기 시작했을 때 시간당 3.35달러였던 시급이 아주 조금씩 인상될 때마다 나는 얼굴에 미소를 가득 띠곤 했다. 대학원 졸업 후 처음으로 월급을 받는 직장을 구했을 때는 길거리에서 춤까지 췄던 것으로 기억한다. 그런 경험들은 우리 뇌를 행복은 가격표가 달려 있다고 훈련시킨다. 언젠가 라스베이거스에서 대박을 터트리거나 복권에 당첨되면 끝없는 행복을 누릴 것으로 생각하게 만든다. 하지만 멋지게 현금다발을 받을 때 느끼는 행복은 순간적으로 지나가는 감정이다. 금세 익숙해지고 다시 순간적인 행복을 위해 더 많은 돈이 필요하게 된다. 심리학자들은 이런 현상을 '쾌락의 쳇바퀴hedonic treadmill' 또는 '쾌락 적응hedonic adaptation'이라고 부른다.[4]

나는 지금까지 소유했던 자동차들을 돌아보며 쾌락 적응을 설명하는 것을 좋아한다. 아직 가난한 고등학생이었던 때가 생각난다. 언덕 위에 있는 학교에 가기 위해 5마일을 왕복으로 걸어 다녔다. 때로는 무릎 깊이까지 푹푹 빠지는 중부 텍사스의 눈길을 걸어야 했다. 물론 차도 없었다. 내가 3학년이 될 때까지 차를 살 형편이 안 됐다. 그 연령대의 다른 아이들처럼, 특히 텍사스 시골에서 운전면허는 정말 갖고 싶은 자격증이었다. 나를 정말 행복하게 만들어줄 자격증이었고 실제로도 그랬다. 나는 자격증을 따기 위해 열심히 공부했고, 운전 수업에서 1등을 했으며, 심지어 자격증 사진을 위해 머리도 새로 깎았다. 운전면허증이 있다는 것만으로도 너무 행복해서 첫 일주일 동안은 틈만 나면 꺼내서 바라봤고 심지에 베개 밑에 넣어 두고 잠을 잘 정도였다. 어머니는 때때로 자신의 차를 빌려줬고 나는 그 기회에 감사하며 열심히 연습해서 결국 운전에 완전히 익숙해졌다. 이제 면허증은 더는 행복의 원천이 아니었다. 나는 내 차를 사는 것을 목표로 삼았다. 나만의 차가 있다면 얼마나 행복할지 알았기에 첫 번째 차를 살 수 있을 때까지 열심히 저축했다. 그 차는, 내 말투를 용서해라, 완전히 똥차였다. 하지만 나는 그 차를 사랑했다. 깨끗이 세차한 뒤 내 침실 창문 바깥에 세워두고 밤새도록 지켜봤다. 결국 나는 첫 차에 익숙해졌다. 그저 차가 있다는 이유만으로는 어떤 기쁨도 얻을 수 없었다. 나는 더 좋은 차, 더 큰 차, 더 멋진 차가 필요했다. 최신 기술이 적용된…… 아마도 머스탱 컨버터블……. 바보들이나 지붕이 달린 차를 타잖아. 실제로는 차를 향한 사랑이 그렇게 심각한 상태까지 가지는 않았지만, 어떤 연쇄적인 심리 과정을 통해 더 나은 것을 바라게 되고, 조심하지 않으면 어떻게 빚더미에 빠질 수 있는지를 이해할 수 있었다.

최근에 한 친구가 내게 콘서트에 가고 싶다는 말을 했다. 그는 내가 알고 지내는 내내 경제적으로 어려움을 겪고 있었다. 차에서 살 수밖에 없는 짧은 노숙 생활도 견뎌야 했다. 나는 그 돈을 절약하는 것이 낫지 않냐고 제안했다. 그러자 그는 이렇게 대답했다. "겨우 10달러야. 어차피 파산 상태인데 그 돈을 아껴서 뭐하겠어?" 나 역시 그런 심리상태를 겪었기 때문에 그의 마음을 완전히 이해하지만, 또한 그런 심리가 우리를 파산하게 만든다. 다이어트를 하려는 사람이 이렇게 말하는 것을 상상해보라. "겨우 케이크 한 조각이야. 어차피 이렇게 뚱뚱한데 무슨 의미가 있어?" 또는 "앉았다 일어서기 다섯 번으로 내 몸이 변하겠어? 소파에 누워 TV나 볼래." 불행히도 이런 독백이 그럴듯하게 여겨질지도 모르지만 상황을 바꾸고 싶다면 그렇게 만드는 행동의 사이클을 깨트려야 한다. 그런 작은 행동들이 결국 누적된다.

돈으로 영원한 행복을 살 수 없다는 것은 사실이다. 하지만 은행에 예금을 두고 적은 빚으로 사는 것은 스트레스를 줄이는 훌륭한 방법이다. 금전 문제로 생기는 성가신 스트레스에서 벗어난다면 실제 행복을 가져다주는 것들을 자유롭게 추구할 수 있다. 앞 장에서 다뤘으니 잘 알 것이다.

우리 삶에서 가장 큰 스트레스의 원인 중 하나는 돈 문제이고 또 어떻게 일해서 다른 사람에게서 돈을 벌어들일까에 관한 문제이다. 나는 앞서 통제할 수 있다는 느낌의 중요성에 대해 말했다. 자신이 사장이 아니라면 대개 직장에서 통제감을 느낄 수 있는 경우는 거의 없다. 은행에 약간의 돈을 맡겨두는 것은 통제할 수 있다고 느끼는 좋은 방법이다. 생각해보자. 통제감을 느낀다는 것은 원할 때마다 문제를 해결할 수 있는 능력이 자신에게 있거나 그 문제에서 벗어나도 된다고 느낀다는 것을 의미한다. 은행에 돈이 있다고 해서 갑자기 성질이 고약한 상사를 견딜 수 있게 되거나 당장의 상황을 해결하는 데 도움이 되는 것은 아니지만, 문제가 더 커진다면 언제든 원할 때 그곳을 떠날 수 있는 수단을 보유하고 있는 것을 인지하는 것이다. 그것이 통제감이고, 형편없는 직장이 자신의 건강에 미칠 수 있는 영향을 줄일 수 있는 강력한 수단이다. 급여를 받고 사는 사람들은 모두가 저마다 다른 통제감을 지니고 산다.

나는 창의적인 생각과 재기가 넘치는 사람들에 둘러싸여 살면서 "나는 돈에 큰 관심이 없어"라고 하는 말을 종종 듣는다. 그들이 부를 축적하는 것보다는 인생의 더 중요한 의미에 관심을 기울인다는 것을 충분히 이해하지만, 빈털터리가 되는 것은 스트레스의 원천이고 따라서 건강에도 좋지 않다. 나는 친구들이 돈에 조금 더 신경을 썼으면 좋겠다.

결국 나는 대학 시절 진 빚을 모두 갚을 수 있었고 약간의 저축도 했지만 오랜 노력이 필요했다. 많은 현실의 희생이 더해진 것도 사실이다(그 여분의 달콤한 케이크 조각들까지 누릴 수 있었다면 얼마나 행복했을까). 나는 이제 고등학교 때 느꼈던 깨달음에 좀 더 가까운 모습으로 살고 있지만 솔직히 말해서 빚으로부터 자유로워진 이후부터 매년이 내 인생 최고의 황금기였고 해가 갈수록 더 나아졌다. 심지어 가정을 꾸리겠다는 나의 의지도 점점 나아지는 내 재정 상황과 관련이 있었다.

· 돈. 그리고 그와 관련된 문제들은 가장 큰 스트레스의 원인 중 하나이다. 빚 없이 저축을 하면서 사는 것은 스트레스를 줄이는 데 엄청난 도움이 된다.

어려운 재정적 구렁텅이에서 성공적으로 빠져나오기는 했지만 어떤 기준으로도 내가 그 분야의 전문가는 아니다. 내게 효과가 있었던 해법은 특유의 내 상황에만 적용될 수 있다. 아마도 많은 다른 사람에게는 동일한 효과를 기대하기 어려울 것이다. 나는 전문가가 아니고 하나의 사례일 뿐이다. 몸무게를 줄이는 데 도움이 되는 조언을 구하려면 누구를 찾아가야겠는가? 일생을 바쳐 체중 감소에 관한 연구를 한 사람인가, 아니면 어떻게든 개인적으로 다이어트에 성공한 사람인가? 당연히 전문가가 각 개인의 삶에 적용할 수 있고 더 효과가 보장된 조언을 해줄 것이다. 그렇다고 책을 쓰는 사람들이 개별적 사례를 들지 않는 것은 아니다. 전문가의 말보다 구체적 사례를 더 신뢰하는 것은 흔히 발생하는 오류 중 하나다. 그래서 나는 건전한 재정적 조언이 필요할 때면 언제나 전문가를 찾아간다.

내게 도움이 됐던 전문가의 조언 몇 가지를 소개하겠다. 첫 번째는 목표를 달성하기 위해서는 반복해서는 안 될 사소한 습관들이 있다는 사실을 깨달아야 한다. 사실 많은 것들이 있다. 나는 외식이나 심심할 때 쇼핑을 나서는 습관을 버렸다. 또한 부가적인 통신 서비스나 케이블 TV 수신료 같은 고정 지출을 줄였다. 그러자 텔레비전 보는 시간이 줄었고 더 생산적인 일에 집중할 수 있었다. 그 후, 나는 생활비를 줄일 수 있는 모든 종류의 방법을 찾기 시작했고 매주 은행 계좌의 숫자를 분석하고 확인했다.

둘째, 나는 빚을 털어내야 했다. 매달 내 수입의 커다란 한 뭉텅이가 아직 남은 신용카드 부채와 학자금 대출을 갚기 위해 빠져나갔다. 나는 잔액 순서대로 갚기로 결정했기 때문에, 최소한의 학자금 대출 변제를 한 후, 남은 돈은 잔액이 최저인 카드로 보냈다. 온라인 뱅킹을 이용하면 아주 간단하게 처리할 수 있어서 굳이 은행으로 외출해야 하는 경비를 줄일 수 있었다. 몇 달 동안 나는 같은 대출에 대해 3~5번의 분할변제를 하며 잔액을 줄여나갔다. 시간이 갈수록 매달 갚아야 할 빚이 하나씩 줄어나갔고 다음 빚을 더 빨리 줄일 수 있었다.

세 번째, 최대한 수입을 늘려야 했다. 전업 직장을 가진 관계로 파트타임 아르바이트 같은 다른 일을 할 수 없었다. 하지만 나는 불필요한 소지품을 팔아서 수입을 만들어낼 수 있다는 사실을 알았다. 나는 가전제품, 가구, 수집품, 그 외에도 이베이에 팔 수 있는 모든 것을 팔았다. 아마존에는 책을 팔았다. 그 과정에서 나는 내 책 중 하나가 희귀본이라는 것을 알았고 상당히 큰돈에 팔 수 있었다. 이베이를 검색했더니 같은 책을 훨씬 싼 가격에 여러 권 살 수 있었고 다시 아마존에 큰 이익을 남기고 팔 수 있었다. 또 추가 소득과 생활비 절감을 위해 룸메이트를 구했다. 만약, 에어비앤비나 우버, 리프트Lyft(미국 캘리포니아 주 샌프란시스코에 본사를 둔 승차 공유 서비스 기업-옮긴이)가 당시에도 존재했다면 나 역시 분명히 그 기회에 뛰어들었을 것이다.

최대한 소비를 줄이고, 수입을 늘려서 빚을 갚는 데 전념하면서 나는 경제적 상황을 바꿀 수 있었다. 생각해보니 참고하기에 그렇게 특이한 상황을 겪은 건 아니지만 그래도 전문가와 상담하는 것이 좋다.

내 삶의 가장 큰 아이러니

스트레스 자체를 인지하지 못하고서도 그 영향으로 고통을 겪을 수 있다는 사실을 아는가? 때때로 우리는 긴장감의 원인을 찾지 못할 수도 있다. 곰의 습격도 없고, 꽉 막힌 고속도로에 갇혀 있는 것도 아니며, 상상 속의 유니콘 따위 같은 것도 없다. 그런데도 우리는 스트레스 반응으로 팽팽한 긴장감을 경험한다.

가족이 생기면 사람들은 건강해진다. 이를 증명하는 통계는 차고 넘친다. 평균적으로 결혼한 남자는 독신남보다 더 오래 산다. 또 자녀가 있는 사람들이 그렇지 않은 사람들보다 역시 더 오래 산다. 부부는 서로의 건강을 신경 쓰고 더 건강한 선택을 할 수 있도록 격려한다. 아이들은 게으름을 피우는 부모를 부추겨 육체적인 활동을 하게 만든다. 이런 사실들을 알면서도 나는 40대가 될 때까지 인생의 대부분을 배우자와 자녀 없이 생존했다.

내가 건강을 보여주는 모델은 아니지만(사실 나는 'Before' 광고 사진에 쓰이면 효과적일 것이다), 어떻게든 심각한 합병증 없이 지금까지 버틸 수 있었다. 평생 과체중 상태였지만 부정적 증상은 경험하지 않았다. 물론 뚱뚱한 사람들의 골칫거리인 계단은 제외한다. 모두 운동을 하지 않는 형편없는 생활방식과 또 식단을 관리하지 않은 결과다. 내가 무의식적으로, 어떤 경우에는 의식하면서도(체육관에 가지 않고 소파에서 뒹굴거나, 초콜릿 쿠키를 주문하는) 해온 행동들이다. 하지만 스트레스 관리가 내 건강에 도움을 준다는 사실을 알고 있고, 스트레스를 잘 관리함으로써 나쁜 생활습관의 효과를 상쇄할 수 있다는 사실 역시 알고 있다. 비만과 관련된 건강상의 위험에는 고혈압과 당뇨가 포함된다. 반면 만성적인 스트레스와 관련된 건강상의 위험에도 역시 고혈압과 당뇨가 들어 있다. 과체중 상태에서 세상의 모든 짐을 짊어진 듯 스트레스에 휩싸여 있다고 상상해보라. 나는 나쁜 식습관과 운동습관을 지니고 있지만 적어도 스트레스에 시달리지는 않는다.

그런 다음 사라가 내게로 왔다. 그 누구와도 비교할 수 없는 소중한 사람이다. 그리고 사랑하는 아기가 태어나서, 저 푸른 초원 위에 그림 같은 집을 짓고……, 유행가 가사처럼 행복한 가정이 생겨났다.

사라는 직업 치료사이며 의료 공동체의 일원이다. 때때로 의료 분야의 사람들과 함께 일하지만, 나는 그저 농담을 잘하는 심리학 학위 보유자일 뿐이다. '여자는 자신이 찾은 남자를 바꾸려 한다'라는 진부한 말이 있는데 바로 내가 직업 치료사가 맡아야 할 거대한 프로젝트였다. '남자들은 병원에 가기 싫어한다'는 또 다른 진부한 말이 있는데 역시 또 나를 가리키는 말이다. 나는 오바마 대통령이 억지로 강요하기 전까지는 건강보험에도 가입하지 않고 있었다. 우리의 파격적인 생활방식에도 불구하고 사라와 나는 진부한 표현이 들어맞는 부부인가 보다.

"당신은 의사를 만나야 해!"라고 그녀는 말하곤 한다. 하지만 나는 의사를 만나고 싶지 않았다. 이미 나는 살을 빼야 한다는 걸 알고 있었고, 의사를 만나 돈을 내고 들어야 할 말도 그뿐이라고 고

집스럽게 생각했다. 티핑 포인트는 우리 딸이 새로운 가족의 일원이 될 거라는 사실을 알았을 때 왔다. 그때조차도 사라의 설득이 필요하긴 했다. 순회강연을 잠시 쉬는 동안 우리는 부모님 집에 머물렀고 나는 평범하고 지루한 외출이 될 거로 생각하면서 병원으로 향했다.

내 혈압은 높았다. 무서울 정도였다. 마치 금방이라도 죽을 것처럼 높았다.

인생에서 처음으로 결국 심각한 문제를 일으키고만 내 잘못된 습관들이 두려워졌다. 그것도 내 딸이 태어나기 직전이었다. 나는 두려워졌고 스트레스를 받기 시작했다. 이미 다른 새내기 아빠들보다 나이가 훨씬 더 많은 편이었지만 심장마비나 뇌졸중으로 알리사와 함께하는 시간이 줄어든다는 것은 생각하기조차 싫었다. 게다가 뇌는 내가 가진 전부였다! 나는 그 속에 뭔가를 채워 넣으려고 평생을 바쳤다. 셰익스피어부터 탈무드, 아인슈타인의 공식, 비틀스의 노래들, 심지어 1980년대 만화영화 <플래시 고든>에서 인용구를 가져와 표현한 이 비유까지.[5] 사실 이 만화영화에 나오는 대사들은 어떤 문학 작품보다 훨씬 더 많이 인용되었을 것이다. 그 누구도 영원히 살 수 없지만 어떻게든 할 수만 있다면 내 딸과 함께 보내는 시간을 잃어버리고 싶지는 않았다.

의사와의 상담에서 나는 그때까지 크게 관심을 두지 않았던 몇 가지 다른 문제도 이야기했다. 아마도 관련이 있을 것 같았다. 지난 몇 년 동안 나는 근육과 관절에서 통증을 느껴왔다. 점점 더 기력이 없어졌고 통제할 수 없는, 거의 기면증에 가까운 잠이 쏟아지곤 했다. 결혼 이후 비교적 건강한 식단과 간단한 운동을 해왔음에도 나는 그저 다 몸무게 때문이라고 생각해왔다. 의사는 몸을 돌리더니 사라에게 물었다. "남편분이 코를 고나요?" 그녀가 대답했다. "회색곰이 자는 것처럼 시끄럽게 골아요." 의사는 즉시 수면무호흡증이 있을 거라며 내버려두면 큰일 날 것이라는 눈빛을 보내왔다.

실제로 나는 그때 내가 수면무호흡증을 겪고 있는 건 아닌지 몇 년 동안 의심해오던 중이었다. 코미디언 친구와 함께 몇 주가량 투어를 다니곤 했는데 공연 사이에 내가 운전해서 이동할 때마다 그는 에너지 드링크를 몇 병씩 마시고도 조수석에서 잠에 곯아떨어졌다. 그는 시끄럽게 코를 골다가 때때로 호흡을 멈췄고, 잠시 깨어나 이해할 수 없는 말을 중얼거리다가 다시 잠들었다. 그런 그의 행동은 무한 반복됐다. 그와 나는 덩치가 비슷했는데 나 역시 코를 심하게 곤다는 사실을 알고 있었다. 하지만 그가 잠자면서 몸부림치는 모습을 보기 전까지는 심각하게 수면무호흡증을 생각해본 적이 없었다. 확실히 치료해야 한다는 생각은 하지 않았다. 체중이 오르내리곤 했는데 다시 살을 빼면 문제는 해결될 것으로 생각했다.[6] 게다가 심한 코골이가 더 문제라고 생각했다. 하지만 소녀들은 귀마개를 살 수 있잖아!

뭐 어쩌겠는가? 나는 의사가 아니다.

상담 후 나는 약간의 연구를 하기로 했다. 나는 수면무호흡증이 극심한 코골이보다 훨씬 심각한 문제라는 것을 배웠다. 자는 동안 내내 내 목은 허파로 이어지는 공기의 통로를 주기적으로 막았다. 누구나 짐작할 수 있듯이, 산소를 공급받지 못하면 뇌는 심각한 위협으로 인식한다. 치명적인 결과로 이어질 수 있는 잠재적 가능성 때문에 다른 스트레스 요인처럼 이런 막힘은 몸을 깜짝 놀라게 하고 공황 상태에 빠트린다. 그 반응으로 몸은 나를 깨우기 위해 다량의 코르티솔을 분비한다. 이런 일이 하룻밤에 서너 번 정도 발생하면 잠을 깊이 자는 것은 사실상 불가능해지고, 대낮에 무기력증과 함께 졸음이 쏟아지기 마련이다.

코르티솔의 관계를 알게 되자 모든 것이 갑자기 이해됐다. 밤새도록 나는 코르티솔의 주기적인 습격을 받았을 뿐만 아니라 수면 부족 그 자체를 내 몸이 스트레스로 해석한 것이다(몸은 잠을 필요로 하니까). 그렇게 해서 몸은 다른 형태의 스트레스와 마찬가지의 생리적 반응을 가동한 것이다.[7] 스트레스 호르몬인 코르티솔은 심장병이나 비만, 당뇨, 발기 부전, 그리고 우리가 생각할 수 있는 거의 모든 정신질환의 주요 원인이다. 나는 얼마나 오랜 세월을 깨닫지도 못하고 밤마다 코르티솔 수치를 올려왔을지, 또 건강한 수면을 이루지 못했을지 누가 알겠는가? 앞에서도 말했듯이 우리 스트레스 반응은 장기적으로 활성화되기 위한 것이 아니다. 그래서 내 혈압 상승과 통증의 원인이 됐을 것이다. 아마 내가 귀찮아서 열거하지 않은 다른 증상들도 마찬가지일 것이다. 수면무호흡증은 또한 대낮에 내가 다른 목표를 이루지 못하게 방해했다(깨어 있기와 같은). 그리고 내 몸무게를 줄이는 데도 확실한 방해 요소였다.

나는 사람들이 수면무호흡과 그와 관련된 질병으로 죽는다는 것을 배웠다. 정말 많은 사람이었다. 고맙게도 그 병에 대한 치료법이 있었다. 잠자는 동안 목구멍이 닫히는 것을 막기 위해 계속해서 적정량의 기도압CPAP을 제공하는 기계도 개발되어 있었다. 다른 치료법도 있다. 내게는 비강 CPAP로 충분했다. 콧구멍을 침범당한 기분 말고는 그 기계는 가장 훌륭한 숙면을 할 수 있게 해주었다. 수면 부족 상태에 익숙해져서 언제나 피곤한 것이 정상처럼 느껴져왔었다. CPAP를 사용한 이틀째 밤을 보낸 후 나는 그 어느 때보다 기분이 좋았다. 믿을 수 없을 정도로 활기가 넘쳤다. 당장 조깅을 하러 나선 건 아니지만 동네를 돌아다닐 때 몸이 아프지 않았고, 컴퓨터 앞에서 잠들거나 낮잠이 필요하지 않았다. 예전에는 미처 몰랐던 수준으로 몸 상태가 좋았다.

수면무호흡증과 관련하여 중요한 점은 피로를 회복할 수 있는 깊은 잠을 자지 못한다는 것이다. 계속해서 깨어나면서 뇌가 다시 수면을 위한 단계를 순서대로 밟아야 하기 때문이다. 수면은 뇌의 활성화에 따라 5단계로 구분된다. 1부터 4까지 단계를 거친 후, 눈동자가 빠르게 움직이는 REM 수면으로 이어진다. 방해를 받지 않는 수면 사이클은, 1단계에서 졸기 시작하고, 2단계와 3단계부터는 인지능력이 떨어지면서 긴장이 풀리고, 4단계부터 깊은 수면에 들어간다. 수면무호흡증은 4단계를 넘어가기 전에 뇌를 깨워버린다. 이는 무척 우려스러운 일인데 느린 파장의 수면과 REM은 신체가 성장하고(만약 성장기라면), 근육을 치료하고 강화하며, 낮에 배웠거나 경험한 것들에 대한 기억을 굳히는 회복 단계이기 때문이다. 그래서 느린 파장의 잠을 자지 못한다는 것은 성장하지 못하고, 낮에 했던 운동의 효과를 볼 수 없으며, 배웠던 걸 기억하지 못한다는 의미다. 우리는 대개 REM 수면 중에 꿈을 꾼다. 그런데 수면무호흡증의 부작용이 꿈을 꾸지 않는 것이다. 피곤을 느끼면서 적절하지 않은 시간에 잠들고 싶은 욕구로 인해 내 뇌는 곧바로 REM으로 들어간다. 점심시간에 졸면서 시간을 보내거나, 일을 끝내려고 컴퓨터 앞에 앉아 눈을 비벼댄다. 아마도 상상할 수 있는 최악은 교통체증 속에서 빨강 신호등에 걸린 상태로 졸음에 빠지는 상황이다.

CPAP 치료 첫날, 내 진료 기록에 따르면, 내 뇌는 마치 지금까지 잃어버린 잠을 만회하려는 듯이 어느 때보다 훨씬 더 오랜 시간을 REM 상태에서 보냈다. 기구를 사용하면서 일주일이 지나자 잠을 더 잘 잘 뿐만 아니라 꿈까지 다시 꾸기 시작했다.

또 수면무호흡증은 좋지 않은 수면 습관을 형성한다. 그로 인해 무척 해로운 연쇄작용을 영구화시킨다. 나는 언제나 밤에 잠들고 아침에 일어나는 데 어려움을 겪었다. 코미디언에게는 흔한 증상이지만 이는 늦잠으로 인해 고등학교를 졸업하기 힘들게 했고 그 자체로도 스트레스였다. 시간이 지나면서 잠버릇이 점점 나빠져 몸은 완전히 녹초가 되지 않으면 잠들 수 없는 지경에 이르렀다. 침대에 누워 어떻게든 자보려고 헛된 시도를 했다. 어렸을 때는 거의 밤마다 텔레비전을 봤고, 성인이 된 후에는 몸이 더는 견디지 못할 때까지 인터넷 서핑을 하다가 침대에 쓰러지곤 했다.

아침에 일어나는 것은 늘 힘들었고, 서너 개의 알람시계가 울려대도 계속해서 정지 버튼을 누르면서 다시 잠들기를 반복했다. 다음 날 일찍 일어나야 할 중요한 이유가 있다면 나는 일부러 방에 불을 켜놓고 자야 했다. 이는 사실 말이 되지 않는데 환한 빛이 잠들기 더 어렵게 만들겠지만, 또한 더 쉽게 깨어나게도 해주기 때문이었다. 전날 얼마나 잤는지와 상관없이 언제나 나는 상쾌하지 않았고 하루를 시작하는 데 오랜 시간이 걸렸다. 더구나 내 수면 스타일은 함께 방이나 침대를 쓰는 사람들을 완전 짜증나게 했다. 한번은 대학원 졸업 후 첫 직장에서 일을 마치고 퇴근하다가 아침마다 치르는 내 알람시계와의 전투에 대해 불평하는 이웃의 쪽지를 문 앞에서 발견한 적도 있었다.

CPAP 치료를 받은 지 3주 만에 벌써 내 수면 습관에 큰 변화가 일어났다. 나는 매일 적절한 시간(보통 11시쯤)에 잠자리에 들었고 알람시계의 도움 없이도 아침 일찍 일어날 수 있었다. 내가 얼마나 일찍 일어나는지, 또 아침이 이렇게 상쾌할 수 있는지 믿을 수 없을 정도였다. 지금까지도 나는 알람시계 없이 아침 일찍 깨어난다. 예전에는 상상할 수도 없는 일이었다.

진단 후 나는 경각심을 불러일으키기 위해 내 SNS에 수면무호흡증에 관한 글을 올렸다. 사람들은 내게 CPAP 마스크가 불편하지 않느냐고 물었고 자신들은 꾸준히 마스크를 사용하는 데 어려움을 겪었다고 말했다. 익숙해지는 데 시간이 좀 걸리긴 했지만 코가 약간 불편한 것은 밤마다 제대로 잠을 자지 못하는 고통이나 무호흡과 관련된 심각한 건강 문제, 또 그에 따른 부작용에 비하면 아무것도 아니었다. 아마도 마스크가 다스베이더나 아이언맨과 같은 모양을 하고 있다면, 아니면 진짜 사나이들인 공수 낙하산 부대원들도 마스크를 착용한다는 사실을 알면 더 많은 남자들이 CPAP를 사용할 것이다.

거의 6개월 동안 CPAP를 사용한 후 내 삶에 몇 가지 장기적인 영향과 긍정적 변화가 생겨났음을 알아챘다. 예를 들면 체중 감량이다. 나는 수면무호흡증이 평생 비만과 싸워온 유일한 이유라고 주장하지는 않을 것이다. 어린 시절의 게으름도 하나의 큰 요인일 것이다. 수면무호흡증 때문에 살이 찌지는 않았지만 평생 낮은 에너지와 높은 코르티솔 수치가 유지됐을 가능성이 크다. 그리고 비교적 건강한 식단을 유지했음에도 불구하고 수면무호흡증 증상이 심해지면서 체중이 증가했다. 이는 분명히 악순환을 불러오는 연쇄작용이었다. 다행히도 6개월간의 치료 후에 거의 40파운드의 체중을 감량했는데, 이것이 정말 멋진 일이었던 건, 단지 옷 치수를 몇 단계 줄이고 불러주는 무대가 늘어나서가 아니라, 체중 감소가 내 무호흡 증상을 완화했기 때문이다. 역시 수면무호흡증을 앓고 있는 내 재무 상담가의 말을 빌리자면, 기계가 필요하지 않을 정도로 체중을 줄이는 것도 가능하다. 나를 믿어라. 선순환을 불러오는 연쇄작용도 분명 가능하다.

거의 1년간의 치료 후 사라와 나는 몬트리올로 돌아가 콘도를 확인하고 퀘벡에서 또 다른 여름을 즐겼다. 도시의 이름 몬트리올은 섬 중앙에서 늠름한 자태를 뽐내는 로열 산Mount Royal의 발음을 잘못하면서 생겨났다. 샌프란시스코의 트윈피크처럼 대부분 공원으로 조성된 로열 산은 도시의 가장 멋진 풍경을 보여준다. 그중 최고는 가장 가까운 주차장에서 1.2킬로미터 정도 떨어진 오르막길에 있는 아름다운 샬레(특히 스위스 산간 지방의 지붕이 뾰족한 목조 주택-옮긴이)이다. 길이 그렇게 힘들지 않아서 매년 수천 명의 관광객이 숨 막히는 경치에 흠뻑 젖기 위해 몰려온다. 내가 샬레를 향한 처음 짧은 등산을 시도한 것은 CPAP를 시작하기 전이었고 아마도 내 인생에서 최악의 신체 상태였을 것이다. 그 가벼운 하이킹은 나를 골탕 먹였다. 다시 떠올리기도 싫지만, 몇 블록만 걸어도 믿을 수 없을 정도로 허리가 아팠고 몇 번이나 멈춰서 쉬어야 했다. 발걸음을 뗄 때마다 무릎이 아팠고 옆구리가 아프고 숨이 끊어질 것 같아 다시 멈춰서 호흡을 가다듬어야 했다. 허리를 숙이고 가쁜 숨을 쉬며 힘들어하는 내 옆으로 수백 명이 경쾌한 발걸음으로 스쳐지나갔다. 이번 방문에서 우리는 다시 샬레를 방문하기로 했고 앞서 나를 힘들게 했던 증상들은 하나도 나타나지 않았다. 머지않아 알리사는 마구 뛰어다닐 것이고 나는 아이와 같이 놀아줄 준비가 되어 있을 것이다(뭐 내가 원하는 만큼은 아닐지 모르지만).

　나는 언제나 스트레스 관리와 행복에 관해 관심을 기울였다. 그리고 스트레스 없이 행복하게 살려고 노력해왔다. 가끔 나는 무언가를 할 기력이 없었던 때의 기억에 사로잡힌다. 콘서트나 영화 그리고 다른 공연들을 보던 중 잠이 들어버리고 이런저런 기회들을 놓치기도 했다(태양의 서커스 공연 절반을 졸음으로 보지 못했는데 그 티켓은 절대 싼 가격이 아니었다). 그런 내 모습은 주변 사람들을 실망시켰다. 내가 과거의 행동들을 떠올리며 느끼는 감정은 마치 마약 중독자가 회복하는 과정에서 느끼는 그것과 비슷한 것 같았다. 하지만 과거만 떠올리기보다는 현재에 감사하고 앞으로도 더 나아지기를 기대한다.

정신이 맑고 활력이 넘친다. 밤중에 호흡이 끊겨 몇 번씩 잠에서 깨어나는 것이 그렇게 나쁜 영향을 미치는 줄 누가 알았겠는가? 이제는 낮에도 호흡이 한결 더 좋아졌다. 가래가 끓지 않고 잔기침도 하지 않으며 밤에 코를 골지도 않는다. 집중력 있게 강연하고 글도 더 잘 쓴다. 물론 평가는 청중과 독자들이 하겠지만. 어쨌든 훨씬 더 중요한 건, 사라에게는 더 나은 배우자, 알리사에게는 더 나은 아빠가 되었다.

언제나 자녀를 갖는 것이 더 건강한 내가 될 수 있는 길이라는 걸 알고 있었지만 이런 식으로 내 삶에 도움이 될 줄은 예상하지 못했다. 그저 게임이나 운동 같은 놀이를 하느라 알리사가 뛰어다니고 나는 그 뒤를 쫓아다니면서 신체적 활동이 늘어날 것으로 생각했을 뿐이다. 하지만 내 삶은 딸이 태어나기도 전에 긍정적인 변화를 맞았다. 나는 이미 회복탄력성이 강했고 또 긍정적이며 낙천적이었지만 내 딸은 나를 더 건강하게 만들었다. 아이가 나이 들었을 때 자신의 삶을 돌아보며 아빠에 대해 같은 말을 할 수 있기를 바란다. 그 아빠가 누구든지 말이다.

10장
도전에 맞서기

덴버에서 이 책을 기획하고 쓰기 시작했을 무렵 소셜미디어의 내 팔로워들이 하퍼 예이츠라는 이름의 아기에 관한 기사를 보내기 시작했다. 하퍼는 태어난 지 채 6개월이 되지 않았는데 미국의 50개 주를 여행했다.[1] 그건 아마 대부분의 어른도 이루기 힘든 놀라운 업적일 것이다. 부모와 함께한 아기의 여행이 그래서 다소간 언론의 주목을 받은 것은 이해할 만하다.

많은 사람이 이 이야기를 나와 공유하려 한 이유는 올해 초 내 딸 알리사가 한 살쯤에 같은 일을 해냈기 때문이다. 사라와 나는 우리 아기가 어떤 기록을 세웠다는 생각을 미처 하지 못했지만, 그 당시까지 50개 주 모두를 여행한 최연소자는 세 살이었다고 한다. 내가 그런 사실을 알게 된 후 이제 겨우 5개월이 된 아기 하퍼가 새로운 기록을 세웠다. 대단한 일이지만 잠시나마 알리사가 그 타이틀을 보유했었다는 걸 우리는 알고 있다.

하퍼의 부모처럼 사라와 나는 딸을 데리고 그런 목적으로 여행을 나선 건 아니지만, 어쩌다 보니 그런 결과가 나왔다. 내 강연 약속과 여러 행사들, 그리고 사라의 직업 치료사로서의 업무로 인해 방문해야 할 곳이 무려 45개 주에 걸쳐 있었다. 이를 깨달은 우리는 나중에 우리 딸이 자랑할 수 있도록 5개 주를 추가하기로 했다. 고맙게도 위스콘신, 노스다코타, 사우스다코타 세 곳은 내가 두 번의 강연을 해야 하는 미네아폴리스에서 쉽게 운전해 갈 수 있는 거리였다. 그리고 그곳에서 나머지 두 곳인 알래스카와 하와이로 가는 비행 편은 많았다. 추가적인 약간의 계획으로 알리사는 미국의 모든 50개 주를 방문했고 아름다운 와이키키 해변에서 첫 번째 생일을 축하했다. 그사이에 캐나다의 5개 주까지 방문했다. 물론 여행의 많은 부분을 기억하지 못할 테지만 더 나은 생일 축하를 계속해서 생각해내는 것은 대단히 어렵고 비용이 많이 들 것이기 때문에 우리에게 유리할 수 있다. 물론 스트레스 해소를 위해 아기를 낳아 거창한 여행계획을 세우라는 말을 하려고 이 이야기를 하는 것은 아니다. 우리에게 둘째가 생긴다 하더라도 다시 그런 여행을……. 미안하다, 네가 먼저 태어나지 그랬어.

이 이야기를 소개하는 이유는 부모들에게 조언을 하기 위해서다. 사라가 임신했다는 소식을 알렸을 때 많은 친구가 우리에게 어디에 정착할 것이냐고 물었다. 우리에게는 그럴 계획이 없었다. 하지만 많은 사람이 우리가 그럴 거로 추측하는 것이 흥미로웠다. 여행은 우리 생계와 직결될 뿐 아니라 사라와 나는 그런 생활방식을 즐겼다. 그 외에도 다른 부모에게서 특이한 질문이나 제안을 받았는데, 예를 들어 아기 때문에 1년 동안 외식을 하지 않았다는 부부나, 외출하더라도 8시 전에는 반드시 귀가했다는 친구였다. 그런 이야기를 듣자 우리는 곧바로 얼마나 많은 사람이 아이를 출산하면 부모의 삶에 거대한 '일시정지' 버튼을 눌러야 한다고 생각하는지를 깨달았다. 그렇지만 그건 옳지 않고 그래야 할 이유도 없다.

아이와 함께 움직이기 위해서는 많은 문제해결 능력이 필요했다. 우리가 앞서 다룬 대로 뇌에 좋은 활동이다. 부모에게 이에 관한 조언을 건네는 많은 책과 자료를 찾을 수 있다. 그리고 심리학과 직업 치료사 학위는 약간의 통찰력을 주긴 하지만 실제 부닥칠 모든 문제를 미리 예측하거나 준비할 수는 없다. 예를 들어 태어난 지 3주 후에 우리 딸은 아이러니하게도 미니애폴리스로 가는 첫 비행기를 타야 했다. 사라와 나는 충분한 시간을 들여 어떻게 준비해야 할지를 조사하고 대비했지만 결과는 엉망이었다. 주차를 먼저 한 후 아이를 태운 유모차를 밀고 카시트와 다른 짐들을 운반하는 것이 얼마나 번거로울지를 몰랐다. 다음번 비행 때는, 워싱턴으로 향하는 항공편이었는데, 우리는 새로운 계획을 세웠다. 공항 출입구 바로 앞 길가에 모든 것을 내려놓고 사라와 알리사가 기다리는 동안 렌터카를 반납하기로 했다. 세 번째 비행 때는 유모차를 길가 연석 아래에 내려놓은 것을 제외하면 모든 것을 순조롭게 진행하는 시스템을 완성했다. 다음부터는 터미널에서 체크인하기 전까지 아이를 유모차에 태우고 여유롭게 공항을 둘러볼 수 있었다. 두 달 동안 단 세 번의 비행으로 우리는 아기를 동반한 비행에 관한 완전한 초보에서 전문가가 되었다. 그리고 그 과정에서 알리사는 첫 16개 주 방문을 이뤄냈다.

비행은 문제를 해결하는 기회를 제공했지만 우리의 첫 번째 대륙횡단 도로여행은 확실히 새로운 배움의 과정이었다. 우리가 찾아가는 도시들은 대개 두세 시간 거리밖에 떨어져 있지 않았지만, 내가 뉴저지에 있는 럿거스 대학에서 강연하기로 예정되어 있고 정확히 일주일 후에 오리건 주 뉴포트에서, 그러니까 내가 기억하기로는 분명 뉴저지 근처는 아닌 곳에서 다음 강연을 하기로 되어 있었을 때는 분명 특이한 상황에 처해 있었다. 더 부담되는 것은 이 두 강연 사이에 나는 펜실베이니아 피츠버그에서 책 사인회를 하기로 되어 있었다. 이는 우리가 5일 동안 2,600마일을 달려야 한다는 의미였다. 이런 계획을 잡을 당시에는 열심히 일하고 또 열심히 파티를 즐기는, 아빠가 아닌 남자로서 큰 문제를 느끼지 않는 일정이었다. 우리는 금방 깨달았지만 두 달 된 아기는 장시간 운전을 잘 견디지 못했다. 하지만 우리는 어찌어찌 적응해

나갔다. 사라는 우리가 '간이주차 응가시간'이라고 부르는 기법을 개발했다. 셋째 날이 되자 나는 우리가 기저귀를 갈기 위해 너무 자주 멈춰 선다는 것을 알아차렸다. 나는 태생적 연구 과학자였기 때문에 '기저귀 한 개당 마일 수'를 측정하기 시작했고 마침내 27 마일이라는 숫자를 밝혀냈다. 우리는 시간이 흐를수록 더 빨리 기저귀를 갈고 있었고 그 추세대로라면 제시간에 오리건 주에 도착할 수 없었다. 그때 우리는 알리사의 두뇌가 기저귀를 갈아달라고 보챌 때마다 차가 멈추고 엄마가 자신을 카시트에서 끌어내려 안아준다는 사실을 알게 되었을지도 모른다는 생각이 들었다. 기저귀가 교체되고 스킨십을 할 수 있다. 아기에게는 엄마의 품속이 더 큰 동기일 것이다. 아기의 행동은 부정적 재강화(축축한 기저귀 교체)와 긍정적 재강화(엄마의 품속)를 동시에 받는 것이었고 그 영향으로 우리가 멈춰 서는 빈도를 증가시킨 것이었다. 이 가설을 시험하기 위해 사라가 아기와 함께 뒷좌석에 타는 것으로 자리를 바꾸자 기저귀당 마일리지는 다시 이전 수준으로 돌아갔다. 우리가 여유 있게 뉴포트에 도착한 후, 나는 내 기저귀당 마일리지 데이터를 내용으로 책을 출판할 수 있을지 궁금했다. 그런데 결국 이렇게 할 수 있게 됐다.

보자. 내가 겪은 경험이 모두에게 해당하지는 않지만 이를 통해 꼭 알았으면 하는 점은 비록 자녀가 생긴다는 것이 라이프스타일의 변화를 어느 정도 강요하지만 그렇다고 온전한 삶을 사는 것을 방해해서는 안 된다는 것이다. 우리에게 온전한 삶이란 여행과 대중 강연을 포함한다. 누군가에게는 사회생활과 취미를 계속 이어가는 것일 수도 있다. 잠시 다른 선택을 했다고 고려해보라. 사회로부터 물러나서 다른 활동을 줄이고 소리를 질러대는 신생아와만 오직 시간을 보낸다면 어떤 영향을 받을지 상상해보라. 확실히 말할 수는 없지만 그런 상황에서 최고로 행복하다고 말할 수 있는 사람은 드물 것이다. 내 초기 세미나 참석자들 중 그렇게 많은 사람이 내가 스트레스를 받지 않는 이유가 가족이 없어서라고 가정한 것도 놀랄 일은 아니다.

앞에서 문제해결 능력을 유지하는 것이 중요하다고 말했다. 삶의 많은 부분은 우리가 맞닥뜨리는 도전과 이를 어떻게 성공적으로 극복하는지에 관한 문제다. 현대 세계에서 육체적으로 그리고 정신적으로 건강하게 지내려면, 어떤 고난이 덮쳤을 때 우리가 준비되어 있도록 때때로 자신에게 도전할 필요가 있다. 부모가 된다는 것은 특정한 과제나 문제에 도전해야 한다는 의미다. 다른 문제들과 마찬가지로 이를 해결하는 과정은 회복탄력성을 증가시킨다. 문제를 해결하지 못한다면……, 뭐 알다시피, 증가하지 않는다.

3년이 넘도록 사라와 나는 방랑자의 라이프스타일로 살아오고 있다. 별다른 문제가 없는 한 우리는 이런 생활방식을 이어갈 생각이고 또 좋아하지만 누구에게나 추천할 생각은 없다. 누군가 진지하게 고려한다면 말릴 생각은 없지만 대부분 사람에게는 합리적인 생활방식이 아닐 것이다. 게다가 우리가 해변 리조트에서 휴식을 취하거나 마가리타를 홀짝이며 모든 시간을 보내는 것은 아니다(사실 그런 적이 없다). 하지만 일반적인 여행은 항상 추천한다. 안락한 집을 벗어나는 건, 짧은 여행이더라도 이런저런 문제를 해결할 많은 기회를 가져다준다(내 동생이 멕시코에서 만난 것과 같은 상황에는 처하지 않기를 바라지만).

많은 사람들이 직장에서 주어지는 휴가를 제대로 사용하지 못한다는 기사를 여러 차례 본 적이 있다. 제발 휴가를 꼭 가라! 어딘가 멋진 곳에 가서 새롭고 다른 걸 해라. 내가 건강한 휴가라고 생각하는 것은 관광이나 파티가 아니라 그런 새로운 환경에 자신을 참여시키려는 마음가짐이다. 휴가를 떠나면 전에는 하지 않던 것들을 기꺼이 시도하게 되고 새로운 경험에 훨씬 더 개방적이게 된다. 스쿠버다이빙을 하거나 브라질식 바비큐를 먹어볼 수도 있다. 또한 휴가는 기간이 한정되어 있기 때문에 행동에 긴박감이 있다. 다시 정기적인 지루한 삶으로 돌아가기 전까지는 시간이 좀 남아 있으니 그랜드 캐니언에 가서 셀카를 찍어라. 지금이 아니면 앞으로는 기회가 없다, 주디.

처음 하와이를 방문했을 때, 2주간의 휴가였다. 그때 나는 하와이의 일몰을 열세 번이나 지켜봤다. 평소에는 일몰이나 노을을 보기 위해 특별히 신경을 쓴 적이 없었지만 그곳은 어디에서나 시간이 되면 아름다운 풍경이 펼쳐졌다. 어떤 이유에서인지 나는 일몰을 최대한 마음속에 담아두어야 한다는 조급한 마음이 들었다. 왜일까? 그곳을 떠난 후에는 그런 기회가 주어지지 않는다는 것을 알기 때문이다. 휴가를 떠나는 마음가짐은 기쁨의 기회를 마음껏 누리겠다는 긴박감을 만들어낸다.

새로운 경험으로 우리 마음에 도전하는 것은 신체와 정신을 건강하게 만든다. 휴가와 그 기회를 통해 고취되는 마음가짐은 번아웃을 이겨내는 데 도움을 준다. 그러니 휴가를 가라. 굳이 이국적인 곳을 가야 할 필요는 없다(알잖아, 덴버 같은). 실제로는 굳이 자신이 사는 도시를 떠날 필요도 없을지 모른다. 일단 안전지대를 떠나라. 내가 기업에서 근무할 때에는 다른 복지 제도보다 유급휴가를 소중하게 생각했고 꼭 사용했다. 사무실에 나가지 않는 날도 나는 휴가, 즉 무급휴가라고 생각했다. 나는 사람들이 자신이 사는 도시를 탐험할 때도 휴가라는 마음가짐을 가지라고 격려한다. 시내에 있는 마켓을 방문하거나 공원을 들러봐라. 모든 도시는 자기만의 매력이 있다. 그런데도 우리는 그런 기회를 너무 자주 당연하게 여겨버린다. 언제든지 올 수 있다고 생각하기 때문에 긴박감이 없어 즐겨야 한다는 생각을 하지 않는다. 나는 샌프란시스코에 사는 여행을 많이 다녀본 사람들을 알고 직접 유럽에도 가봤지만 알카트라즈에는 가본 적이 없다. 나는 시카고예술대학Art Institute을 가본 적이 없는 시카고 사람을 안다. 세인트폴 겨울 얼음

궁전을 본 적이 없는 미니애폴리스 사람을 안다. 그리고 책을 전혀 읽지 않는 오클라호마 사람도 알고 있다.[2]

회전목마 조각하기

덴버에 사는 것은 사라와 내가 세상에서 가장 좋아하는 장소 중 하나인 콜로라도 주 네덜란드(미국 콜로라도 주에 실제 있는 마을이다-옮긴이)의 행복의 회전목마Carousel of Happiness 옆에 살 수 있다는 의미이다. 몇 년 전 사라는 로키산맥을 드라이브하던 중 우연히 그곳을 발견했고 첫 데이트 때 나를 데려갔다. 그 이후에도 그 지역을 지날 때마다 알리사와 함께 찾아갔고 지금은 이렇게 가까운 곳에 살게 돼 행운이라고 느낀다. 마일하이 시티Mile High City(고도가 높은 도시인 덴버의 별칭-옮긴이)보다 거의 3,000피트 높은 곳에 있는 네덜란드는 산속에 자리 잡은 매력적이고 아름다운 도시이다. 볼더에서 차로 불과 몇 분 거리에 있으며 드라이브만으로도 어느 방향에서나 숨이 멎을 것 같은 멋진 경치를 볼 수 있다. 작은 마을인데 중심부에 회전목마가 있어 찾기가 무척 쉽다. 아이들 없이 여행하는 어른들은 그냥 지나칠지 모르지만 이런 보석 같은 곳을 찾는 기쁨이 사라와 내가 여행하는 중요한 이유다. 그곳은 그냥 회전목마가 아니라 사연이 깃들어 있다.

303

베트남 전쟁 동안 우리 군인들이 상상하기 힘든 스트레스를 받고 있을 때 스콧 해리슨이라는 젊은 해병은 여동생이 보낸 작은 음악상자에서 종종 위안을 찾곤 했다. 작은 상자에 귀를 대면 그 음악은 끔찍한 전쟁 상황이 아닌 평화로운 바깥세상을 떠올리게 해주었다. 덴버 포스트에 따르면 그는 그 덕에 살아남을 수 있었다.[3] 그는 이렇게 말했다. "누군가는 더 단순하고 조용한 곳으로 가고 싶어 했고, 나는 회전목마를 꿈꿨다." 집으로 돌아왔을 때 그는 자신의 꿈에 생명을 불어넣기 위해 노력했고 1986년에 유타에서 오래된 회전목마 프레임을 얻을 수 있었다. 그 후 26년 동안 그는 회전목마를 복원하기 위해 장식된 모든 동물을 손으로 조각했다. 엄청난 스트레스를 견디게 해줬던 작은 음악상자를 떠올리며 그는 '행복의 회전목마'라는 이름을 붙였고 찾아오는 모든 사람에게 행복이라는 영감을 불어넣고 있다.

현재까지 알리사는 수제 조각품인 동물 세 마리에 앉아봤는데, 회전목마가 아이에게 주는 기쁨과 흥분을 충분히 증명할 수 있다. 물론 그 아이의 부모도 무척 기뻐했다고 장담한다.

운이 좋게도 나는 스콧과 그의 작품과 행복에 관한 이야기를 나눌 수 있었다.

나: 마음의 상처를 치료해주는 무척 평화로운 곳입니다. 어떻게 시작하게 됐나요?

스콧: 그냥 조각을 시작했어요……. 아마 1985년이나 1986년이었을 겁니다. 1968년에 베트남에서 나온 후 저는 동물 몇 마리를 조각했습니다. 100년이 된 회전목마 동물 전시회를 구경했는데 한 토끼가 지혜로운 표정을 짓고 있었죠. 저는 그 토끼를 만들고 싶었습니다. 나무조각 동물에 제가 어떤 의미를 불어넣을 수 있는지를 보기 위해서요. 그래서 첫 번째로 조각한 동물은 토끼였습니다. 제가 원했던 걸 정확히 얻지는 못했지만 계속할 수 있겠다고 느꼈죠. 그리고 무엇보다 저는 조각을 좋아합니다.

나: 조각하는 과정 자체가 치료 효과가 있다는 말인가요?

(스콧은 전쟁 이후 네덜란드에 오기 전에 국제사면위원회에서 일했고, 고문 반대운동을 위한 긴급행동 네트워크를 조직했다고 설명했다. 그때 일은 보람이 있긴 했지만 무척 많은 스트레스를 받았다고 한다.)

스콧: 이곳으로 옮겼을 때 우리에게 한 살과 네 살의 자녀가 있었습니다. 당시에는 텔레비전을 가지고 있지 않았습니다. 그래서 아이들을 재운 후에는 가게로 나와 조각을 했습니다. 제 삶의 패턴은 이곳 네덜란드에서 20여 년간 그렇게 유지되었습니다. 사무실에서 일을 마친 후 한 번에 하나씩 동물들을 조각했죠. 그러면서 잔혹한 전쟁 이후 계속해서 저를 괴롭히던 스트레스를 이겨낼 수 있었습니다. 솔직히 베트남 전쟁의 상처를 잊었다고 생각했지만 그렇지 않았죠. 무슨 예술을 한다는 생각은 없었습니다. 그렇게 대단한 일을 한다고도 여기지 않았습니다. 이곳에 회전목마가

지어지기를 기대하는 사람은 아무도 없었으니까요. 단지 내 마음의 평화를 위한 일이었습니다. 무슨 마감 시간을 맞추려는 듯이 하지는 않았습니다. 조각한 동물들은 약간 엉뚱하고 바보 같은 모습입니다. 이렇게 말할 수도 있겠네요. 그게 고문이라는 주제가 주는 스트레스를 제가 다루는 방법이라고요.

나: 그 결과로 이 힐링의 장소가 탄생했군요. 회전목마를 운영하면서 겪은 경험을 좀 들려줄 수 있을까요?

스콧: 회전목마를 실제로 운영한다는 건 예상치 못한 일이었습니다. 이 회전목마가 실제 돌아가는 모습은 제 머릿속에만 있었으니까요. 저는 한 번에 하나의 조각품을 완성했을 뿐입니다. 말하자면 사람들에게 어떤 영향을 미칠지까지 생각할 만큼 저는 똑똑하지 않았습니다. 하지만 이곳에 한 시간 이상 머무른다면, 사람들이 기뻐서, 행복해서, 그런 순수함 감정에서 터져 나오는 소리를 들을 수 있을 겁니다.

나이 든 분들이 버스를 빌려 단체로 오는 경우도 많습니다. 그리고 자신의 과거와 당시의 회전목마를 떠올리면서 무척 감격스러워하죠.

다른 사람들은 회전목마에 올라타고 원을 그리며 돌아가면서 느낄 수 있는 해방감, 아니면 그 단순함일 수도 있고요, 그런 느낌에 감정적이 되는 것 같습니다. 잘은 모르겠어요. 전부 이해하지는 못하겠지만 그런 순간들이 있는 것 같습니다. (나도 그런 순간들을 목격했다.) 2~3년 전에 이런 일이 있었습니다. 한 지역 방송국에서 이곳에 관한 취재를 했는데 저는 잠깐 인터뷰만 하고 제 일을 하러 갔습니다. 그들은 카메라 팀과 함께 종일 이곳에 머물렀는데, 그러다가 산소호흡기를 매단 중년 여성이 버스 창가에 앉아 회전목마를 타고 돌아가는 사람들을 바라보는 모습을 발견했습니다. 그녀는 회전목마를 타지는 않았습니다. 기자가 다가가 말을 걸었습니다. 그녀는 유방암 4기에 접어든 시한부 환자였습니다. 그녀는 무언가를 찾기 위해 볼더에서 버스에 올라타 이곳을 찾아온 거죠. 뭘까요? 자신이 처한 상황을 잊고 싶었을까요? 몇 년 전 일이었는데, 저는 그때 일로 인해 사람들이 모두 저마다의 이유로……, 어떻게 이야기해야 진부하게 들리지 않을지……, 어디든지 행복한 장소를 찾는 사람들이 이곳으로 온다고 생각합니다.

나: 그렇군요. 그런 장소가 이 행복의 회전목마이군요. 그렇긴 하지만, 또 다른 새로운 소식은 없나요?

스콧: 음, 대략 4년 전에 다른 프로젝트를 시작했습니다. 행복의 회전목마와 같은 구성요소들을 사용할 겁니다. 사람들이 찾아갈 수 있는 또 다른 힐링 공간이죠. 살면서 트라우마를 겪은 사람들을 생각했습니다. PTSD를 앓는 사람들과 함께 일한 이후로 저는 우리 모두에게 삶에서 물러나 조용히 쉴 수 있는 어떤 공간이 필요하다고 생각해왔습니다. 모두를 위한 공간이긴 하지만 저는 트라우마를 겪는 사람들을 생각하며 디자인했습니다.

역시 조용한 공간을 만들기 위해 공감하는 표정과 친근한 표정의 나무 조각 동물들을 이용했습니다. 그리고 안전하고 편안하며 사람들이 혼자 있을 수 있는 공간에 놓아두는 거죠. 혼자일 수도 있고, 친구와 함께 있을 수도 있으며, 치료사나 그 누구와도 같이 있을 수도 있겠죠. 그곳에서 한두 시간 시간을 보낼 수 있을 겁니다.

14피트의 원형 벤치에 앉거나 누운, 또는 몸을 감싼 여섯 마리의 큰 동물이 있습니다. 기린, 회색늑대, 코뿔소, 당나귀, 물통 속의 돌고래, 그리고 곰이 있습니다. 그 동물들은 각자 어떤 식으로든 자세를 취합니다. 마치 땅 위에 존재하는 아늑한 바다 느낌으로. 그곳에는 의자나 휠체어를 끌어다 놓을 장소도 있습니다. 저는 그곳을 '친절 자문위원회'라고 부르기로 했습니다. 여느 마을회관처럼 반원형의 벤치가 놓여 있기 때문이죠. 의자에 앉으면 한 마리의 동물을 제외하고 모두 자신을 바라봅니다. 기린은 원형고리에 내려앉은 100마리의 새가 지저귀는 모습을 올려다봅니다. 아마도 사람들이 정기적으로 찾아오는 장소가 될 겁니다. 그냥 조용히 앉아서 이야기를 나누거나 누군가와 함께하는 거죠. 테디베어를 안은 아이처럼 말이죠. 알죠? 곰 인형은 말을 건네지는 않지만 아기에게 안정감이나 위안 같은 것을 주죠. 뭐 그런 장소가 될 겁니다.

나: 평화롭고 멋지게 들리네요.[4]

행복 찾아가기

몇 년 전 사라와 내가 사귀기 시작했을 때, 나는 여전히 로스앤 젤레스에 살고 있었고 사라는 콜로라도 볼더에서 일하고 있었다. 우리는 그녀의 고용계약이 끝나고 내 새로운 강연 여행이 시작될 때까지 몇 달 동안 주말마다 캘리포니아와 로키산맥이 있는 그녀의 도시를 번갈아 찾아가곤 했다. 매주 우리는 무언가 특별한 일을 함께하려고 노력했다.

한번은 콜로라도를 찾아갔을 때 사라가 볼더 외곽에 있는 폭포에 나를 데려갔다. 처음 로열 산을 찾았을 때처럼 몸이 무겁지는 않았지만 그때도 폭포까지 오르기가 쉽지만은 않았다. 기력이 부족했고 쉽게 숨이 찼다. 당시에 나는 높은 고도가 문제라며 투덜댔다. 1,000미터 높이의 고원에서는 실제 힘들어하는 사람들이 있긴 하지만, 돌이켜보면 그때는 몰랐던 내 수면무호흡증과 관련이 있었던 것이 확실하다.

덴버에서 이 책을 쓰고 있는 나는 콜로라도에서 돌아온 이후로 그때의 폭포로 돌아가서 다시 등산을 하면 내가 어떤 모습일지 보고 싶은 강한 열망을 가지고 있다. 사라와 알리사는 모두 등산복과 스노우 부츠를 준비해두고 내가 이 책을 마무리 짓기만 기다리고 있다.

그 이후에 우리는 네덜란드로 가서 행복의 회전목마에 알리사를 태울 계획이다. 아이가 가장 좋아하는 동물을 탈 수 있었으면 좋겠다. 내일, 알리사의 삼촌이자 내 동생인 존이 우리와 함께 크리스마스를 보내기 위해 방문한다. 우리는 함께 동네 쇼핑몰에 가서 산타클로스를 만날 생각인데 알리사가 무척 좋아할 모습이 벌써 기대된다. 휴일을 보낸 뒤에는 우리 모험을 위해 필요한 짐을 꾸릴 것이고 사라는 좁은 차의 트렁크 공간에 믿기지 않는 짐 쌓기 테트리스 실력을 다시 한번 발휘할 것이다.

시작했던 것처럼 마무리도 행복에 관한 이야기로 맺고 싶다. 행복과 스트레스 관리는 여러 번 이야기했듯이 내가 언제나 무척 중요하게 생각해온 주제다. 진심으로 이곳에서 함께 나눈 내용이 당신에게 스트레스 관리와 살아가면서 만나는 많은 문제를 편하게 받아들일 수 있는 통찰을 제공했기를 바란다. 그 과정에서 조금이라도 웃을 수 있었다면 더 바랄 나위가 없다.

운동은 사람들을 행복하게 하고, 자연에서 시간을 보내는 것도 그렇다. 이제는 눈밭에서 뒹굴고 싶어 안달하는 어린 소녀를 더는 기다리게 할 수 없다. 단지 우리에게 곰과 맞닥뜨리거나 도로에 갇히는 일이 일어나지 않기만을 바랄 뿐이다.

이 책을 읽기 위해 들인 시간에 감사한다. 그리고 제발 걱정하지 마라.

감사의 말

이 책을 쓰는 데 도와준 사람들이 많이 있지만, 그 중에 특히 내 인생의 파트너인 사라 볼링거의 도움이 없었다면 집필은 불가능했을 것이다. 훌륭한 배우자이자 뛰어난 어머니인 그녀는 내가 말하고자 하는 거의 모든 것에 영감을 주고 실현해준다. 고마워, 사라. 당신이 한 모든 일에 대해.

또한 이제 두 번째 생일이 다가오는 딸 알리사에게 감사하고 싶다. 우리 삶에 많은 기쁨을 가져다줄 뿐만 아니라 이 책을 완성할 수 있도록 영감을 주었다.

이 책에 자신의 이야기를 담을 수 있게 허락해준 동생 존 킹과 부모님 클라이드와 데비에게 감사드리고 싶다. 우리 삶과 우리가 살아가는 이야기에 대한 그들의 헌신에 대해서도.

인터뷰를 허락한 '쿠반' 발레스테나와 스콧 해리슨, 그리고 기꺼이 자신들이 겪은 에피소드를 전해준 코미디언 로라 헤이든과 코너 켈리컷에게도 감사의 말을 전한다.

내 친구들, 심리학자인 가브리엘 드 라 로사와 제이슨 슈뢰더, 그리고 재정 상담가인 제이슨 구달에게 각각의 전문 분야와 관련된 부분을 검토해준 것에 대해 감사한다.

또한 내 일에 관심을 보여주고 이뤄낼 수 있도록 격려해준 모든 분께 감사드리고 싶다. 정기적으로 만나는 친구이든 아니면 소셜미디어에서 공감을 나누는 사이이든 말이다. 특히 데비 앤더슨, 리즈 베이커, 로빈 칼훈, 대니얼 딕슨, 타마라 하워드, 존 허스트, 빌 키젠, 크리스틴 켐프, 롭 로우, 다나 마스다, 로버트 모트 주니어, 짐 뮤직, 엘리사 뉴먼, 제인 노버그, 프랭크 싱글, 아니타 그리고 벨라 스프링어, 진 티클, 미샤 트럽스 등 모두에게 내 작업에 보내준 소중한 지원에 대해 감사의 말을 전한다.

주

| 머리말 | 1. 이 말을 이해 못 했다면 학교 수업에 충실하지 못했던 것 아닐까? |

1. 이 말을 이해 못 했다면 학교 수업에 충실하지 못했던 것 아닐까?

2. 동료 지원과 리더십 프로그램은 멋진 아이디어이자 소중한 경험이었다. 더 많은 정보를 원한다면 http://palusa.org를 참조하라.

3. 불안장애는 미국에서 가장 흔한 정신 질환이다. 18세 이상 성인 4천만 명이 영향을 받고 있으며 전체 인구에서 18%를 차지한다. (출처: 미국 국립정신건강연구소 National Institute of Mental Health http://www.nimh.nih.gov/health/statistics/prevalence/any-anxiety-disorder-among-adults.shtml)

4. 안젤만 증후군Angelman Syndrome.

5. 현대인의 행복에 관한 연구와 이론을 훌륭하게 요약한 책을 찾는다면 소냐 류보머스키의 『행복도 연습이 필요하다The How of Happiness: A Scientific Approach to Getting the Life You Want』를 참조하라.

6. 린다 웨이트, 메리 갤러거, 『결혼 사례: 기혼자들이 더 행복하고 건강하며 재정적으로 더 안정적인 이유』(New York, NY: Broadway Books, 2002).

7. 역시 기혼자들이다. 루이스 앤젤레스, "자녀와 인생 만족도", Journal of Happiness Studies 11, no. 4 (2010):

523-538.

8. R. W. 로박, P. W. 그리핀, "인생의 목적: 행복, 우울, 그리고 슬픔과의 관계", North American Journal of Psychology 2, no. 1 (2000): 113-19.

9. 『웃음 치료』에서도 이 내용을 개략적으로 다뤘다. 참고할 만한 자료를 소개한다: 메리 페인 베넷Mary Payne Bennett과 세실 랭가허Cecile Lengacher의 "유머와 웃음이 건강에 영향을 줄 수 있다: II. 임상 집단에서의 상호보완적 치료와 유머", Evidence-Based Complementary and Alternative Medicine 3, no. 2 (June 2006): 187-190. 리 S. 벅, 스탠리 A. 탄, 그리고 도티 벅, "코르티솔과 카테콜아민 스트레스 호르몬 감소는 즐거운 웃음의 지각적 기대 행동과 관련이 있다", The FASEB Journal 22, no. 1, supplement (March 2008): 946.11-946.11.

10. 불안, 만성 통증, 우울증, 당뇨병, 섬유근육통, 고혈압, 면역 장애, 비만, 골다공증, 그리고 그 밖의 많은 것들을 포함한다!

11. 사실, 거의 예외 없이 스트레스는 다음 책에 기록된 모든 장애의 요인이다. 그 책은 다음과 같다: 미국 정신질환 진단 및 통계 매뉴얼 (DSM-5) (Washington, DC: American Psychiatric Association Publishing, 2013).

12. 나는 작가 제임스 프레이와 그의 책 "백만 개의 작은 조각들A Million Little Pieces"에 관한 비유를 들고 있다. 이해하지 못했더라도 걱정하지 마라. 나의 아내 사라도 이해하지 못했다(백만 개의 작은 조각들에서 주인공은 어

릴 때부터 술과 마약에 중독돼 끊임없이 환상에 시달린다. 제임스 프레이는 이 책을 자서전으로 출판했고 오프라 윈프리는 자신의 북클럽에 추천했다. 그렇게 책은 베스트셀러가 됐으나 내용이 모두 거짓으로 밝혀졌고 오프라는 저자를 자신의 쇼에 초대해 독자들에게 사과하도록 만들었다.-옮긴이)

1장

1. 최근 나는 북아메리카에서 개인들이 키우는 호랑이의 숫자가 놀랄 만큼 많다는 사실을 알았다. 쉽게 구매할 수 있는 것이 분명해 보인다. 하몬 레온, "미국에는 호랑이 문제가 있다" The Observer, September 11, 2018, https://observer.com/2018/09/america-tiger-problem-buying-big-cats-legal/ 그리고 더 놀라운 사실은 마이애미 고등학교에서 누군가가 졸업파티에 우리에 가둔 호랑이가 있다면 멋질 것이라고 생각했다. 칼한 로젠블라트, "졸업파티에 호랑이? 마이애미 고등학교 댄스파티에 이국적인 동물을 데려와 반발을 사고 있다" NBC News, May 14, 2018, https://www.nbcnews.com/news/us-news/Miami-school-faces-backlash-bringing-live-tiger-prom-n873846

2. 우리 친구 크레이그와 낸시 덕분에 덴버 동물원에서 걸어서 15분 거리에서 머무는 중이었다. 우리는 도착하자마자 연중 입장권을 구매한 후 이미 몇 번을 다녀온 뒤였다. 현재까지 내 곰 사례를 대체할 정도의 탈출 사례는 없었다.

3. 알리사는 곰과 관련된 경험이 없다. 그런데 TV에서 <슈퍼 트루퍼스2>를 보다가 곰이 나오는 장면이 나오자 그녀는 불편해하면서 채널을 돌려달라고 칭얼댔다.

4. 이는 공황을 겪을 때도 일어나는 현상이다.

5. 맞다. 방금 머릿속에 떠올린 그 방법이다. 극심한 스트레스 아래에서 요도 근육이 풀리는 것은 흔한 현상이다.

6. 회색곰에게서 도망친다고 가정한다면.

7. 인공지능 알고리즘이 우리의 선호를 반영하도록 로직이 짜여 있다.

8. 그러니, 자체 알고리즘을 개발해라.

9. 정말 아름답기에 아직 한 번도 가보지 못한 친구를 데려갈 때도 있다. 예를 들어, 코미디언이자 라디오 진행자인 폴 브룸바Paul Brumbaugh가 겨우 네 시간 거리에 사는 데도 그때까지 한 번도 가보지 않았다기에 내가 고집을 부려 데려간 적이 있다.

10. 내 딸 역시 동의하는 것 같다. 최근 외출에서 실수로 아이스크림 이야기를 꺼냈다가 드라이브스루 카페에 들러야만 했다. 하지만 아이스크림 기계가 고장 나서 대신 쿠키를 샀더니 알리사는 곧바로 자동차 바닥에 던져 버렸다.

11. Adrenocorticotropic hormone부신피질자극호르몬, 물론 단순하게 이야기한 것이다. 좀 더 자세히 설명하자면 시상하부는 코르티코트로핀 방출인자CRF라는 호르몬을 생성하는데, 이 호르몬이 다시 뇌하수체를 자극해 ACTH가 분비된다.

12. 그의 보디가드인 오코예는 블랙팬서가 "헤드라이트 불빛에 놀란 노루"처럼 얼어붙었다고 말한다(Atlanta, GA: Marvel Studios, 2018).

13. 기꺼이 곰 복장을 갖추고 코스튬 플레이를 해줄 파트너를 구할 수 있다면야 무슨 문제겠는가!

14. 내가 무슨 농담을 한 거야. 페이스북에 올린 이 농담은 어중간한 13개의 '좋아요'를 받았을 뿐이다.

15. 월터 B 캐넌, "제임스 랑게 정서 이론: 비판적 검토와 대안", 미국 심리학 저널 39 (1927년 1월): 106-124

2장

1. 시상하부가 CRF를 생성하면 배측봉선핵dorsal raphe nucleus이라고 불리는 영역을 차례로 활성화시킨다. 이 구조는 뇌와 측좌핵에 광범위하게 연결되어 선택의 차별성을 키우는 역할을 한다.

2. 다른 서비스와 마찬가지로 에어비앤비에 예약하기 전에 게시된 숙소를 잘 살펴보는 것이 좋다. 대부분 괜찮긴 하지만 별로 좋지 않은 경험을 한 적도 있다.

3. 내가 이 분야를 깊게 연구한 것은 아니지만 회복탄력성의 정의와 측정 기준에 대해서 다음 자료를 가장 신뢰한다. 리처드 J. 데이비슨, 샤론 베글리, 『너무 다른 사람들』(알키, 2012).

4. 당연히 2011년에 나온 그 영화 맞다. 조 존스턴 감독의 <Captain America: The First Avenger> (United States: Paramount Pictures, 2011).

5. 리처드 J. 데이비슨, 샤론 베글리, 『너무 다른 사람들』.

6. 소냐 류보머스키, 『행복도 연습이 필요하다』(지식노마 드, 2007).

7. 소냐 류보머스키, 『행복도 연습이 필요하다』(지식노마 드, 2007).

3장

1. 쳇, 지금 생각해보면 나를 빈정거린 것이 분명해 보인다.

2. 타코벨에 무슨 문제가 있다는 뜻은 아니다. 그곳에서 거 의 1년간 일했지만 지금까지도 타코벨은 내가 가장 좋아 하는 패스트푸드 중 하나다.

3. "Desperado"보다는 더 낫겠지.

4. 정말 캥거루가 어디에서든 튀어나왔다.

5. 호주 오지에서는 누구나 주유소를 만나면 그냥 지나치 기 힘들 것이다.

6. 미국 부동산협회National Association of Realtors의 연례 설문 조사에 따르면 그렇다. 맞다, 내가 샅샅이 뒤져봤다.

7. 에이미 F. T. 안스텐Amy F. T. Arnsten, "전전두엽 피질 구 조와 그 기능을 훼손하는 스트레스 신호 경로", Nature Reviews 신경과학 10, no. 6 (2009년 6월): 410-422.

8. 더 강한 표현을 찾기 힘들 정도로 추천할 만한 사람이 다. 몬트리올, 특히 르 플래토 몽 로열Le Plateau-Mont-Royal 의 집에 관심이 있다면, 곳곳에 있는 표지판이나 www. raymondlariviere.com에서 레이먼드 라 리비에르를 찾 아라.

9. 스탠드업 버스의 주인인 마이크 프랑코비치와 더스티 트리스에게 갈채를 보내자! www.standupbus.com

10. 내 기억으로는, 아버지가 다른 운전자에게 가운뎃손가락을 날렸고 상대방은 이를 대수롭지 않게 여기지는 않았던 것 같다. 정지신호를 만나자마자 차에서 내려 아버지를 공격했기 때문이다.

11. 나는 그저 학문하는 어려움을 말하는 것뿐이다. 더 실용적인 학위인 MBA나 상담치료사 같은 과정은 역시 스트레스를 주긴 하지만 분명 가치가 있다. 한마디 덧붙이자면 농담이다.

12. 전문용어로 자발적 조건형성실operant conditioning chamber이라고 부른다. 이미 들어본 실험일 수도 있다. 상자 안에는 단추가 있고 쥐가 그것을 누르면 먹이가 나온다. 쥐가 이 동작을 배우고 나면 이제 단추를 누르기 전에 마쳐야만 하는 다른 동작을 "연결"시킨다. 그리고 이 과정을 통해 쥐는 묘기를 배운다. 우리가 만든 스키너상자는 어떤 식으로든 자동 방식이 아니었다. 먹이를 손에 쥐고 조용히 상자 옆에 쭈그려 앉아 쥐가 우연히 단추를 건드릴 때까지 기다렸다가 하나씩 던져줘야 했다. 이 과제 하나만으로도 대학원 생활은 악몽이었다.

13. 비슷하게 내가 샌프란시스코로 옮긴다는 말을 하자 사람들은 지진이 걱정되지 않느냐고 물었다. 물론 나는 걱정하지 않았다. 하지만 언제나 나를 걱정해주는 사람들이 있다는 사실은 기쁜 일이다.

4장   1. 심화 개인 훈련Advanced Individual Training.

5장

1. 나는 읽지 않았지만 노먼 빈센트 필의 『긍정적 사고의 힘The Power of Positive Thinking』(New York, NY:Prentice Hall, 1952)은 여러 세대에 걸쳐 사랑을 받으며 큰 영향을 미쳤다.

2. 골상학자들의 믿음과는 반대로.

6장

1. 박사학위를 준비하면서 나는 같은 회사에서 여름을 보냈지만 여행 횟수는 동생보다 훨씬 적었다. 한번은 한 무리의 이탈리아 관광객을 맡았다. 그들은 통역사를 통해 내가 가이드 일을 하지 않을 때는 무슨 일을 하느냐고 물었다. 심리학을 공부한다고 말했는데, 재밌게도 그들 중 세 명이 심리학자였다.

2. 그는 이 이야기를 2004년에 『험지에서 7개월Seven Months Deep』이라는 제목으로 출간했다. 이곳에는 짧게 편집해서 소개한다.

7장

1. 그나저나, 나는 최근에 딸의 식생활을 분석했다. 결과는 다음과 같다.

   모유 80%

   마카로니와 치즈 10%

   할머니와 할아버지가 준 캔디 10%

2. 다이애나 바움린드, "Child Care Practices Anteceding Three Patterns of Preschool Behavior," Genetic Psychology Monographs 75, no. 1 (1967): 43-88.

3. 포스터 클라인과 짐 페이가 만든 용어다. 자세한 내용은 다음 문서를 참조하라. Foster Cline and Jim Fay, 『사랑과 논리의 육아: 아이들에게 책임감 심어주기』(Illinois: Tyndale House, 2006).

4. 홀리 H. 쉬프린 외, "도와줄까, 주변에서 기다릴까? 헬리콥터 육아가 대학생의 웰빙에 미치는 영향" Journal of Child and Family Studies 23, No. 3 (April 2014): 548-557.

5. 이 이야기는 원래 펜실베이니아 주 피츠버그에서 아주 작은 부수가 발행되는 아마추어 잡지를 위해 썼다. 이곳에는 예전 내용을 약간 편집해서 올린다.

8장

1. 이 글을 쓰는 지금, 추수감사절을 보냈고 또 아이가 남긴 핼러윈 사탕을 다 먹어 치웠는데도 내가 작년보다 38파운드 가벼운 몸집이라는 사실을 말할 수 있어서 기쁘다.

2. 로라 A. 킹, "인생 목표에 대한 글쓰기의 건강상 이점", Personality and Social Psychology Bulletin 27, no. 7 (July 2001): 798-807.

3. 참고할 만한 리뷰가 있다. 폴라 M. 러브데이, 제프 P. 로웰, 크리스찬 M. 존스의 "최선의 자기 개입: 효능 평가 및 향후 연구 지도를 위한 문헌 검토", Journal of Happiness Studies 19, no. 2 (February 2018): 607-628.

4. M.E. 셀리그먼 외, "긍정적 심리학 발전: 개입의 실증적 검증", American Psychologist 60, no. 5 (2005): 410-421.

5. 재니스 케플런, "유명인사들을 감사하게 만드는 것은 무엇인가?" Time, August 18, 2015, https://time.

com/4002315/jake-gyllenhaal-gratitude-celebrity/

6. 윌리 넬슨과 투르크 핍킨, 『윌리의 도道: 마음속의 행복을 위한 안내서』(New York, NY: Penguin, 2007).

7. "엠마 왓슨과 함께하는 북클럽: 여배우, 궁극의 독서 목록을 공유하다," Vogue Australia, March 8, 2018, http://vst.to/wih77BH

8. 오프라 윈프리, "감사에 관해 오프라가 확실히 알고 있는 것들", O: The Oprah Magazine, November 2012, http://www.oprah.com/spirit/oprahs-gratitude-journal-oprah-on-gratitude

9. Y. C. 찬 외, "언어 농담의 이해와 정교화 처리의 분리: fMRI 연구", NeuroImage 61, no. 4 (July 2012): 899-906.

10. 음, 친구들, 그 저자는 나다. 바로 나.

11. 찰스 다윈, 『인간과 동물의 감정 표현The Expression of the Emotions in Man and Animals』(New York, NY: Oxford University Press, 2009). 그리고 로버트 R. 프로빈, 『웃음: 과학적 탐구』(New York, NY: Penguin, 2001).

12. 메리 P. 베넷 외, "즐거운 웃음이 스트레스와 NK 세포 활동에 미치는 영향", Nursing Faculty Publications: Alternative Therapies 9, no. 2 (March 2003): 38-45.

13. 허버트 M. 레프코트, "5가지 스트레스 업무 중 혈압 상승 예측과 관련된 스트레스 조정자로서의 유머", Journal of Research in Personality 31, no. 4 (December 1997): 523-542.

14. 리처드 S. 서릿과 마크 S. 슈나이더, "진성 당뇨병의

병인과 치료에서 스트레스의 역할", Psychosomatic Medicine 55, no. 4 (1993): 380-393. 그리고 하야시 게이코 외, "웃음이 식후 혈당 증가를 낮췄다.", Diabetes Care 26, no. 5 (May 2003): 1651-1652.

15. 실제로 나는 이 점이 무척 자랑스럽다. 나는 힉스의 앨범을 녹음했던 오스틴의 라프 스톱(현재는 캡 시티 코미디 클럽) 현장에 있었다. 나는 제일 앞줄에 앉아 있었고 그는 내 티셔츠를 농담의 소재로 삼았다. 공연이 끝나고 악수까지 했다. 나중에 그의 앨범이 사후 발매되었을 때 나는 적어도 한 지점에서 내 웃음소리를 분명하게 들을 수 있었다. 그는 내게 중요한 영감을 준 인물이었고 지금도 그렇다.

16. 2018년 12월 이메일을 통해 받은 내용이다.

17. 로라 헤이든은 물리치료사, 코미디언, 강연가, 그리고 작가이다. www.laurahayden.com에서 그녀에 관한 많은 정보를 만날 수 있다.

18. 2018년 11월 이메일을 통해 사연을 나누었다.

19. 코너 켈리커트는 샌프란시스코 베이의 코미디언이자 배우이다. 그에 관한 정보는 www.conor-comedy.com에서 더 자세히 찾아볼 수 있다.

20. 로이 F. 바우메이스터 외, "나쁜 것이 좋은 것보다 강하다", Review of General Psychology 5, no. 4 (2001): 323-370.

21. 앨버트 앨리스, 『심리치료에서의 이성과 감정』, (Oxford, UK: Lyle Stuart, 1962).

9장

1. 프리츠 스트랙, 레오나르도 L. 마틴, 사비네 스테퍼, "인간 미소의 조건 억제 및 촉진: 표정 피드백 가설의 비간섭적 실험", Journal of Personality and Social Psychology 54, no. 5 (May 1988): 768-777.

2. 마이클 B. 루이스, 패트릭 J 볼러, "보툴리눔 톡신 성형 치료는 긍정적 기분과 상관관계가 있다", Journal of Cosmetic Dermatology 8, no. 1 (February 2009): 24-26.

3. 많은 사례가 있지만, 내가 자주 언급하는 한 가지는 《타임》지/SRBI(2004) 여론조사이다.

4. 대니얼 카너먼, 에드워드 디너, 노베르트 슈바르츠, 『행복의 과학: 쾌락심리학 핸드북Well-Being: Foundations of Hedonic Psychology』(New York, NY: Russell Sage Foundation, 1999).

5. 진정한 80년대 세대로서 밍의 기억 지우기 장치가 작동하지 않는 이유를 한스 자르코프 박사가 설명한 말을 바꾸어 표현했다. "나는 내려가면서 셰익스피어, 탈무드, 아인슈타인의 공식, 기억할 수 있는 모든 것, 심지어 비틀스의 노래까지 암송하기 시작했다."

6. 사실이 아니다. 실제 과체중이 아닌 사람도 수면무호흡증을 겪는 사례가 많다.

7. G. 타카다 외, "수면무호흡증과 그에 따른 스트레스 시스템, 염증, 인슐린 저항성 및 내장 비만과의 연관성", Sleep Medicine Clinics 2, no. 2 (June 2007): 251-261.

10장

1. 이 아기에 관해 더 알고 싶다면 페이스 카리미 기자의 기사를 참고해라. "이번 주에 하퍼 예이츠는 50개 주를 모두 여행한다. 그녀는 생후 5개월밖에 되지 않았다.", CNN, October 15, 2018, https://www.cnn.com/travel/article/harper-yeats-50-states-record-trnd/index.html

2. 나는 그저 그 노래가 〈스위트 홈 오클라호마Sweet Home Oklahoma〉가 아닌 이유가 있다는 이야기를 하려는 것이다.

3. 줄리 호프면 마샬, "퇴역 군인은 축제에 열정이 있다", Denver Post, last updated May 7, 2016, https://www.denverpost.com/2008/08/28/vet-has-a-passion-for-merrymaking/

4. 스콧의 프로젝트에 관한 더 많은 정보를 원한다면 다음 주소에서 찾아볼 수 있다. www.carouselofhappiness.org, www.councilofkindness.org

느긋하게 웃으면서 짜증내지 않고 살아가는 법
_괴짜 심리학자의 스트레스 관리 기술

1판 1쇄 찍음   2023년 1월 9일
1판 1쇄 펴냄   2023년 1월 16일

지은이   브라이언 킹
옮긴이   윤춘송
펴낸이   조윤규
편집   민기범
디자인   홍민지

펴낸곳   (주)프롬북스
등록   제313-2007-000021호
주소   (07788) 서울특별시 강서구 마곡중앙로 161-17 보타닉파크타워1 612호
전화   영업부 02-3661-7283 / 기획편집부 02-3661-7284 | 팩스 02-3661-7285
이메일   frombooks7@naver.com

ISBN   979-11-88167-70-8 03190

· 잘못 만들어진 책은 구입하신 서점에서 바꿔드립니다.
· 이 책에 실린 모든 내용은 저작권법에 따라 보호를 받는 저작물이므로 무단 전재와 무단 복제를 금합니다. 이 책 내용의 전부 또는 일부를 사용하려면 반드시 출판사의 동의를 받아야 합니다.
· 원고 투고를 기다립니다. 집필하신 원고를 책으로 만들고 싶은 분은 frombooks7@naver.com로 원고 일부 또는 전체, 간략한 설명, 연락처 등을 보내주십시오.